고대 인도의 수행과 치유

불교 승원의학과 아유르베다의학

ASCETICISM AND HEALING IN ANCIENT INDIA:
MEDICINE IN THE BUDDHIST MONASTERY

ASCETICISM & HEALING in ANCIENT INDIA:

고대 인도의 수행과 치유

MEDICINE in the BUDDHIST MONASTERY

불교 승원의학과 아유르베다의학

케네스 G. 지스크 지음
이은영, 양영순 옮김

씨아이알

늘 끊임없는 지지와 격려를 보내주셨던

나의 아버지 스탠리 지스크(Stanley A. Zysk)를 추모하며.

추천사

인도의 고행전통이 남긴 수많은 유산들은 최근 다양한 맥락에서 관심거리가 되고 있다. 고행전통 안에서 개발된 개별 수행법들이 국제적으로 심신 치유의 맥락에서 문화 자산으로 활용되고 있고, 그 유용성은 이미 임상과 실험적 자료들을 통해 입증되어 있다. 종교적인 맥락 안에 남아 있거나 혹은 탈종교화된 문화콘텐츠로 소비되고 있거나 간에 인류의 보편적인 문화적 자산으로 인정받고 있어서, 이제 인도 고행전통의 유산과 그 의학적인 혹은 의학과 연관된 활용에 대해 관심이 고조되고 있는 것은 당연해 보인다. 또한 인도고전학의 연구 성과가 누적되면서 최근에는 구체적으로 요가(Yoga)전통과 인도 의학(Āyurveda)의 연관관계에 대한 학술적 연구의 성과들도 차츰 누적되어 가고 있는 상황이다.

이러한 흐름들과 다르게 다양한 사회·정치적인 이유에서 연관된 분야에 대한 관심과 지원이 이루어지고 있다. 인도 정부의 제도적인 지원을 등에 업은 인도 전통의학은 현대적인 맥락에서의 재정립과 제도화를 시도하고 있다. 보태어 서구 사회는 물론 우리의 일상생활에도 깊숙이 자리 잡은 요가의 확산이 맞물려 있는 상황을 맞아, 인도 정부는 국가 브랜드화 전략의 요체로 요가전통을 채택한 상황이다.

이 맥락에서 수많은 사람들은 인도의 고행전통과 전통의학과 요가전통이 어떻게 서로 맞물려 있고 역사적으로 어떤 영향을 주고받으며 발전해 왔고, 또 어떤 경로로 현재의 모습을 얻게 되었는지 궁금해 한다. 그리고 이러한 궁금증은 인도사상사와 인도고전학을 전공하는 학자들의 관심사로서도 큰 비중을 차지하고 있다. 그런데 대부분의 역사적 발전이 그러하듯, 많은 현재의 모습들은 다양한 변화와 발전의 흐름들이 교차하고 분화하면서 만들어져 온 다중적인 것이어서 단편화하고 단순화시켜 이해하고 설명하기 어려운 것들이다. 우리에게 익숙한 대승불교 안에도 수많은 치료와 치유의 기법들이 등장하고 병마를 이기는 주문에서부터, 중생의 '병을 고쳐 주는 붓다'라는 의미의 약사여래(藥師如來)를 향한 약사신앙까지 자리 잡고 있다. 우리는 이렇게 고행전통으로서의 불교와 인도 전통의학의 교차점들을 수없이 다양하게 만나고 있다. 근본적으로 그 근저에는 인간 삶의 현실이 맞는 가장 보편적이면서도 절실한 고생(duḥkha, 苦) 혹은 고통의 형태로서의 병을 치료해야 한다는 절박함과 보편성이 자리 잡고 있다. 그런데 이렇게 탈역사적이고 추상적인 차원이 아닌 역사적인 맥락에서 인도 전통의학의 발전과정은 아주 밀접하게 인도의 고행전통, 그중에서도 불교전통과 연관되어 있었다.

인도고전학을 연구하는 학자들이 불교와 인도 의학의 연관에 대해 던져주게 될 역사적인 답을 이해하려면 큰 틀에서의 맥락을 먼저 파악해야 한다. 인도 서북부를 통해 인도로 이주한 인도-아리안(Ārya)들의 세계관을 반영하는 베다(Veda)의 세계관이 베다 시기 말기를 지나 인도 동북부에서 발전했던 쉬라마나(śramaṇa, 沙門)전통과 어떻게 관계를 맺는지에 대한 자세한 서술은 접어 두자. 다만 의학전통과 연관된 내용만을 고려하자면 역사적 전개의 뼈대는 이러하다. 베다 시기에 이루어진 사회 집단 간의 위계질서에 대한 정당화는 종교적인 의미의 청정함(śuddhi)을 기준으로 삼는 이데올로기에 근거해서 이루어졌다. 따라서 종교적으로 가장 불결한 것들, 즉 인간의 몸에서 배출되는 피나 배설물들을 다루는 의사는 가장 천한 직업군에 속하는 사람이 되어야 했다. 그런데 이러한 지위 설정 방식은 사회적인 문제를 야기할 수밖에 없었다. 병을 치료하는 일은 생명이 달린 문제이고 그 수혜자는 사회적 지위의 고하를 막론한다는 현실에 비추어 볼 때, 사회적 자원을 최대한 동원해서라도 최고의 교육을 받도록 만들어야 할 의사 집단을 최천민으로 상정하는 내재적인 문제를 안게 되는 것은 당연하다. 나아가 의사가 종교의 측면에서 최천민으로 상정되면, 의사의 의료서비스를 받는 일이 터부시된다는 것은 너무나 엄중한 현실적인 문제였다. 이러한 상황을 맞아 베다의 '청정' 관념을 기준으로 사회적 층위를 정당화하는 사제 계급(brāhmaṇa)의 이데올로기에서 자유로운 쉬라마나 전통이 바로 인도의 '경험적'이고 '합리적'인 의학전통의 담지자 역할을 수행하게 되었다는 것이 수많은 학자들이 동의하는 바이다. 바로 이 맥락에서의 설명이 정확하게 주어지자면, 불교전통 안에 남은 기록과 자료들을 근거로 초기 불교전통이 왜 그리고 어떻게 아유르베다의 발전을 추동하는 주체로 나서게 되었는지를 꼼꼼하게 따져 보아야 한다. 바로 이 구체적인 작업을 담은 대표적인 연구서가 지스크(Kenneth G. Zysk)가 1991년 출간한 책이다. 이어서 지스크는 1998년에 인도 재판본을 발간하면서 그 서문에서 밝히고 있듯이 초판본의 오류를 수정하는 데에 집중했고, 2021년 출간된 개정본에서는 초판본 발간 이후의 새로운 연구와 논의의 결과들을 반영하였다. 이제 한국의 독자들은 바로 2021년의 개정본을 한국어로 만나 볼 수 있게 되었다. 중국어, 일본어, 태국어, 힌디 번역본이 이미 출간되었다는 사실만을 고려하더라도, 이 번역본의 출간이 반길 만한 일이라는 것은 쉽게 납득이 될 것이다. 보태어 까다로운 번역의 과제를 떠맡아 준 두 번역자이자 연구자들에게 이 작지 않은 성과에 대해 박수를 보내고 싶은 마음이다.

아유르베다의 고전들, 그중에서도 역사적으로 가장 중요한 『짜라까 쌍히따』(Carakasaṃhitā)만 보더라도 의료윤리의 측면에서 제시되는 서술이 불교적인 윤리관과 너무 가깝다는 사실이 아주 일찍부터 인지되고 있었다. 그런데 아유르베다에 대한 연구가 진행될수록 그 연관관계는 단편적이지도 않고, 한 방향으로만 이루어진 것이 아니라는 사실이 점점 분명해졌다. 흔히 "바우어 필사본"(Bower manuscript)이라고 불리는 필사본이 1890년에 쿠차의 불탑 안에서 발견된 후에 훼른레(A. F. Rudolf Hoernle)가 1893~1912년에 발표한 구체적인 연구들에서 아유르베다의 구체적이고 근대적인 연구가 본격화되었다. 당시 인도고전에 대한 폭넓은 연구를 진행하던 졸리(Julius Jolly)도 바우어 필사본의 내용에 큰 관심을 갖고 연구에 참여하고 있었다. 졸리는 후에 『(인도) 의학』(Medicine)이라는 제목의 단행본을 1901년 독일어 저술로 남겼고, 이는 나중에 영어로 번역되고 유통되며 지금도 아유르베다 연구의 고전 중 하나로 꼽히고 있다. 초기 훼른레와 졸리의 연구에서도 분명하게 불교와 아유르베다의 연관성 내지는 친연성에 대한 의식이 있었고 나름의 설명을 찾아가고 있었는데, 이러한 연관성은 아유르베다의 필사본 자료들이 추측컨대 불교 출가자들이 필사한 것들로 남아 불교 유적지에서 발견되었다는 사실 이상의 연관성을 함축하고 있었다. 이후 수많은 구체적인 연구들이 이루어졌고, 베다 전통과 초기불교의 연관성에 대한 구체적이면서도 본격적인 연구 성과를 보여준 것이 바로 지스크의 1991년 저술이다. 따라서 이 저술이 출간되고 적지 않은 시간이 흘렀지만, 불교와 아유르베다의 연관관계를 연구하고 논하는 모든 후속 연구자들에게는 고전의 지위를 차지할 수밖에 없는 저술이다. 그리고 지금도 이 분야에 관심이 있는 독자라면 반드시 파악하고 있어야 할 연구 성과인 이유와 맥락이 바로 앞서 언급한 베다 후기의 종교적 이데올로기와 경험과학으로서의 의학의 긴장관계 및 거기에 새롭게 등장한 쉬라마나 전통들이 지닌 베다와는 차별화된 세계관과 그에 따른 사회적 역할을 구체적으로 밝힌 점에 있다. 이러한 연구사적 맥락의 절실함을 공감한 두 한국인 학자들이 있어서 이 번역본이 세상의 빛을 볼 수 있었다고 사료된다. 지스크의 연구서가 그려낸 맥락과 추적해 낸 자료들에 대해 다른 관점을 제시하거나 다른 자료들을 제시하고 다룰 수 있겠지만, 그러자면 우선 해야 하는 과제는 바로 이 연구 성과를 소화하는 일이다.

이렇게 연구사의 이정표를 세운 연구서가 한국어로 독자들에게 제시될 수 있다는 사실 자체에 대해 반가운 마음을 덮을 수 없다. 이 연구서를 한국어 번역으로 만나 볼 수 있다는 것은 전문 연구자들에게만이 아니라 일반적인 의학사의 연구자들 그리고 불교사 전반에 관심이 있는 독자들에게 무척이나 소중한 기회가 될 것이다. 또한 요가와 아유르베다 그리고 인도의 수행전통들 사이에 연관관계가 있을 것 같다는 흐릿한 인상만을 가져 왔던 수많은 교양인들에게 알차면서도 귀중한 독서의 장을 열어 줄 것이다. 두 번역자의 추가적인 설명과 보충의 내용은 한국어 독자들에게는 큰 도움이 될 것이다. 쉬라마나 전통 자체가 그리고 베다 전통에서부터 초기불교의 텍스트들이나 전문용어에 이르기까지 전문적인 훈련을 받은 학자가 아니라면 연관된 내용의 서술을 이해하고 소화하기가 거의 불가능한 대목들에 대해 한국어 번역과 설명을 통해 접근 가능한 길을 열어 준 것은 무척이나 중요한 일이다.

보태어 이 책의 저자인 지스크를 좀 더 이해할 필요가 있다. 지스크는 1997년부터 덴마크 코펜하겐 대학교에서 인도학 전통을 이어간 대표적인 인도고전학자라고 할 수 있다. 코펜하겐 대학교의 이름이 낯설지 모르지만, 그곳에서 일했던 선배 인도학자들인 파우스뵐(V. Fausbøll)이나 쇠렌슨(S. Sørensen)의 이름만 들더라도 인도고전학에 익숙한 사람들은 그 무게감을 느끼고도 남을 것이다. 그런데 지스크는 아유르베다를 인도 과학사 혹은 문화사의 일부로 다루면서 수많은 연구성과를 만들어 낸 연구자였다. 아유르베다 연구 이후에는 까마샤쓰뜨라(Kāmaśāstra) 전통에 대한 연구에 집중했다. 그리고 나서는 다시 골상학 내지는 점성학 등의 고대 과학사를 다루면서 그리스와 메소포타미아 그리고 인도의 수많은 원전 자료들을 다루는 믿기 어려운 성과를 보여준 바 있다. 메소포타미아에서 그리스를 거쳐 실크로드의 다양한 언어권들 그리고 페르시아와 인도를 아우르는 지역의 원전 자료들을 천착하는 태도에서 그는 분명하게 문헌학자이자 고전학자로서의 면모를 상상 이상으로 잘 보여주고 있다. 따라서 이 책에서 거대한 서사와 담론을 두세 페이지 안에 정리하는 서술을 기대하지 말아야 한다. 이 저술에서 우리는 얼마나 세세하고 꼼꼼하게 개별 자료들을 조사하고 비교하고 대조하면서, 고전 텍스트 안에 담긴 속아 넘어가는 것이 정상이라고 할 만한 표면의 포장들을 날카로운 이성의 빛으로 벗겨내고 있는지 주목하면서 읽어 나갈 필요가 있다. 지스크의 연구성과들에 대해 파악하고 동시에 최근의 연구 성과와 연구 동향에 대해 관심이 있는 독자라고 한다면 크누슨(T. L. Knudsen et al.) 등이 편집한 지스크 고희 기념 헌정 논문집 *Body and Cosmos: Studies in Eearly Indian Medical and Astral Sciences in Honor of Kenneth G.*

Zysk(Brill: Leiden/Boston, 2020)를 보기 바란다.

원전 구절마다 지스크가 제시하는 번역 하나하나가 던져주는 함축과 의미를 음미하는 태도로 읽어 나간다면, 독자들은 결론이 아니라 결론에 도달하는 긴 여정의 감동을 함께 할 수 있을 것이다. 그런데 이 말은 동시에 이 저작을 번역한다는 시도 자체가 얼마나 무모함에 가까운 일이었는지를 인정할 수밖에 없다는 말이기도 하다. 앞으로 독자들의 반응과 학계의 논의를 거쳐 가면서 번역이 다듬어지고 수정되가며, 한국 학계의 역량이 함께 자라나는 계기가 되기를 기대한다. 동시에 이렇게 어려운 텍스트의 번역에 나서서 힘을 쏟았던 두 번역자들에게 힘찬 박수와 감사의 인사를 보내고자 한다.

2025년 1월 12일

강성용

옮긴이의 말

인도 의학의 패러다임 전환, 그리고 불교 승원의학의 역할

샤먼이나 제관이 주문을 외거나 제의를 올려 질병을 치유하는 것은 동서고금을 막론하고 나타나는 고대 의학의 특징이다. 인도 의학사도 예외가 아니다. 『리그베다』(Ṛgveda)에는 치유의 찬가가 나오고 『아타르바베다』(Atharvaveda)에는 질병 치료에 효험이 있는 주문이 나온다. 그러나 기원전 200년~기원후 400년에 성립한 고전 의학서 『짜라까상히따』(Carakasaṃhitā), 『베라상히따』(Bhelasaṃhitā), 『수슈루따상히따』(Suśruta-saṃhitā)에는 경험과 합리성에 기반한 아유르베다의학이 나타난다. 케네스 지스크(Kenneth Zysk, 1950~)는 『고대 인도의 수행과 치유-불교 승원의학과 아유르베다의학』(Asceticism and Healing in Ancient India: Medicine in the Buddhist Monastery)에서 토마스 쿤(Thomas Kuhn)의 이론을 적용해서 이것을 인도 의학사에서 발생한 패러다임 전환이라고 한다. 주술-종교적 패러다임에서 경험-합리적 패러다임으로 인도 의학이 전환했다는 것이다. 그렇다면 이러한 전환이 어떻게 가능했을까? 저자는 인도 의학사에서 소홀히 취급되어온 이 두 패러다임 사이의 기간, 즉 기원전 800년~기원전 100년에 주목한다. 그리고 그 기간의 비정통 출가 수행자들인 슈라마나(śramaṇa, 沙門), 특히 불교 승려들의 활동과 불교 승원 체제에서 의학 패러다임 전환의 비밀을 풀 열쇠를 발견한다.

1부에서 지스크는 초기 베다 시대부터 브라흐만교의 지적 체계에 의학이 편입된 시기까지의 인도 의학사를 조망한다. 1장은 인도 의학이 시작된 기원전 2300~1700년의 인더스의 하랍빠(Harappa) 문명에서부터 기원전 1500년경의 초기 베다 시대를 다룬다. 인더스 문명의 샤먼은 기도로 힘을 불어넣은 약초, 주문, 춤을 이용해서 병을 일으킨 악마를 내쫓는 의식을 했다. 목욕재계의 흔적, 도시 배수 처리법의 발달은 인더스 문명이 개인 위생을 중시했음을 보여준다. 기원전 1500년경 인도는 초기 베다 시대에 진입한다. 아리안 제관의 기도서, 즉 신에 대한 찬가인 『리그베다』에는 신들의 의사로 여겨진 아슈빈(Aśvin) 쌍둥이 신 등 치유의 신들이 나타나며 약초의 효능을 찬탄하는 찬가들도 나온다. 『아타르바베다』는 아타르반(ātharvan), 즉 주술에 능한 제관, 혹은 주술사의 책이다. 여기에는 질병을 쫓아내는 주문이 많이 나온다.

2장에서는 주술-종교적 의학에서 경험-합리적 의학으로의 패러다임 전환에 브라흐만교가 아니라 비정통의 유랑 수행자들(슈라마나)이 중요한 역할을 했음을 밝히고 있다. 고대 인도에서 여기저기를 탁발하며 돌아다닌 슈라마나들은 걸어다니는 민간의료 저장고이자 전달 매체였다. 정통 브라흐만교에서는 환자와 접촉하며 의료를 행하는 자를 불결하게 여겨 천시하고 제의에서도 배제했다. 그러나 그러한 금기에서 자유로웠던 비정통의 수행자들은 치료자와 함께하기를 꺼리지 않았다. 진리를 찾아 집을 떠난 수행자들은 치료자들과도 우기에 숙식을 함께 하며 진리부터 의술에 이르기까지 온갖 토론을 했던 것으로 생각된다. 뱀에 물리고 종기가 나고 발이 갈라지는 일이 빈번했던 출가 수행자들에게 민간 의료 지식과 의술은 요긴한 정보이기도 했다. 그리스인 메가스테네스(Megasthenes), 스트라본(Strabo)의 기록, 불교 문헌의 기록을 통해 그 당시의 비정통 수행자들이 주술-종교적 치유와 함께 경험과 합리에 바탕한 의술을 행했다는 것을 알 수 있다. 이러한 경험적 의술에 신들의 계보를 연결시켜서 아유르베다의학이 성립하게 되지만, 거기 담긴 해부학적 정보는 경험적 의술이 본래는 비정통 수행자의 것이라는 점을 보여주는 증거이다. 불교는 수행 차원에서 시체를 관찰하고 그 과정을 경전에 담았으며, 수장(水葬)의 관습으로 해부학 지식을 발달시켰기 때문이다.

3장은 불교 승원이 그 당시의 의료 지식을 수집하고 발전시키는 역할을 어떻게 했는지 보여준다. 유랑하며 수행하던 불교 승려들의 생활은 점차 승원에 정착하는 형태로 변한다. 고따마 붓다 시대에 이미 불교 승원이 갖춰졌으며, 공동체 생활에 필요하면서도 불교 승려에 적합한 규칙들이 정해졌다. 극단적인 고행도, 감각적 탐닉도 모두 양극단으로 보아 지양하는 중도(中道)의 가르침은 불교 승원의 생활 규율에도 적용되었다. 중도의 원리를 신체에 적용하면, 건강한 신체란 신체 내적으로 균형을 유지하는 것을 의미하게 된다. 또한 중도의 철학은 감각적 쾌락에 빠지지 않는 소박한 삶을 추구하면서도, 동시에 아픈 몸을 방치하지 않고 적절히 치료하고 돌보는 균형 잡힌 수행 태도를 갖도록 한다. 이렇게 중도의 가르침에 부합하면서 의료는 불교의 한 부분으로 자리잡게 되었다. 불교 승원은 공동체 생활과 수행을 위해 의식주, 약, 치료와 관련된 규칙들을 만들었다. 이 규칙들이 『비나야삐따까』에 담겨 전해졌으며, 그 외에 승원의 의료는 비문과 중국 승려들의 인도 기행문을 통해 파악할 수 있다. 기원후 초기부터 불교 승원은 의학교육을 실시했다. 딱실라

(Taxila), 나가르주나꼰다(Nāgārjunikoṇḍa), 나란다(Nālandā)의 승원에서 의학교육이 행해졌던 것으로 보인다. 불교 승원의 의료는 일차적으로 출가 승려 자신들을 위한 것이었지만, 점차 승원은 여행자들이 머무는 쉼터이자 일반인 환자들의 치료소 역할을 했고, 그 반대급부로 재가자들의 기부를 받았다. 의술을 행함으로써 불교는 교세를 확장했고 의학지식과 의술을 갖춘 의승(醫僧)의 활동은 인도뿐만 아니라 불교가 인도를 넘어 동남아시아, 동아시아, 티베트로 전파되는 데 기여했다.

4장은 불교를 따라 아시아 각지로 전파된 인도 의학을 다룬다. 불교 문헌에 담긴 질병과 치료는 전해지는 지역의 특수성, 교파의 성격에 따라 판본에 차이가 난다. 상좌부 불교에서는 실제에 가까운 이야기가, 대승불교 쪽에서는 주술적인 요소가 강조된다. 예를 들어 『금광명경』에는 경험-합리적 의학과 주술-종교적 의학이 공존한다. 『법화경』, 『약사경』에는 치유의 보살이나 붓다가 나온다. 이러한 차이는 고대 인도의 명의 지바까 꼬마라밧짜(Jīvaka Komārabhacca)의 설화가 빨리본, 산스끄리뜨본, 티베트본, 한문본에서 어떻게 전해지는지 비교해 봄으로써 확인된다. 티베트에는 불교 문헌과 함께 바그바따(Vāgbhaṭa)의 『아쉬땅가흐리다야상히따』(Aṣṭāṅgahṛdayasaṃhitā) 등 아유르베다의학이 전해졌는데, 토착 종교인 뵌교와 후기 불교인 밀교의 의술이 섞여서 실행되었다. 티베트의 대표적 의학서인 『규시』(rGyud-bzi, 四部醫典)에는 인도, 티베트, 중국의 의학이 혼합되어 있다. 중국에서는 인도 의학과 중국 토착 의학이 더욱 결합된다. 인도에서는 3가지 도샤(doṣa: vāta, pitta, kapha)로 병의 원인을 설명하는 게 대다수인데, 중국의 불교 문헌에서는 주로 신체의 기본 요소인 4원소(地水火風)의 불균형으로 병인을 설명한다. 불교의 빨리어 문헌이나 아유르베다의학에서는 볼 수 없는 침술, 뜸, 맥진이 중국에서는 포함되고 강조되었다.

2부는 불교 승원의 의료를 『비나야삐따까』와 이에 대한 붓다고사(Buddhaghosa)의 주석서를 통해 살펴본다. 또한 여기에 담긴 내용을 아유르베다의 고전 의학서 『짜라까상히따』, 『수슈루따상히따』, 『베라상히따』와 비교함으로써 불교 승원의학과 아유르베다의학 사이의 연결성을 입증한다. 5장은 불교 승원에서 사용한 의약물에 대한 내용이다. 붓다는 가을에 승려들이 병이 난 것을 계기로 정제버터, 생버터, 기름, 꿀, 당밀을 5가지 기본약으로 정한다. 대개 약들은 이처럼 음식물 중 약효가 있는 것이다. 승려는 음식물을 정오까지 섭취해야 한다는 규칙이 있지만, 기본약은 7일까지 보존할 수 있으며 시간에 구애받지 않고 섭취할 수 있었다. 그 외에 병든 승려들의 요청이 있을 때 붓다가 허락하는 방식으로 지방, 뿌리, 추출물, 잎, 과일, 수지(樹脂), 소금이 약으로 정해졌다. 불교 문헌인 『비나야삐따까』를 『수슈루따상히따』, 『짜라까상히따』와 비교해 보면, 둘 사이의 공통점이 보인다.

6장은 『비나야삐따까』의 「약건도」에 나타나는 불교 승원의 치료를 질병별로 소개한다. 다루는 질병은 심한 염증, 비인간병(빙의), 눈병, 머리 질병, 바람병(풍병), 사지의 바람병(사지통), 관절의 바람병(관절통), 발의 갈라짐, 종기, 뱀에 물림, 유해한 음료의 작용, 소화불량, 병적인 창백함(황달), 피부질환, 도샤로 채워진 몸, 복부의 바람병, 몸의 열감, 치루의 18가지이다. 여기에 담긴 내용들은 아유르베다 의학서와 공통점도 있지만 차이점도 있다. 가장 유사한 것은 『수슈루따상히따』이다. 치료방법으로 사혈(瀉血)이 나오고 빙의 치료를 위해 돼지의 생피와 살코기를 먹도록 한 것은 브라흐만교의 금기에서 벗어난 것이다.

부록 1에서는 고대 인도의 의료를 알아볼 수 있는 것으로서 지바까 꼬마라밧짜의 치료를 상세히 소개한다. 지바까 이야기는 불교와 함께 아시아 각지로 전파되었다. 머리 질병, 치루, 장 꼬임, 병적인 창백함(황달), 도샤로 채워진 몸을 다루고 있으며 환자는 재가자, 왕, 붓다 등 다양하다. 지스크는 불교 문헌에 나타나는 지바까의 치료술을 『수슈루따 상히따』의 치료술과 비교, 검토한다. 부록 2는 이 책에 등장하는 식물명의 산스끄리뜨어, 빨리어 어휘 목록으로서 일반 식물명과 린네식 명명법을 대응시켰다.

지스크의 책이 갖는 의의는 다음과 같다. 첫째, 기존에 인도 의학사는 초기 베다 시대와 아유르베다 시대의 두 단계로만 구분되고, 아유르베다의학의 기원은 정통 브라흐만교의 산물로만 여겨졌다. 그러나 지스크는 이 책에서 초기 베다와 아유르베다 사이에 비정통의 시대를 위치시켜 인도 의학사를 세 단계로 나눈다. 그리고 아유르베다의학이 본래는 비정통에 속했던 의료 지식에 힌두의 덧칠을 가해 정통 지적 체계로 편입시킨 결과라고 주장한다. 이것은 그간 소홀히 취급되어 온 인도 의학사의 공백기에 어떠한 일이 있었는지를 설명해주는 것이자, 아유르베다의학의 탄생에 대해 새로운 견해를 내보인 것이다.

둘째, 지스크는 자신의 주장을 뒷받침하기 위해 다양하고 방대한 사료를 다룬다. 지스크가 직접 언급하듯이 그 이전의 연구들은 문헌만 다루거나, 구체적인 사료에 근거하지 않은 이론적, 철학적 논의에 그쳤다. 혹은 자료의 나열에 그쳤을 뿐이다. 그러나 그는 유물과 유적, 문헌을 종횡하며 고대 인도 의학의 실제를 구체적이고 풍부한 자료를 통해 그려내고, 이를 바탕으로 인도 의학사에서 비정통 수행자(슈라마나)들의 역할이 컸다는, 종래와는 다른 주장을 제시한다. 그 문헌의 범위도 비범하다. 대개 인도학 연구자, 산스끄리뜨 문헌을 연구하는 학자들은 불교 문헌까지 다루지 않으며, 불교학자들은 불교 외의 문헌까지 다루지는 않는다. 그래서 각 분야의 연구자들에게는 상식에 가까운 것조차 다른 쪽 연구자에게는 미지의 것으로 남아있는 경우가 많다. 그러나 지스크의 책은 『비나야삐따까』 등 기존의 인도학 연구자들이 거의 다루지 않았던 불교 문헌을 적극적으로 활용함으로써 인도 의학과 불교의학 연구 양쪽에 모두 크게 기여하고 있다. 그가 다루는 방대한 불교 문헌에는 『비나야삐따까』의 질병과 치료 관련 계율, 지바까의 치료 사례들뿐만 아니라 질병, 치료와 관련된 다양한 경전과 논서가 포함된다. 그러나 예를 들어 지바까의 경우도 전설과 실제 있었던 일들이 섞여 있어서 허구와 사실을 분간하기 어려운 경우들이 많다. 그 점에서 지스크의 책은 불교 문헌의 의학 관련 기록을 어떻게 활용할 수 있는지 시사점을 보여준다. 유적과 유물, 불교 외의 다른 문헌의 기록, 역사서, 답사기 등을 통해 교차 점검되었을 때 불교 문헌에 담긴 의료 관련 내용들은 인도와 아시아의 전통 의료를 살펴볼 수 있는 중요한 사료 역할을 할 수 있으리라고 본다.

이 책은 초판이 출간된 이후 인도 의학과 불교의학 연구자들에게 필독서가 되었으며, 일본, 대만, 태국에서 번역되었다. 1991년 이 책의 초판이 출간된 후, 1998년 지스크는 내용에는 차이가 없는 교정판을 인도에서 출간했다. 그리고 30여 년이 지난 2021년 지스크는 인도에서 다시 개정판을 출간했다. 초판 출간 후 수십 년이 지났으나 지스크 스스로 말하는 것처럼 근본적인 견해를 바꿀 정도의 새로운 증거는 거의 나오지 않았다. 그렇기에 지스크는 개정판에서 큰 틀에서는 기존의 논의를 유지하되, 30년 동안의 학계의 연구를 반영하여 부분적으로 글을 수정, 보완하였다.

우리는 2021년부터 지스크의 1991년 초판본과 1998년 교정판으로 번역을 진행하다가, 2022년에 인도 개정판이 그 전년도에 출간되었음을 알게 되었다. 1차 번역을 마쳤기 때문에 비교하며 다시 번역에 임하였으나, 2021년도 개정판에는 보완된 내용뿐 아니라 새로운 오탈자들이 생각보다 많이 추가되어 있었다. 초판을 비교하며 바로잡으려 했으나 놓친 부분들도 있었을 것으로 짐작한다. 한편, 우리는 초판본(1991)의 일본어 번역서인 가지타 아키라(梶田昭) 역, 『古代インドの苦行と癒し: 仏教とアーユル·ヴェーダの間』(時空出版, 1993)을 참고하였다. 이 일역서는 인도 식물 및 약초 학명에 대해 남전대장경 및 한역불전의 번역어를 반영하고 있어 나름대로 도움을 받았지만, 선별적으로 선택하여 참조하였다. 이외에 본서 5장 이하에서 기술하는 약용 식물의 한국어 식물명 및 학명은 전재성 역주의 『비나야삐따까』(한국빠알리성전협회, 2020), 호너(I. B. Horner) 번역의 *The Book of the Discipline*(PTS, 1957), 카레(C. P. Khare)의 *Indian Medicinal Plants: An Illustrated Dictionary*(Springers. 2007), 코너(E. J. H. Corner), 와타나베(K. Watanabe)의 『圖說熱帶植物集成』(廣川書店, 1969), 가타야마 카즈요시(片山一良)의 「初期佛教におけるの文化變容-藥の章」(『駒澤大學佛教學部論集』 12, 仏教学部研究室, 1981) 등을 참고했음을 밝힌다. 또한 지스크가 본서에서 밝히지 않은 출처에 관해 역주에서 원문 등을 추가로 설명하였다.

이 책을 번역하는 과정에서 고대 아유르베다의학 및 사본 연구를 해오신 강성용 교수님이 적절한 번역어의 선택을 위해 적확한 조언을 해주셨으며, 부족한 번역이 잘 진행되기를 격려해주셨다. 또한 추천사를 통해 지스크의 본서가 지닌 연구사적 맥락과 의의를 밝혀주신 점에도 깊이 감사드린다. 경희대학교 인문학연구원 박성호 연구교수님은 이 책의 방대한 참고문헌과 용어집 입력을 도와주었다. 이 자리를 빌려서 감사드린다. 또한 지스크의 책이 지닌 가치를 이해하고 흔쾌히 출판을 허락해주신 도서출판 씨아이알의 김성배 대표님과 심재관 교수님, 오랫동안 너그럽게 번역을 기다리고 편집해주신 최장미 과장님께 감사드린다. 그러나 고대 인도의 질병과 치료법 및 약초를 다루는 본서의 번역이 생각보다 수월하지 않았고, 그만큼 책임을 다해야 함을 느꼈다. 여전히 남은 여러 부족한 부분들은 모두 역자들의 책임임을 밝힌다.

2025년 4월

이은영, 양영순

개정판 머리말

이 책의 초판이 나온 지도 벌써 30여 년이 지났다. 그렇지만 그 사이에 초판의 견해를 근본적으로 바꿀 만한 새로운 증거가 나오지는 않았다. 나는 개정판을 준비하면서 다시 이 책을 면밀히 살펴보았고, 모호한 점은 명확하게, 미진한 생각은 정교하게 다듬었다. 또한 동료들과 학자들의 도움을 받아 실수와 오해를 바로잡으려고 애썼다. 이렇게 애쓰긴 했지만, 인도에서 개정판을 발간하는 과정에서 다시 조판해야 했기 때문에, 새로운 오류도 들어갔을 것이다. 고치는 과정은 끝도 없는 것 같다.

중국어, 일본어, 태국어로 이 책이 번역되고, 힌디어 번역도 준비 중이라는 소식을 들어 즐겁다. 이 책이 '불교의학'이라 불리는 분야에 대한 관심을 불러일으키고, 수년간 여러 중요 출판물들의 발간을 촉진시켜서 기쁘다. 개정판에는 그러한 연구 성과들도 포함시키려 했다. 이 분야에 대한 꾸준한 연구로 고대 인도의 의학 전통, 특히 인도 의학사에서 불교가 차지한 역할의 중요성에 대한 이해가 깊어지기를 바란다.

불교의학 연구가 순조롭게 진행되고 있긴 하지만, 인도 의학 연구 전반에 걸쳐 아직 완전히 해결되지 않은 역사적 문제가 몇 가지 남아 있다. 아마도 가장 골치 아픈 문제는 3도샤(doṣa, 결함) 이론의 기원일 것이다.

3도샤는 초기 빨리(Pāli) 문헌에 이미 분명하게 나타나고, 남아있는 짜라까와 수슈루따의 초기 산스끄리뜨(Sanskrit) 의학서 시기에는 완전히 발전된 상태였다. 초기 베다(Veda)와 우파니샤드(Upaniṣad)에 이러한 용어가 사용된 것을 통해 바람(vāta, vāyu), 담즙(pitta), 점액(kapha, śleṣman)의 선행 개념을 찾으려는 시도가 있었다. 아유르베다(Āyurveda)에는 바람, 그리고 어쩌면 담즙의 불같은 성질에 해당하는 것이 나타나긴 하지만, 점액은 초기 문헌에서 정확히 찾아내기가 다소 어렵다. 따라서 철학적이고 종교적인 사상과 의학적 병인론 사이의 논리적이면서도 일관적인 연관성은 여전히 불확실한 상태이다. 마찬가지로 그리스-로마 의학의 히포크라테스-갈레노스 4체액 개념을 인도 의학의 3도샤와 비슷한 것으로 보려는 시도도 그다지 설득력이 없다. 아마도 개념을 일대일로 대응시키려는 생각은 포기해야 할 것이다. 그리고 두 의학 전통 사이의 잃어버린 연결고리, 즉 '명백한 증거(smoking gun)'를 제공할 단일 문헌이나 문헌군을 찾으려는 일은 헛된 것으로 보아야 할 것이다. 그보다는 의술에 종사하는 전문가들 사이에서 고통을 완화하는 유용한 치유술과 지식이 구두로, 그리고 실용적으로 교환되었을 가능성을 고려해봐야 한다. 이 의술의 장인들은 기원전 4세기에 알렉산더가 길을 개척한 후 무역을 하던 야바나인(Yavana: 인도 거주 그리스인)들과 함께 무역로를 여행했을 것이다. 기원전 1세기 서부 마하라슈뜨라(Mahārāṣṭra)의 깔라(Karla) 동굴에서 발견된 불교 동굴 사원의 브라흐미(Brāhmī) 비문은 이미 이들의 존재를 입증한다. 시간이 지나면서 4키모스(chymos, 체액)와 프네우마(pneuma, 호흡/바람)를 기반으로 하는 체계와 5요소(mahābhūta, 바람, 물, 불, 땅, 허공)에 기반을 둔 다른 체계가 섞이게 되었다. 그 결과가 현재 우리가 아유르베다의 3도샤(tridoṣa) 이론이라 부르는 것이다.[1]

지식의 이러한 전달 과정은 그리스와 인도의 관상학 체계 사이에서 발생했던 것과 매우 유사하다. 두 고대 문화권에서 관상학은 의학과 밀접한 관련이 있는 예언술이었다.[2] 이러한 점들을 고려해서, 여기에서는 인도 의학에서 고유한 의미를 가지는 빨리어 도사(dosa)와 산스끄리뜨어 도샤(doṣa)를 '체액(humor)'으로 번역하지는 않았다. 히포크라테스-갈레노스 용어와의 혼동을 피하기 위해서이다.[3] 또한 아유르베다를 다루는 다수의 대중적인 문헌들은 3도샤 개념을 크게 오해하게 만들었다.

어떤 사람들은 내가 여기에서 사용한 것을 구식 이론이나 표현으로 여기겠지만, 토마스 쿤(Thomas Kuhn)의 패러다임 전환 이론은 각각 주술-종교적 의학(magico-religious medicine)과 경험-합리적 의학(empirico-rational medicine)인 베다의학과 아유르베다의학의 극명한 차이를 설명하는 데 유용하다. 설사 후자에서 전자의 사례를 발견하더라도 그렇다. 방법론 측면에서 내 연구의 주요 방식은 원전을 문헌학적으로 상세히 조사하는 것에서 시작한다. 이러한 일차 연구의 결과는 역사적, 서지적 자료를 활용함으로써 더 완전한 이해의 토대가 된다. 나는 다양한 종류의 증거를 제시하면서 이야기를 전개해 나갔다. 많은 부분이 여전히 미완성이지만, 이야기의 전모가 드러나기 시작하고 있다.[4]

마지막으로 여러 실수와 미숙한 가정 및 아이디어가 포함되었음에도 불구하고 초판이 인정받았듯이 이 개정판도 학계의 학자들에게 받아들여지기를 바랄 뿐이다. 이 개정판을 만드는 데 도움을 준 모든 이에게 감사드린다. 특히 사랑하는 아내이자 동반자인 리케 피츠-쇼(Lykke Peetz-Schou)의 지원에 감사를 표하고 싶다.

2020년 9월 린드비(Lyndby)에서
케네스 G. 지스크

머리말

인간이란 존재가 본래 질병과 부상에 취약한 존재여서 그렇겠지만, 광범위한 인도 문헌을 읽다보면 전통적 형태를 취하든 범세계적 형태를 취하든, 베다기의 아리아인부터 근대인에 이르기까지 의술의 전승이 거의 모든 인도인의 삶에 맞닿아 있다는 사실을 확인할 수 있다. 힌두와 비(非)힌두를 막론하고 고대 문헌은 질병과 치유에 관한 수많은 은유와 직유, 그리고 직접적인 언급을 담고 있다. 힌두교는 영적이고 궁극적인 실재를 강조하는 경향이 있음에도 불구하고, 인도인들은 수 세기 동안 자신들의 존재에 영향을 미치고 지상에서의 삶을 단축시키는 육체적 문제에 첨예한 관심을 가져왔다. 고대 인도에서는 이런 현상들을 통제하고 이해하여 그 유해한 영향을 완화하고 지상의 삶을 연장하려 애썼다. 이러한 노력은 치유술의 오랜 전통을 낳았고, 수많은 종교적이거나 세속적인 문헌에 이것이 표현되었다.

고대 인도의 의료 전승에 대한 내 연구는 인도 의학의 전통적인 체계인 아유르베다(āyurveda, 생명학)의 뿌리를 찾기 위해 인도 의학의 최초기에서 출발하여 그 발전을 수 세기에 걸쳐 추적한다. 이 책에 담긴 그 연구의 결과는 지금까지 일반적으로 그려왔던 고대 인도의 의학사와는 근본적으로 다르다. 사료들은 의학을 다루는 힌두교 샤스뜨라(śāstra) 문헌의 주요 부분이 사제(brāhmaṇa) 계급 지식인이 아니라 비정통 고행자(heterodox ascetic)의 작업에서 유래했고 인도 의학에서 큰 의미가 있는 발전이 초기불교 승원에서 일어났다는 것을 보여준다. 이 점은 고대 인도의 의학사를 다시 쓰는 것에 그치지 않으며, 샤스뜨라 문헌을 통한 지식의 전달과 권위화의 본질, 그리고 인도와 아시아 전역의 불교 사회사에 대한 이해를 크게 진척시킨다. 이 책에서 보여주는 인도 의학사는 특히 아유르베다의 기원을 정통 브라흐만교(brahmāṇism)에 귀속시키는 사람들에게 논쟁을 불러일으킬 것이다. 그러나 이것을 계기로 인도 의학의 유산을 더 깊이 있게 잘 이해하게 될 것이다.

이 연구가 결실을 맺도록 도와주신 분들께 감사의 인사를 드리고 싶다. 국립의학도서관 연구 보조금(NIH Grant LM 04514)은 1986년부터 1988년까지 연구와 집필에 상당한 자금을 지원해 주었고, 미국 종교학회(American Academy of Religion) 연구 보조금은 프로젝트를 마무리할 수 있게 해주었다. 두 기관의 원조에 진심으로 사의를 표한다.

또한 원고 전체 혹은 일부를 읽고 유익한 의견을 개진해 주신 분들께 감사드린다. 최고의 아유르베다 권위자인 얀 묄렌벨트(Jan Meulenbeld, 前 그로닝겐 주립대학교)는 비판적 의견으로 오류를 바로잡고 논의가 탄탄해지게 도와주었다. 드 용(J.W. de Jong, 호주 국립대학교)과 리처드 곰브리치(Richard Gombrich, 옥스퍼드 대학교)는 인도학 및 불교학에 대한 깊이 있는 지식을 바탕으로 통찰력 있는 제안을 해 주어 이 책의 학술적 가치를 높여주었다. 스탠리 인슬러(Stanley Insler, 예일 대학교)와 데이비드 핑그리(David Pingree, 브라운 대학교)는 몇몇 부분에 대한 내 주장을 재검토하게 했다. 제임스 왈츠(James Waltz, 이스턴미시간 대학교)는 원고 전체를 통독하고 학술적 질문을 제기하며 책 내용 전반을 크게 향상시키는 제안들을 해 주었다. 이들의 의견이나 아이디어를 내가 전적으로 받아들였던 것은 아니지만, 늘 검토하고 고려했다. 덕분에 관련 문제를 분명히 파악하고 이 책에 활용된 문헌들을 더 잘 이해할 수 있었다. 이분들과 원고 일부를 읽어주신 분들, 연구 과정에서 내 의견에 귀를 기울여주셨던 모든 분께 감사드린다.

1989년 9월 런던에서
케네스 G. 지스크

차례

서론

ASCETICISM & HEALING IN ANCIENT INDIA:
MEDICINE in the BUDDHIST MONASTERY

introduction

서론

이 책은 인도 의학사에서 아주 중요한 시기임에도 불구하고, 그동안 잘 다루어지지 않았던 기원전 800년부터 기원전 100년까지의 인도 의학의 발전을 연구한다. 이 시기 이전에는 초기 베다 시대(약 기원전 1700년~기원전 800년)의 주술-종교적(magico-religious) 치유 전통이 성행하였다. 그 이후에는 『짜라까』(Caraka), 『베라』(Bhela), 『수슈루따』(Suśruta) 같은 고전문헌에 나타나는 아유르베다(āyurveda)의 경험-합리적(empirico-rational) 전통의 시대(약 기원전 200년~기원후 400년)가 되었다. 여기에서는 다양한 출처의 자료를 비판적으로 검토하고, 역사 및 사회 종교적인 접근방식을 사용하여 고대 인도 의학사를 포괄적이면서도 설득력 있게 그려내려 했다.

우선 인도 의학사를 깊고도 풍부하게 이해함으로써 드러나는 몇 가지 사항을 언급하고자 한다. 예전에는 고대 인도 의학사를 두 단계로만 구분했었다. 첫 단계는 초기 베다 시대의 주술-종교적 치유의 단계인데, 『아타르바베다』(Atharvaveda)의 의료 주문과 『리그베다』(Ṛgveda)의 치유

찬가에 그 예들이 보인다. 두 번째 단계는 아유르베다의 경험-합리적 의학의 단계인데, 기원 전후 몇 세기 동안에 성립되었을 것으로 추정되는 『짜라까』, 『베라』, 『수슈루따』 등의 고전문헌에 상세히 나타난다. 초기 베다의학의 특징은 악령(demon)을 질병의 원인으로 지목하고 이를 치유하는 주술 의례를 행하는 데 있다. 악령을 쫓아내고 그것이 다시 달라붙지 않게 하는 주문을 외우고 부적을 붙이는 것이 이런 의례에 포함된다. 반면 아유르베다의학은 전문 의학서에 기록된 정교한 학문적 의학 체계로서, 본질적으로 경험주의에 기반하며 관찰 가능한 현상에 대한 설명이 뒤따르는 독특한 의학적 인식론을 제시한다. 고대 인도 의학의 역사적 발전을 밝히려는 시도에서 이런 두 의학 단계의 뚜렷한 대조는 그 단계들 사이의 과도기에 주목하게 만든다.

특정 유형의 인도 천문-점성학(Astral Science, Jyotiḥśāstra) 전통은 베다 의례에서 중요한 역할을 했기 때문에 정통 브라흐만 전통과 뗄 수 없는 관계에 있었다. 이와 달리, 인도 의학은 힌두교의 희생제의에 사용된 적이 없고 정통 브라흐만교 지적 전통의 산물도 아니었다. 하지만 의학 지식은 지배적인 정통 종교적-지적 체계에서 흔히 일어나는 동화(同化) 과정을 거쳤으며, 윤색과 적응의 과정을 거쳐 새로운 지식은 공인된 전문 지식 체계에 편입되었다.[1] 그리하여 전통적인 브라흐만교의 자료는 신(神), 반신(半神), 존귀한 전승자들의 계보를 통해 인도 의학의 기원을 이야기한다. 이들 문헌에서는 성스러운 치유의 지식이 힌두 브라흐마(Brahmā) 신에서 비롯되었다고 한다. 브라흐마 신은 이를 피조물의 주인인 쁘라자빠띠(Prajāpati)에게, 쁘라자빠띠는 다시 신들의 의사인 아슈빈(Aśvin)에게 전하였고, 아슈빈은 신들의 사령관인 인드라(Indra)에게 이것을 전수했다. 그리고 인드라는 이 비전(秘傳)의 의학 지식을 까시

(Kāśī, Banāras)의 왕 디보다사(Divodāsa)의 모습으로 나타난 단반따리(Dhanvantari) 신에게 가르쳤다. 단반따리에게 배운 수슈루따는 이를 『수슈루따상히따』(Suśrutasaṃhitā)에 담아 인류에게 전했다. 한편 인드라는 그것을 현자 바라드바자(Bharadvāja)에게도 전했다. 바라드바자는 아뜨레야 뿌나르바수(Ātreya Punarvasu) 등 다른 현자들에게 전달했으며, 아뜨레야 뿌나르바수는 아그니베샤(Agniveśa)와 베라(Bhela)를 포함한 6명의 제자를 양성했다. 인류에게 이익을 주고자 아그니베샤는 의학서를 집필했는데, 이를 그의 제자 짜라까(Caraka)가 수정하고 드리다바라(Dṛḍhabala)가 편집하여 출간한 책이 『짜라까상히따』(Carakasaṃhitā)이다. 베라도 스승인 아뜨레야 뿌나르바수에게 배운 내용을 『베라상히따』(Bhelasaṃhitā)에 담아 전했는데, 이 책은 우리에게 산일(散佚)된 형태로만 전해진다. 장 필리오자(Jean Filliozat)는 이러한 전설적인 의학의 시초와 전승이 힌두 과학의 패러다임을 잘 보여준다고 설명했다.[2]

이 책은 인도 의학에 대한 전통적인 설명이 본래는 비정통에 속했던 지식 체계를 정통으로 만들기 위해 후대에 이루어진 힌두화 과정의 결과일 뿐이라는 점을 보여주려 한다. 집성된 전문지식에 변형들이 혼재하는 것은 전문적인 정보를 전달하고 성문화하는 과정에서 서로 다른 지적 전통들이 섞였기 때문이다. 그 결과 새로운 개념 모델에도 종종 이전 패러다임의 잔재가 남게 되었는데, 이는 새로운 지식 형태를 과거의 것과 결부시켜 정당화하는 역할을 했다. 이것이 바로 인도 의학에서 일어난 일이다. 고행을 하는 비정통 지식인들이 방대한 민간의료를 수집하고 체계화하고 전달했으며, 훗날 사제들이 이것을 정통적인 세계관에 적합하게 동화시키고 가공했다.

달리 말하면, 인도 의학사에서 약 8세기에 달하는 이 '비정통(heterodox)'

의 시대에 질병과 치유에 대한 치유자들의 견해에 근본적 전환이 이루어졌다. 과학철학자 토마스 쿤(Thomas Kuhn)은 서양 과학의 그러한 지적 변환을 '패러다임 전환(paradigm shift)' 개념으로 설명했다. 즉 과학적 문제들을 개념화하고 설명하는 양식이 혁명적으로 새로워지면서 그것이 기존의 낡고 확립된 사고방식을 완전히 대체하게 되고, 이렇게 해서 과학의 진보가 이루어진다는 것이다.[3] 이를 주의 깊게 인도 의학에 적용해 보면, 쿤의 패러다임 전환 이론은 인도 의학에서 일어난 혁명적 변화의 본질, 즉 주술-종교적 의학에서 경험-합리적 의학 패러다임으로의 전환을 이해하는 데 유용할 수 있다. 다만 인도 의학의 경우는 치유에 대해 근본적으로 새로운 접근을 할 때도 이전의 의료 관행을 여러 면에서 유지한다는 점에서 쿤의 이론에서 다소 벗어난다. 전통적인 주술 의료 기법도 완전히 폐기되지 않고 아유르베다의 새로운 체계 내에 동화되었다. 새로운 의학 패러다임은 낡은 의학 패러다임을 혁명적으로 교체하면서도, 전체 체계에 정통성을 부여하려는 노력의 일환으로 기존 패러다임의 몇몇 측면을 받아들여 연속성을 과시했다. 다른 모든 면에서 인도 의학의 사례는 쿤의 모델에 근접한다. 비정통 고행자의 개입은 인류의 고통과 치료에 대해 전적으로 새로운 방식으로 생각하는 인식론적 기반을 마련했다. 그 결과 새로운 의학 패러다임으로의 전환이 이루어졌고, 새로운 것이 정통 과학의 지위에 오르면서 주술 의학이라는 오래된 모델을 자신의 패러다임에 동화시켰다.

따라서 이 책의 또 다른 주안점은 이러한 인도 의학사의 전환기에 비정통 출가 고행자들, 특히 불교도들이 인도 의학의 발달에 어떠한 기여를 했는지 좀 더 철저히 밝히는 것이다. 기원전 9세기부터 서력 기원까지의 자료들을 면밀히 살펴보면, 불결한 사람들과의 접촉으로 오염되었다 해서 의료를 행하는 자들은 브라흐만교의 계급제에서 천시되었으며 정통적인 제의(祭儀)에서도 배제되었던 것으로 보인다. 아마도 이런 치유자들을 받아들인 것은 그들의 철학과 치료, 모임을 비난하지 않은 비정통 출가 고행자들과 탁발 수행자들의 공동체였을 것이다. 치유자들은 구도하는 고행자들처럼 마을을 돌아다니며 치료하고 새로운 약, 치료술, 의료정보를 얻었으며, 결국에는 그들이 밀접하게 접촉하는 고행자들과 거의 분간이 안 될 정도가 되었다. 방대한 의학 지식의 저장고가 이 유랑 의사들 사이에서 형성되기 시작했다. 이러한 의학 정보의 핵심은 다양한 종류의 질병에 대한 치료법으로 구성된다. 병들의 원인은 도샤(doṣa) 이론에서 유래하는데, 불교 문헌에서는 도샤를 많은 병들의 원인으로 가정할 뿐 설명하지는 않는다.

붓다 가르침의 중심을 이루는 세속적 쾌락과 금욕 사이의 중도(中道)에 잘 들어맞으면서, 치유는 불교의 일부가 되었다. 생체 내부의 균형, 그리고 몸과 환경 사이의 균형이라는 2가지 균형으로 특징지어지는 신체적 건강 관리 방법을 제공하게 된 것이다. 저장된 민간의료의 일부가 초기불교 승원의 계율로 체계화되었으며(codified), 이렇게 해서 불교 승원의학 전통이 탄생하게 되었다.[4] 불교와 의학의 공생관계는 인도 내에서 불교의 확산을 촉진했고, 이것이 인도의 대규모 승원에서의 의학교육을 이끌었으며, 다른 아시아 지역에 불교가 수용될 수 있게 했다. 아마도 기원후 초기에 힌두교는 의학 지식의 저장고를 자신의 사회 종교적 지식 전통에 동화시키고 정통으로 치장하여 브라흐만 전통의 과학으로 만들었을 것이다.

불교 승원의 의학이 특별히 주목받는 이유는 유럽 중세의 수도원처럼 불교의 비구와 비구니 승원이 의학의 제도화에 두드러진 역할을 했기 때문이다. 실제로 불교 사회사는 치유술과 불교의 연관성을 충분히 밝힐 때 비로소 온전히 이해될 수 있다. 승원의 계율에 의술을 체계화한 것은 아마도 인도에서 의학 지식을 최초로 조직화한 것이며, 훗날 의학서의 모델이 되었을 것이다. 의승(醫僧, monk-healer)이 치유의 손길을 일반 대중에게도 내밀고, 전문화된 승원 체제에 여행자 숙소(hospice)와 치료실이 갖춰지자 불교의 인기는 크게 높아졌으며 재가 신도의 지속적인 후원도 확보되었다. 또한 주요 승원 대학의 커리큘럼에 의학이 포함되면서 학문적 면모를 갖추게 되었다. 인도 및 아시아의 다른 곳에서 불교는 역사적으로 늘 치유술과 밀접한 관계를 맺어왔으며, 치유자들은 많은 존경을 받았다. 아마도 이것은 의학과 종교의 가장 모범적인 혼합 사례일 것이다. 오늘날에도 남아시아와 동남아시아 불교 국가의 승려들은 다양한 질병에 걸린 환자들을 치료하고 있으며, 간혹 승원 안에 치료실을 갖춘 곳도 있다. 불교에서 볼 수 있는 종교와 의학의 이 오래된 결합은 서양 문명에서 나타난 양자 간의 분리와 극명한 대조를 이룬다.

또한 이 책은 인도 의학의 연구에 사용되는 방법론을 발전시키고 후속 연구를 촉진함으로써 학문적으로 기여하고자 한다. 초기 베다 시대부터 아유르베다 시대까지의 연구는 아직도 충분하지 않다. 그래도 연구에 진전이 있어서 인도 의학사에 대한 이해가 깊어지고 있다. 초기 연구 가운데 중요한 것들을 소개하자면 다음과 같다. 데비쁘라사드 찻또빠드야야(Debiprasad Chattopadhyaya)의 『고대 인도의 과학과 사회』는 고전 아유르베다의 진화를 탐구한다.[5] 찻또빠드야야가 인도 의학의 인식론이 브라흐만교의 이데올로기와 근본적으로 상반되며, 『짜라까』와 『수슈루따』 같은 고전 의학서는 힌두교와의 접목 과정에서 의학적 틀에 정통 브라흐만교의 이상(ideal)이 덧붙여진 결과물이라고 주장한 것은 옳다. 그러나 유감스럽게도 그의 연구에는 흠이 있는데, 의학적 인식론의 기원에 대한 역사적 증거나 설명이 거의 없고 불교 자료에 있는 풍부한 의학 정보에 대해서도 약간의 관심밖에 없다는 것이다. 죠띠르 미뜨라(Jyotir Mitra)의 『불교 문헌에 담긴 아유르베다 자료의 비판적 평가』는 불교 문헌 중 의학 관련 부분을 제공하고 있어서 유익하다. 그렇지만 이론적 틀이나 비판적 분석이 미흡해서 인도 의학의 역사적 발전을 이해하기에는 충분하지 않다.[6] 이와 대조적으로, 이 책에서 전개할 내 연구는 인도 고대 의학을 그것이 시작된 초기 베다 시대부터 고전 의학서가 성립한 시대에 이르기까지 추적하는데, 특히 패러다임 전환이 일어난 시기를 다루며 고행의 전통과 불교가 어떻게 이 전환을 촉진했는지에 주목한다. 또한 역사-문헌학의 방법론을 사용하여 고대 인도 의학의 발전과 불교 승원의학의 특징을 설명한다.

이 책의 구성을 개괄하면 다음과 같다. 1부에서는 초기 베다 시대에 의학이 시작된 것부터 그것이 정통 지식으로서 브라흐만교의 지적 체계에 통합되는 시기까지의 인도 의학사를 살펴본다. 또한 인도-티베트 불교와 중국 불교에서 의학이 차지하는 역할을 살펴본다. 1부는 광범위한 1차 자료, 고고학 자료, 2차 자료를 통해 사회 종교적 맥락에서 고대 인도 의학의 전체상을 그린다. 2부에서는 불교 승원의학의 실제를 병에 걸린 승려들의 이야기를 중심으로 고찰하는데, 붓다는 사례별로 치료를 허락했다고 알려져 있다. 불교 승원의학과 아유르베다의학의 관계를 더 정확히 확인하고 이 두 의학이 이용했던 비정통 고행자들의 의학적 보고(寶庫)를 더 잘 이해하기 위해 각 사례의 의학 내용을 문헌학적으로 분석하고 고전 의학서와 비교한다. 2부의 주요 자료들을 열거하면 다음과 같다. 빨리어로 쓰여진 『비나야삐따까』(Vinayapiṭaka, 律藏)와 이에 대한 스리랑카 불교 학승(學僧) 붓다고사(Buddhaghosa, 5세기)의 주석서, 그리고 현존 최고(最古)의 산스끄리뜨 의학서인 『짜라까상히따』와 이에 대한 차끄라빠니닷따(Chakrapāṇidatta, 11세기)의 주석서, 『수슈루따상히따』와 이에 대한 달하나(Ḍalhaṇa, 12세기)의 주석서, 「니다나스타나」(Nidānasthāna)에 대한 가야다사(Gayadāsa, 11세기)의 주석, 그리고 『베라상히따』이다. 가장 마지막 책은 주석서가 전해지지 않는다. 부록에서는 2부에서 전체적으로 사용한 문헌학적 분석을 사용하여 재가 신도 의사인 지바까 꼬마라밧짜(Jīvaka Komārabhacca)가 실시한 치료 사례를 다룬다(부록 1). 그다음으로 빨리어와 산스끄리뜨어 식물명을 린네(Linnaeus)식 명명법 및 현대적 명칭과 대조한 용어집을 수록했다(부록 2).

여기에서는 다루지 않았지만 몇 가지 연구 과제들이 남아 있다. 자이나 승원 제도에서는 일반적으로 의학이 두드러진 역할을 하지 않았기 때문에, 자이나 승원 자료는 자세히 연구하지 않았다. 최근에 마리 지바스자르비 스튜어트(Mari Jyväsjärvi Stuart)가 자이나 승원 제도의 의학을 다루었는데, 이에 따르면 초기 자이나교 고행자와 수행자들은 확실히 초기불교와 아유르베다 치료에서 보여지는 것과 같은 종류의 의학과 치유를 알고 있었다. 그러나 그들에게는 치료나 치유하는 행위가 금지되었다. 하지만 6세기경까지 이러한 태도가 달라져갔다. 자이나 승원의 생활과 전통을 보존하기 위해 수행자들에게 약과 치료가 허용되었으며, 병실과 병원도 허락되었다. 이러한 발전은 불교 승원이 직면했던 상황과 꽤 일치한다.[7]

인도, 헬레니즘, 중국의 의학설과 병인론 사이의 문화 간 비교라는 중요한 주제는 아직 충분히 연구되지 않았다. 비록 서양 학자들이 산스끄리뜨 의학 문헌들을 다룰 수 있게 된 이후 그 가능한 연관성이 논의되

어 왔지만, 이 고대의 3가지 의학 체계 사이의 실질적인 관련성을 입증하는 것은 여전히 어렵다.[8]

그뿐만 아니라 고행과 의학 두 전통의 연계 측면에서 요가(Yoga)와 치유술의 정확한 관계를 더 살펴볼 필요가 있다. 또한 이 책에서 제시하는 인도 의학사에 대하여 쁘라끄리뜨(Prākrit) 문헌을 자세히 검토한다면 더 직접적으로 생산적인 연구가 될 것이다. 이러한 연구는 인도의 의학 전승과 관련된 유용한 정보를 추가로 제공해줄 것이다.

1부

고전 인도 의학의 발전

ASCETICISM & HEALING IN ANCIENT INDIA:
MEDICINE in the BUDDHIST MONASTERY

제1장

인도 의학의 시작: 주술-종교적 치유

인도 의학의 성장과 발전을 제대로 알기 위해서는 하랍빠(Harappa) 문화의 고고학 유물과 유적, 초기 베다 시대의 문헌 자료를 통해 그 초창기를 살펴볼 필요가 있다. 하랍빠 문화에서는 근본적으로 주술적 특징이 있는 치유를 했다는 것이 짐작될 뿐이지만, 초기 베다 시대에는 주술-종교적 의학이 지배적이었음이 분명해 보인다.

하랍빠 의학에 대한 추정

현재의 파키스탄과 서인도 지역에 위치했던 하랍빠 문화(기원전 2300~1700년경)는 일명 인더스(Indus) 계곡 문명으로도 불린다. 해독된 문헌 기록이 없기에 학자들은 금석병용시대(金石併用時代) 유적지에 남아있는 유물을 기본 자료로 삼아 하랍빠 문화를 연구한다.[1] 하랍빠 문화의 도시는 대부분 인더스강과 그 지류 부근에 위치한다. 도시들 중 가장 두

드러진 두 중심지는 현재 그 근방의 마을 이름을 따서 명명한 남쪽의 모헨조다로(Mohenjo-dāro)와 북쪽의 하랍빠이다. 이 문화는 고도로 발달했던 것이 분명하며 안정적이고 전쟁을 일삼지도 않았던 것으로 보인다. 도시는 잘 계획되고 사회는 계층화되었으며, 장인(匠人)과 농민이 상류층을 떠받쳐 주는 구조였다. 주요 신앙 형태는 대개 애니미즘이었다. 야생동물이든 가축이든 동물은 경외의 대상이었다. 수많은 황소 이미지는 아마도 비옥한 하늘을 상징한 것으로 보이며, 특히 이 동물을 숭배했음을 알려준다. 대지가 지모신(地母神)의 형태로 숭배되었던 것으로 보인다. 또한 인더스 계곡의 주민들은 종교적 활동으로 정화 의식, 주술, 불 의식을 했다.[2]

모든 생명의 원천이자 가장 강력한 정화제인 물은 하랍빠인의 마음과 삶에서 특별한 위치를 차지했다. 모헨조다로의 성역(城域)에 있는 일명 대형 목욕탕(Great Bath)은 상류층 사람들이 성스러운 물로 목욕재계하는 장소였다. 이러한 정화 의례는 공중위생 개념과 밀접한 관련이 있었을 것으로 보이는데, 도시와 집의 설계 구조를 봐도 위생이 주요 관심사였음을 알 수 있다. 게다가 인더스의 도시들은 거의 모든 집에 목욕탕과 화장실, 집에서 나오는 폐수(廢水)를 배출하는 배수 시설을 갖추고 있었으며, 도로에는 덮개가 있는 하수관이 있어 주거지에서 멀리 떨어진 곳으로 폐수를 배출했다.

수많은 테라코타 조각상으로 표현된 지모신 숭배는 사회의 농경 집단 사이에서 행해졌을 것이다. 지모신은 가정에서 일상적인 제의 대상이었을 것인데, 사람들은 지모신 상 앞에서 기도를 낭송하고 상의 머리 양쪽에 있는 받침대에 물질을 태웠다. 대지를 상징하는 지모신, 하늘을 상징하는 황소에 대한 경외를 끊임없이 표현하면서, 숭배자들은 풍요로운 곡물 수확을 기원했음에 틀림없다. 식물 또한 여신의 형태로 나타나며 지모신 숭배와 결부되어 경외의 대상이 되었다. 그러나 식물 여신에 대한 숭배를 표현한 이미지들은 많지 않다. 이는 이 여신에게 바치는 의례를 정해진 시간에 특정 목적을 위해 지정된 성스러운 장소에서 열었음을 시사한다. 하랍빠 여기저기에서 식물에 대한 경외를 표현한 것으로 보이는 인장(印章)과 작은 직사각형 모양의 날인이 발견되었다. 그것들은 지모신으로부터 식물이 태어나고, 그것을 수확하는 것을 상징적으로 묘사하고 있다. 많은 양의 곡물이 아마 도시에서 종교와 행정의 중심지 역할을 했을 성채의 곡물창고에 비축되었다. 가뭄이 들면 이 곡물로 주민들의 식량 문제를 해결해서 사회를 안정시켰다. 게다가 식물은 식물 여신에 대한 숭배로 그 치유 효능이 보장된 중요한 약용 물질이었을 것이다. 후대의 증거에 따르면 식물성 제품은 늘 인도 의약물(materia medica)에서 중심 위치를 차지해왔다.

하랍빠인들 중에는 고행을 한 사람들도 있었던 것으로 보인다. 하랍빠와 모헨조다로에서 출토된 인장과 날인에는 때로 요가 자세(āsana), 아마도 웃뜨까띠까사나(utkaṭikāsana), 즉 두 발바닥과 발뒤꿈치를 붙이고 다리를 직각으로 해서 앉는 자세를 취한 인물이 그려져 있는 것들이 있다.

인더스의 고행자들에 대한 묘사는 샤먼이나 주술 치료사를 연상시킨다. 그들은 공들인 의례 의상을 걸치고 팔에는 팔찌를 차고 뿔이 달린 머리 장식을 하고 있다. 또한 바닥에 작은 받침대나 탁자를 놓고 그 위에 앉아 있으며, 홀로 있거나 동물들에 둘러싸여 있다. 요가 자세 중 하나를 취하는데, 적어도 인장 하나에는 남근이 발기되어 있다.[3] 인더스의 고행자들이 샤먼이라면, 그들은 전 세계 샤먼들의 주요 역할인 주술적인 치유 의례를 행했을 것이다. 샤먼의 주술 치유에는 황홀경의 춤, 주술적 비행, 강력한 약초나 부적의 사용, 주문 암송, 퇴마 의식 등 여러 요소가 포함된다.[4]

이집트, 메소포타미아 두 위대한 문명의 의학과 마찬가지로 하랍빠 문화의 치유 체계도 그 문화의 종교적 신념 및 관행과 불가분의 관계에 있었는데, 아마도 주로 주술에 기반했을 것이다. 하랍빠인과 교역을 했던 메소포타미아, 그리고 이집트의 의학을 인더스 유적에서 받은 인상과 비교해 보면,[5] 하랍빠의학에는 샤머니즘 유형의 주술 치료사가 행하는 강령회(降靈會, séance)가 포함되었을 가능성이 높아 보인다. 주술 치료사는 치유의 의례에서 기도로 치료 효과를 불어넣는 의식을 거친 약초를 사용하고 만뜨라(mantra)를 암송하며, 의례의 춤을 추거나 그 밖의 다른 활동들로 악령에 씌인 질병을 쫓아내려 했을 것이다.

비록 증거는 불충분하지만, 작은 금속 물체들 중에는 후대의 수술 도구들과 유사한 것이 있어서 모종의 수술이 행해졌을 가능성도 보여준다. 게다가 유골 출토품은 하랍빠 문화가 지배적이었던 지역에서 종교적 외과 수술이라 할 수 있는 천공술(trepanation)이 행해졌을 가능성을 시사한다. 그러나 이에 대한 결정적인 물리적 증거는 아직 발견되지 않았다.[6] 또한 후대의 아유르베다에서 발견되는 약초 치료법과 의료용 습포제도 사용되었을 것이다.

그러나 분명히 인더스 문명만의 독특한 점은 개인 위생의 강조인데, 이것은 목욕재계를 포함하는 정화 의례와 잘 발달된 도시 배수 처리 시스템의 존재를 통해 알 수 있다.

초기 베다 시대의 주술-종교적 의학

하랍빠 문명은 강의 경로와 수위의 변화, 불규칙한 기후 패턴으로 서서히 내리막길을 걸었다. 물의 공급과 곡물 수확이 줄어들면서 결국 경제가 파탄에 이르렀고 사회는 쇠퇴했다. 이렇게 약해진 상황에서 하랍빠인들은 기원전 1500년경 지금의 중앙아시아 출신의 침략자들, 즉 전차를 몰고 침입해 오는 아리아인(Āryan)에게 빠르게 굴복했을 것이다. 도시인인 하랍빠인과 반유목민인 아리아인의 접촉이 일으킨 사상의 융합에 대해서는 아직 충분히 밝혀지지 않았다. 아리안 문헌 자료는 초기 베다 시대의 의학에 대해 꽤 정확하게 묘사하고 있지만, 아리안의학 체계와 하랍빠의학 체계 사이의 연결성 및 연속성을 상세하게 분석하려면 고고학자들의 조사와 인더스 문자를 해독하는 언어학자들의 노력으로 더 많은 증거가 나오기를 기다려야 한다.

침략 당시 아리아인은 구어 산스끄리뜨 형태로 성전(聖典)인 베다(Veda)의 적어도 첫 부분을 보유하고 있었으며, 여기에는 의학 관련 구절이 많이 있었다. 가장 오래된 베다인 『리그베다』에는 아리아인의 인도 아대륙 침입 이전까지 거슬러 올라가는 구절도 있지만, 최종 형태로 편집된 것은 기원전 800년 가까이 되어서이다.[7] 『리그베다』는 호뜨리(hótṛ), 즉 아리안 제관의 의례서였다. 제관의 주된 역할은 본래 신에게 제물을 바치는 것이므로, 이 의례서는 결국 여러 신들에게 바쳐진 찬가 모음집이다. 여기에서 신은 주로 베다 만신전을 구성하는 신격화된 자연 현상을 가리킨다. 찬가 중에는 치유의 신들을 향한 것도 여럿 있는데, 이 치유신들 중에서도 '신들의 의사'로 알려진 아슈빈(Aśvin) 쌍둥이 신이 가장 중요했다. 성전에는 또한 일반적으로 악령에서 유래한 질병이나 치유 활동에 개입하는 다른 신들에 대한 구절들도 있다. 언어라든가 다루는 주제를 보았을 때 대부분의 찬가보다는 후대의 것으로 보이는 제10권의 찬가가 독특한데, 여기에서는 오직 치유 식물의 효능만 찬탄한다.[8]

거의 동시대의 산스끄리뜨 문헌인 『아타르바베다』는 불의 제관 혹은 주술 의례를 행하는 데 능숙한 주술사인 아타르반(átharvan)의 책이다.[9] 이 문헌의 내용 상당수는 적어도 『리그베다』에 필적할 정도로 오래된 것이지만, 제관의 종교적 개념은 아마 주류 대중 문화를 반영한 듯 세속적인 관심사와 결합되어 있다. 『아타르바베다』는 본질적으로 다양한 목적의 부적, 주문, 저주, 주술을 담은 책이다. 그 목적은 악령이나 주술사로부터의 보호, 변심한 애인의 애정 회복, 자녀의 순산, 속죄, 전쟁이나 흥정의 성공, 심지어 도박에서의 성공 등으로 다양하다. 질병을 없애는 주문이 많이 포함된 『아타르바베다』는 초기 베다 시대의 의학을 살펴볼 수 있는 주요 자료이다. 그러나 의학 관련 찬가가 특정 부분에만 있지 않고 스무 권 전체에 흩어져 있는데, 주로 제1권부터 제9권까지, 그리고 제19권에 있다.

기원전 3세기경 아타르반 전통에서는 『아타르바베다』 찬가를 낭송할 때의 다양한 제의를 설명하는 의례서 『까우쉬까수뜨라』(Kauśikasūtra)를 제작했다.[10] 이 경전으로 초기 『아타르바베다』 제의 행위를 밝히기에는 한계가 있다. 경전 구절 중에는 더 오래된 문헌 내용에 끼워 맞추려 인위적으로 구성된 의례 절차도 보이고, 의학 부분에는 초기 베다 시대의 의학보다는 전형적인 후대 고전 아유르베다의학 사상이 포함된 것도 있기 때문이다. 이렇게 『까우쉬까수뜨라』는 서력 기원이 시작되기 조금 전의 『아타르바베다』와 아유르베다의학 전통을 연결시키는 데 도움을 주는 의례 문헌이다.

이 시기 의학에 대한 다음의 설명은 예전에 내가 했던 상세한 연구들에 근거한다.[11] 문헌상 베다의학은 그 당시 사회와 마찬가지로 기본적으로 주술에 기반한 치유 체계였다. 질병은 악령이나 사악한 힘이 희생자를 공격하고 체내에 들어가 몸에 병적 증상을 일으켜서 발생하는 것이라 여겨졌다. 이러한 공격을 야기하는 것은 금기를 깨뜨리거나 신들을 저주하는 것 혹은 주술이나 흑마술이다. 골절이나 외상은 사고나 전쟁으로 인해 발생하며, 때로는 악령의 조종을 받은 유해 곤충에 의해 상처를 입기도 한다. 인간의 질환이 어떻게 발생하는지에 대한 이런 견해들은 질병을 두 종류로 이해하고 있음을 의미한다. 즉 신체 내부에 발생하는 병은 눈에 보이지 않는 하나 혹은 여러 질병 악령에 의해 일어나며, 신체 외부에 발생하는 부상, 상처, 그리고 이에 준하는 고통은 관찰 가능한 불의의 사고, 전쟁에서의 공격, 눈에 보이는 해충이 일으킨다. 병과 그것의 원인으로 인지된 것 사이에는 근본적인 연관성이 있다. 즉 보이지 않는 내부적 질병은 비가시적인 원인에서 발생하고, 보이는 외부적 고통은 가시적인 원인에서 발생한다.

내부적 질병에는 2가지 기본 유형이 있다. 첫째는 뚜렷한 야끄슈마(yākṣma, 소모병)와 따끄만(takmán, 열병) 증상이 있는 것이다. 둘째는 그런 증상이 없는 것으로 아미바(ámīvā), 파상풍(?), 복수(腹水), 광기, 기생충병, 소변 정체, 변비가 포함된다. 외부적 고통에는 골절, 경상(輕傷), 실혈(失血), 탈모, 그리고 여러 종류의 피부질환이 있다. 세 번째 범주의 신체적 질병은 다양한 독극물에서 비롯된 것들이다. 독극물은 신체 내부와 표면에 모두 존재하는 것으로 인식되며, 동물, 전투, 주술 등 눈에 보이거나 보이지 않는 것이 원인이 된다. 예로부터 유명한 인도 독물학의

전통은 그 기원이 초기 베다 시대의 의학까지 거슬러 올라간다.[12]

인도의 진단법에는 고대 이집트와 메소포타미아 의학 전통에서 행해지던 점술이 포함되지 않았다. 그보다는 가장 두드러지고 반복되는 증상을 구분하고 확인해서 고통의 원인을 파악했는데, 증상 중 다수는 제각기 다른 악령적 요소로 여겨졌다. 베다의학에 독특한 이 기법은 관찰에 대한 강조를 드러낸다. 또한 경험주의의 시작과 함께 『즈요띠샤스뜨라』(Jyotiḥśāstra) 전통에도 나타나는 분류와 열거를 좋아하는 인도인들의 성향을 보여준다.

베다의학에 따르면 건강하거나 건전한 신체는 질병을 유발하는 요인이 하나도 없는 상태이다. 그래서 하나의 일반적인 심신 건강 상태가 있다기보다는 특정 악령이나 고통의 제거에 따라 다양한 건강 상태가 있다.[13]

병적 신체 상태의 제거는 질병 악령을 쫓아내거나 신체 부상을 고쳐서 병자를 치료하는 특수 기술이 있는 숙련된 남성 전문가인 치유자(bhiṣáj)의 영역이었다. 그는 샤먼과 주술 치료사나 탈혼자(ecstatic)처럼 약용 식물이나 심신에 강하게 영향을 미치는 식물을 알고 있으며, 적절한 주문을 외우고 트랜스 상태에 들어갈 수 있었고, 그런 상태에서는 몸을 떨거나 춤을 추었다.

『리그베다』나 『아타르바베다』를 보면, 베다의 치유자는 인체 해부학에 대해 피상적인 이해만 있었다. 치유자들은 자신들의 특수한 기술과 관련된 베다의 찬가를 배우고 알기는 했다. 그러나 사제 집단의 일원이 아니었기 때문에 사제의 영역인 베다의 희생제의에 참여할 수는 없었다. 그래도 치유자들은 베다의 큰 행사에서 희생되는 동물을 직접 관찰하거나 자신들의 일을 수행하는 중에 간접적으로 해부학 지식을 습득했을 것이다. 엄격하게 정해진 방식으로 동물 그리고 아마도 인간을 제물로 바치는 의례는 몸의 각 부분에 대한 베다 어휘를 풍부하게 했다. 그러나 베다 문헌이 해부학적 부분을 기록에 남긴 것은 신성한 의례에서 따라야 할 정확한 절차를 보존하기 위해서였지, 신체와 그 기능을 온전히 이해하기 위해서는 아니었다. 물론 이 2가지가 양립할 수 없는 것은 아니다. 그러한 의례와 『브라흐마나』(Brāhmaṇa, 기원전 약 900~500년)의 주석서에 보존된 해부학 용어는 이후의 아유르베다의학 문헌에 본질적으로 동일한 의미로 남아 있다. 이러한 증거들은 베다 시대에 신체 부위를 배우는 것이 사제들의 관할하에 있었다는 것을 보여준다.[14] 그러나 이러한 종교 자료에 남아 있는 해부학 용어들은 과학적 정확성에 근접했고, 그 결과 희생된 동물의 다양한 부위를 꽤 자세히 설명해 주었다. 이는 초기 아유르베다와도 일치하는 것으로 밝혀졌다.

『아타르바베다』 중 의학 찬가는 치료가 특별한 치유 의식을 통해 수행되었다는 것을 보여준다. 이런 의식에서는 성전의 만뜨라나 주문이 암송되고 치유 강령회 특유의 다양한 작법이 실시되었다. 주문에는 보통 액막이 물질이 거론된다. 식물과 그것으로 만든 제품이 주로 액막이 부적(amulet)으로 사용되었다. 적절한 만뜨라의 암송은 이것들에 신성함과 에너지를 불어넣었다. 행운 부적(talisman) 중에는 동물의 뿔도 있었다. 이러한 마력을 가진 물건들과 『아타르바베다』의 영험한 주문이 병과 싸우는 치유자의 무기고를 채웠다. 치유자는 이것들로 무장하고 전투 의례에 나가 악마를 쫓아내고 추가 공격으로부터 희생자를 보호했다.

또한 향기로운 식물을 태워서 사악한 힘을 물리치고 치유 의식을 드리는 장소를 상서롭게 만든다는 구절도 있다. 이런 의식의 거행은 하루, 한 달, 일 년 중 정해진 때에 행해졌는데, 이는 상서로운 시간을 아는 것이 베다의학에서 필수적인 부분이었음을 의미한다. 다양한 외부적 고통이나 독극물 중독에 대한 치료는 경험적이고 합리적인 방식의 치유를 보여준다. 이러한 치료법에는 초보적인 형태의 수술, 심지어 물 치료법(hydrotherapy)도 있었는데, 다만 거의 항상 주술 치유 의식과 함께 실시되었다.

치유의 주문에는 질병이나 식물과 관련된 신화적 사건을 이야기하는 것이 많다. 또한 이러한 신화의 독송이 치유 의례의 핵심 요소였다. 의례에서의 신화 독송은 초기 베다 시대 의학의 그 어떤 측면보다도 더 고대 의학과 아리안 베다 종교의 연결성을 보여준다.

『아타르바베다』의 의학 주문은 치유 기능에 특화된 신화를 묘사하고 있어 베다 문헌 중에서도 독특하다. 전통적인 베다의 만신전을 구성하는 신(divinity)들은 보통 지배적인 『아타르바베다』 신격(deity)에 종속된 하위 신으로 말해지는데, 종종 그 신들의 특성이 신격의 특성과 유사하기 때문이다. 예를 들어 번개와 천둥을 일으키는 루드라(Rudra) 신은 『아타르바베다』의 따끄만(takmán, 우기의 시작에 수반되는 열병)과 연관된 것으로 나타난다. 주문에 거론되는 많은 신격들은 악의적인 질병의 악령 또는 선의의 식물과 그 소산물이다. 의학 신화의 존재는 특별한 의례를 통해 사회 구성원들이 육체적, 정신적으로 건강을 회복하고 유지하게 하는 것이 주요 역할인 특수한 베다 전통이 있었다는 것을 보여준다. 이러한 역할의 수행자는 희생제의를 드리는 사제 계급은 아니었지만, 자신들의 목적을 달성하기 위해 그들에게서 필요한 부분을 자유롭게 빌려왔다. 『아타르바베다』의 의학 신화는 이 전통의 현자들이 사제와 의학이라는 두 전통을 결합시키고자 의식적으로 노력한 증거이다. 아마도 사제의 지위가 높은 사회에서 의학 전통에 권위를 부여하고 정당화하기 위해, 적어도 의학 의례의 무대에서만이라도 치유자가 사제와 동등한 지위를 가지도록 격상시키기 위해서였을 것이다.

식물학 지식의 동질화

식물 치유의 신화는 전형적으로 사회에서 우위를 점하고 있는 사제의 희생제의 전통에 있는 요소들을 의학 의례에 녹여 넣으려는 일반적인 경향을 잘 보여준다. 이는 한 전통이 다른 전통에 융합해 들어가는 지적 과정을 보여주며 식물학 지식의 동질화(homologization)를 명백하게 드러낸다. 『아타르바베다』에는 치유의 식물과 관련된 2가지 신화가 나온다. 하나는 상처와 골절 치료에 사용되는 약초 여신 아룬다띠(Arundhatī) 신화이고 다른 하나는 열병(takmán) 치료에 탁월한 약초 남신 꾸슈타(Kuṣṭha) 신화이다. '수지(樹脂, lac)'를 의미하는 산스끄리뜨 라끄샤(lākṣā́)로서의 아룬다띠는 락(lac) 벌레에 의해 나무에서 생산되는 수지성 물질로 추정된다.[15] 전통적인 아유르베다는 아룬다띠의 다양한 용도 중에서도 의학적 효능을 인지하고 있었다.[16] 꾸슈타(Kuṣṭha)라는 식물은 아마도 방향성(芳香性) 코스투스(costus)일 가능성이 크며, 까슈미르가 원산지로 고대 향신료 무역에서 인도의 수출품으로 알려졌다. 꾸슈타의 의학적 효능은 전통적인 인도 의사들에게 잘 알려져 있었다.[17]

아룬다띠 신화의 기본 특징은 그 여신이 다양한 별칭과 형태로 알려졌다는 것이다. 이는 독특한 것으로 『리그베다』와는 다른 전통에서 유래했을 것으로 생각된다. 먼저 '아룬다띠(arundhatí)'라 불릴 때는 영속적이고(jīvalā́) 무해(無害)하고(naghāriṣā́) 생명을 부여하는(jīvantī́), 꿀처럼 달콤한 꽃을 피우는 모든 식물의 여왕이다. 그리고 '시라찌(silācí)'로서는 나무에서 생겨나 그것을 타고 올라가는데, 신들의 자매로 불린다. 어머니는 밤, 아버지는 구름, 할아버지는 죽음(Yama)이며, 할아버지가 가진 말의 피에서 태어났다. '라끄샤'로서는 줄기에 굵고 빳빳한 털이 있고 물의 자매이며, 결국 바람이 되었다. '비샤나까(viṣāṇaká)'로서는 조상들의 뿌리에서 생겨났다. 그리고 '삡빨라(pippalá)'로서는 아수라(Asura)에 의해 땅에 묻혀졌지만 다시 신들이 파내었다.[18] 지금으로서는 아룬다띠라는 식물이 정확히 무엇인지 파악할 수 없다. 하지만 이 식물 여신의 특징을 보여주는 몇 개의 주요 용어는 베다의 약용 식물학 전체에서 이 여신이 차지하는 역할의 중요성을 말해 준다. 게다가 이 여신의 수지로서의 정체성은 초기 아유르베다와 조화를 이룬다.

꾸슈타 신화는 『아타르바베다』 특유의 것이긴 하지만 『리그베다』의 특징인 요소도 포함하고 있으며, 아룬다띠 신화와 비교했을 때 희생제의의 전통과 약초학 전통의 동질화를 잘 보여준다. 꾸슈타는 만능의 힘을 가진 신성한 방향성 식물로서 만병통치약이며 약초 중에서도 가장 뛰어난 것으로 여겨졌다. 꾸슈타는 여러 신들에게서 3번 태어났고, 고대의 존자들에게 알려져 있었다. 신들이 불멸성의 현현인 꾸슈타를 얻은 곳은 지상에서 3번째 하늘이며, 신들이 앉는 자리인 아슈밧타(aśvatthá) 나무가 있고, 황금 장비를 단 황금배가 항해하는 곳인 신성한 장소였다. 그는 소마(Soma)의 형제라 불렸고, 소마와 마찬가지로 히말라야산의 높은 곳, 독수리가 태어나는 곳에서 자랐다. 황금 배가 꾸슈타를 지상의 산으로 옮겼고, 거기서 그는 동방의 사람들에게 끌려와 물물 교환되었다. 꾸슈타 신화의 이런 부분이 그를 『리그베다』의 소마(sóma), 즉 사제의 희생제의에서 사용되는 신성한 식물과 밀접하게 연관시킨다. 소마신의 신화에서 그의 자리는 가장 높은 3번째 하늘이고 독수리가 그를 하늘의 거처에서 높은 산으로 옮겼으며 그는 거기에서 자랐다. 신화에서 그는 나중에 달과 동일시되었는데, 이 달이 꾸슈타 신화에서는 황금 배인 것이다.[19]

꾸슈타의 아버지 이름은 지반따(jīvantá, 생명 부여), 어머니 이름은 지바라(jīvalā́, 영속)이다. 꾸슈타의 별명 중에는 '비파괴(naghamārá)'와 '무해(無害, naghā́riṣa)'가 있는데, 앞에서 보았듯이 아룬다띠 여신도 '영속', '생명의 부여', '무해'로도 불린다. 이런 용어들과 함께 꾸슈타와 소마의 연관성이 시사하는 점은 『리그베다』에 나타난 식물 남신이 우위에 있는 식물학 전통과 『아타르바베다』에 나타난 약초 여신이 우위에 있는 의료-식물학 전통을 동질화하려는 의식적인 노력이다.[20] 『리그베다』와 『아타르바베다』의 관련 구절들을 면밀히 연구할 필요가 있긴 하지만, 각각을 살펴보면 『리그베다』 고층에서는 남성 식물 이름이 종종 소마와 연결된다. 『아타르바베다』에서는 식물명이 더 많은데, 만일 그것이 남성인 경우에는 종종 소마나 꾸슈타와 연관되고, 여성인 경우에는 아룬다띠나 그녀의 별명 중 하나와 연관된다.

『아타르바베다』에 치유의 식물 여신이 반복해서 등장하는 것은 식물이 여신의 형태로 특별한 경외 대상이 되었음을 의미한다. 의학 찬가에 표현된 다양한 초목과 식물의 부분들, 식물 서식지는 지역 식물군에 대한 해박한 지식, 식물 분류학에 대한 초보적 이해를 시사한다.[21] 『리그베다』 찬가에 이렇게 정교한 의학 식물학에 대한 언급이 없는 것을 보면,[22] 이러한 주술과 의학에 특화된 전문가 전통이 『아타르바베다』 특유의 것임을 알려준다. 희생제의를 하는 사제와 달리 이런 종류의 의례를 행하는 사람은 영혼을 다루는 전문가로서 특정 치유술에 필요한 지역

식물군을 폭넓게 알고 있었으며, 희생제의 전통의 요소를 『아타르바베다』에 담긴 자신들의 신성한 지식에 통합시켰다. 이러한 주술-종교적 의학의 기본 구조와 내용은 이미 주변 식물군 및 그것이 인간에 미치는 유용성에 대해 지식이 있었던 토착 전통과의 접촉을 암시한다. 하랍빠 문명의 지모신 숭배, 여성 신의 형태를 취한 식물에 대한 숭배, 샤먼이나 주술 치료사로 여겨지는 고행자상의 표현은 초기 베다의학과 유사한 토착의 치유 전통을 묘사한다. 현재로서는 아직 하랍빠의학과 베다의학을 정확하게 연결시킬 수는 없지만, 이들 사이의 유사성은 매우 시사적이다.

베다의 주술 의학은 인도에서 완전히 사라지지 않았다. 그것은 고전 아유르베다의학에서 주로 베다에 나온 것과 유사한 질병을 처치하고 소아질환을 치료하며 악의적인 존재를 물리치는 처방으로 남았다.[23] 주술 형태의 의학은 초기 불교의학에서도 보이고,[24] 대승불교 의학의 특징이기도 하다.[25] 주술-종교적 의학의 몇몇 측면들은 아유르베다의 보다 경험-합리적인 의술과 함께 실시되었다. 아유르베다는 베다의학을 브라흐만교 의학의 원형으로 존중했다. 초기 베다 시대를 반영하는 의학을 고전 아유르베다 논서에 통합함으로써 새로운 의학은 신성한 베다의 오래된 치유 전통과 연결되었다. 이로써 새로운 의학이 권위를 갖고 정당화될 수 있었다. 이어지는 장들에서는 주술-종교적 체계에서 경험-합리적 인식론이 지배적인 체계로 패러다임이 전환되는 인도 의학의 발전을 추적하고, 이 변화를 촉진하는 데 중요한 역할을 한 고행의 전통에 주목하고자 한다.

제2장

비정통 고행주의와 경험-합리적 의학의 발흥

2장에서는 후기 베다 성전 및 비(非)브라흐만 전통의 문헌 자료를 통해 고대 인도에서 주술-종교적 의학이 어떻게 경험-합리적 의학으로 전환했는지 추적한다. 이러한 전환의 열쇠는 의사의 사회적 지위와 비정통 고행주의 전통과 관련된다.

치유자의 사회적 지위와 의례의 불결성 혹은 청결성

초기 베다 시대의 치유자들은 인도 고대 아리안 문화에 필요한 서비스를 제공했다. 치유자의 전문 기술과 지식이 담긴 『아타르바베다』 계통의 문헌들에 따르면, 치유 및 그 전문가는 희생제의와 이를 시행하는 사제에 속하지는 못했다. 그러나 치유자들은 자신들의 특별한 전문 영역인 치유 의례에서는 사제에 필적하는 자로 여겨졌고, 그들의 기술과 지식이 존중받았다. 그러나 이러한 치유자들의 사회적 역할을 정확히 파악하기는 어렵다. 『리그베다』 찬가에서 열거하는 세 종류의 숙련된 전문가인 목수(tákṣan) 치유자(bhiṣáj), 브라흐만 사제(brahmán) 중 치유자는 두 번째다.[1] 모두 사회 구성원들에게 필요한 서비스를 제공한다는 점에서 이 세 종류의 전문가들은 하나로 묶인다. 치유자는 목수처럼 손상되거나 부서진 몸을 수리하며, 사제처럼 내부의 질병을 근절하는 데 필수인 주문과 의례를 숙지하고 있다. 치유 의례에 특화된 기술, 그리고 효험이 뚜렷한 치유 주문과 주술에 대한 지식은 의사를 의례 전문가(vipra)나 브라흐만 사제(brāhmaṇá)와 동등한 위치에 있게 했다.[2] 그러나 의사는 존경받았지만 희생제의에서 더 높은 지위에 있는 사제 자리를 차지하는 것은 허락되지 않았다. 현실 세계의 치유자에 대응하는 신화 세계의 치유자는 신들의 의사인 아슈빈 쌍둥이 신이다. 『리그베다』 찬가는 아슈빈신의 탁월한 치유 능력에 대해 찬사를 아끼지 않았다. 그래서 데비쁘라사드 찻또빠드야야는 초기 베다 시대에 의사가 많은 존경을 받았다고 보았다.[3] 하지만 이것은 『리그베다』의 신화에만 의존해서 내린 잘못된 결론이다. 후기 브라흐만교 전통의 문헌과 연관지어서 『리그베다』와 『아타르바베다』를 면밀히 분석해보면 더 포괄적으로 이해할 수 있게 된다.

이후의 문헌, 특히 후기 상히따(Saṃhitā)들과 후기 베다 시대(기원전 약 900~500년)에 쓰인 초기 『브라흐마나』(Brāhmaṇa)는 사제 계급이 의사와 의술을 천시했다는 것을 보여준다. 이들은 의사가 온갖 종류의 사람들과 접촉하기 때문에 불결하다고 비난한다. 『따이띠리야상히따』(Taittirīyasaṃhitā)의 한 구절은 사제가 의사를 폄훼했음을 보여주는 분명한 증거이다. 여기에서는 신화의 아슈빈신이 의사로 등장한다.

희생 제물의 머리가 잘렸다. 신들이 아슈빈 쌍둥이 신에게 말했다. "그대들은 참으로 의사이다. 그러니 제물의 이 머리를 원래대로 되돌려 놓으라." 쌍둥이 신이 대답했다. "우리가 선택하게 하소서. 이제 우리를 위해 소마(soma) 한 국자를 퍼올리소서." 신들은 아슈빈 쌍둥이 신을 위해 이들 몫의 소마를 퍼올렸고, 그러자 쌍둥이 신은 정말로 제물의 머리를 되돌려 놓았다. 아슈빈 몫의 소마를 퍼올린 것은 제물의 복원을 위한 것이었다. 신들이 쌍둥이 신에게 말했다. "인간들과 어울려 돌아다니는 두 의사들, 그대들은 불결하다. 그러므로 의학은 브라흐만 사제의 일이 아니다. 의사(bhiṣaj)는 불결하고 희생제의에 적합하지 않기 때문이다. 이들 쌍둥이 신을 바히슈빠바마나(Bahiṣpavamāna)의 찬가(stotra)로 정화하고,[4] 신들은 아슈빈의 몫을 퍼올렸다. 그러므로 바히슈빠바마나가 암송되면, 아슈빈 몫이 퍼올려진다. 그러니 이 찬가는 이 점을 아는 자가 경건하게 읊어야 한다. 바히슈빠바마나는 진정으로 정화의 수단이고, 그는 이것을 통해 스스로를 정화한다. 신들은 쌍둥이 신의 치유력을 세 군데에 두었다. 3분의 1은 불(Agni)에, 3분의 1은 물에, 3분의 1은 사제 계급에 두었다. 그래서 한쪽에 물병을 놓고 사제의 오른쪽에 앉아 의술을 행해야 한다. 이런 방법으로 의술을 행하면 틀림없이 그 일이 성취될 수 있다.[5]

이 구절에서 신화적 요소와 인간적 요소를 주의 깊게 분리해 보면, 치유자와 그들의 기술에 대한 브라흐만교의 기본적 태도의 근거를 알 수 있다. 신화의 관점에서, 아슈빈은 한때 불결하고 유한한 인간과 접촉했다는 이유로 신성한 소마의 음용에 참가하는 것이 금지되었다. 그러나 신들은 아슈빈에게 희생 제물의 잘린 머리를 되돌리는 치료를 하라고 요구했다. 이 치료 대가로 쌍둥이 의사는 소마의 동등한 향유자가 되기를 원했고 그 혜택을 얻었다. 이 신화적인 사건은 인간의 영역에 2가지 결과를 낳았다. 소마 제의에서 바히슈빠바마나 찬가의 암송 등 의사에 대한 정화 의식이 확립되고, 신성한 치유력을 불과 물과 사제 계급에 두게 되었다.

브라흐만교 사회 구조의 관점에서, 의사는 불결하고 오염된 존재로 여겨져 희생제의에서 배제되었으며, 그렇기에 그들이 치유 의례를 행할 때는 브라흐만들이 함께 있어야 했다. 게다가 의사들의 의료 절차가 효과를 거두려면 물, 불, 브라흐만 사제(치유의 만뜨라를 아는 사제)와 같이 철학적, 종교적, 의학적으로 중요한 요소들이 포함된 엄격한 의례 절차를 따라야 했다. 어떤 신화 버전에서는 의사는 물병을 한쪽에 놓고 브라흐만 사제의 오른쪽에 앉아야만 한다고 하고, 불 요소에 대해서는 아무런 언급도 하지 않는다. 다른 신화 버전에서는 3가지 요소를 모두 언급하는데, 사제는 희생제의 불 가장자리에서 공경받아야 하며, 물은 주문의 암송으로 치유력을 지닌 것이 되어야 한다.[6]

일반적으로 의사는 오염된 상태이기 때문에 브라흐만교의 희생제의와 사회 체제에서 배제해야 한다는 주장은 『샤따빠타브라흐마나』(Śatapatha-brāhmaṇa)에서도 보인다. 거기에서는 의사(즉 아슈빈)가 치료 과정에서 인간들 사이를 돌아다니고 인간과 계속 접촉하기 때문에 불결하다고 한다.[7] 인도에서는 이런 태도가 지속되었다. 후대의 법전인 『마누법전』에서는 반복하여 희생제의에서 의사(cikitsaka, bhiṣaj)를 피해야 하며 의사가 바친 음식은 고름(pūya)과 피(śoṇita)처럼 입에 대서는 안 된다고 한다.[8]

사제가 의사를 이렇게 천시한 이유에 대해서는 여러 가지 설명이 있다. 베다학자 모리스 블룸필드(Maurice Bloomfield)는 사제들이 의사들과 그 기술을 '허술한 속임수'라고 꽤 제대로 평가한 탓이라고 단정지었으나,[9] 이런 설명은 오늘날 진지하게 받아들여지지 않는다. 장 필리오자는 이것이 베다의 두 학파인 따잇띠리야(Taittirīya) 학파와 짜라까(Caraka) 학파(『짜라까상히따』라는 이름을 통해 암묵적으로 의학과 연결된다) 간의 대결 구도를 잘 보여준다고 한다.[10] 찻또빠드야야는 이런 설명을 받아들이지 않으며, 사제가 의사들을 멸시한 근본적인 원인은 철학적 견해 충돌에서 비롯된 것이라고 한다. 즉 의학은 기본적으로 경험주의인데, 사제의 이데올로기는 비전(秘傳)의 지식을 강조한다는 것이다. 그의 주장에 따르면, 사제들의 철학적 관점은 '자연에 대한 직접적인 지식을 비난하는' 것으로 이어진다. 『우빠니샤드』(Upaniṣad)에는 이런 내용들이 많이 표현되어 있지만, 의사들은 이를 체계적으로 무시했다.[11]

엄밀한 문헌학적 접근에서 벗어나 사회종교학의 관점으로 보면 다른 통찰을 얻을 수 있다. 후기 베다 시대의 글들은 의학이나 치유자를 별로 언급하지 않기에 결론을 내리기 어렵지만, 그 시기에 이미 치유술에 대한 폄하가 있었음이 보인다. 초기 베다 시대에도 의사는 아리안 희생제의 영역 바깥에 놓인 존재였는데, 이는 그들이 아직 주요 슈루띠(śruti, 天啓) 문헌으로 간주되지 않았던 『아타르바베다』와 관련되어 있었기 때문이다. 의사들은 종종 『아타르바베다』에서 언급하는 다양한 약물을 구하기 위해 아리안 사회의 경계를 넘어 여행하면서 비(非)아리아인들과 자주 접촉했다. 의사는 그들의 의술에 도움이 되는 가치있는 신지식을 이 이방인들에게서 많이 얻었다. 그러나 이 때문에 의사는 불결한 사람들과의 접촉으로 오염된 열등한 존재로 취급받게 되었다. 이런 풍조는 초기 베다 시대부터 있었지만, 분명한 언어로 표현된 것은 후기 『브라흐마나』에서이다. 거기에는 치유자를 어떻게 수용하고 그들의 행위를 정화할 수 있는지에 대한 정통의 방법들이 담겨 있다. 찻또빠드야야가 잘 지적한 것처럼, 비아리아인과의 접촉은 치유자들을 경험주의 경향으로 이끌었으며, 이는 후기 베다 시대에 브라흐만교의 이데올로기를 등지게 했다.

의사들이 브라흐만 전통의 사회 구조와 종교 활동에서 기피와 배제의 대상이었다는 것은 그들이 사회 주류 바깥에 존재했음을 의미한다. 그들은 특정 치유자와 스승을 중심으로 조직되어 『아타르바베다』의 '편력 의사들(cāraṇavaidya)'이라는 문구에서 알 수 있듯이 지방을 돌아다녔다. 이것은 유실된 판본의 제목이기도 하다.[12] 그들은 치유 행위로 생계를 유지했다. 그리고 아유르베다의학 전통은 다른 의사와의 토론이나 논쟁을 강력히 권장했기 때문에, 그들은 열정적으로 관찰하고 길에서 만난 다른 치유자와 의학 정보를 교환하며 자신들의 지식을 풍요롭게 해나갔다.[13] 그들은 정통 브라흐만교에서 배제되었기에, 그 정통에 적대적이지는 않았어도 무관심했다. 그들의 전문 지식은 이 후기 베다 시대에는 아직 정통 브라흐만교 지적 전통의 일부로 수용되지는 않았었다.

그러나 기원후 수세기가 지나 의학서가 편찬되자 의사와 그들의 치유술은 정통 브라흐만교 지적 전통의 일부로 편입되었다. 이 사실은 이러한 저작의 도입부에 분명하게 나타나는데, 거기에서는 의학이 어떻게 브라흐마 신에게서 인간에게 전해졌는지 상세히 서술된다.[14] 외과서 『수슈루따상히따』는 베다의 쌍둥이 의사 아슈빈이 희생 제물의 머리를 되돌린 신화의 서사시 혹은 뿌라나(Purāṇa) 문헌을 언급한다. 여기에서는 본래의 신화를 근본적으로 재해석함으로써, 8과(科) 의학 체계에서 왜 일반외과학(śalya)이 첫 번째에 놓이는지 설명한다.

> 참으로 이 과목(일반외과학, śalya)이 첫 번째인 것은 공격에 의한 상처를 치료하는 효용과 제물의 머리를 접합하는 효용 때문이다. 그래서 다음과

같이 말한다. "희생 제물의 머리를 루드라(Rudra)가 베었다. 그러자 곧 신들은 아슈빈 쌍둥이 신에게 다가가 말하기를, '당신들 둘이 우리 중 최고가 될 것이오. 그러니 당신들이 제물의 머리를 다시 붙일 것이오.'라고 말했다. 쌍둥이 신은 '그리될 것이오.'라고 답했다. 이들 쌍둥이 신을 위해 신들은 제물을 나누어 주며 인드라(Indra)를 달랬다. 그리하여 제물의 머리를 쌍둥이 신이 접합하였다."[15] 아유르베다에서 8과목 중 이 과목(일반외과학)이 특히 뛰어난 것으로 여겨지는 것은 그 치료의 신속성, 무디거나 날카로운 수술 도구의 사용, 열과 부식제를 사용한 지짐술, 여타 과목과의 조화 때문이다. 따라서 이 일반외과학은 영원하고 신성한 것, 천상적이고 유명한 것, 장수를 도울 뿐만 아니라 생계수단을 제공하는 것이다. 그것은 처음에 브라흐마 신이 공표하고 쁘라자빠띠(Prajāpati)가 그것을 배워 아슈빈 쌍둥이 신에게 전했고, 쌍둥이 신이 인드라에게 전했으며, 마지막으로 인드라가 나, 즉 단반따리(Dhanvantari)에게 전했다.. 이제 인류를 위해, 내가 그것을 원하는 이에게 가르친다.[16]

마찬가지로 의학서 저자들은 자신들의 학문이 『아타르바베다』 문헌 전통에서 유래했다고 하는데, 기원후 수 세기까지 여러 의학서의 마지막 편찬이 이루어질 때쯤에는 『아타르바베다』가 『리그베다』, 『사마베다』(Sāmaveda), 『야주르베다』(Yajurveda)와 함께 4대 성전으로 꼽히고 있었다. 이러한 형태의 권위화는 『짜라까상히따』의 다음 구절에 잘 나타난다.

[아유르베다를 행하는 자는 어느 베다를 따라야 하는가, 이렇게 물었다.] 의사는 4베다, 즉 『리그베다』, 『사마베다』, 『야주르베다』, 『아타르바베다』 중 『아타르바베다』에 귀의해야 한다. 불의 사제들(아타르반)의 성스러운 지식이 의학이기 때문이다. 이것은 선물을 주고 복을 빌며, 신에게 희생제

물을 바치고 봉헌을 드리며, 길조 의식을 행하고 번제를 드리며, 마음을 다스리고 주술-종교적 주문을 암송하는 것을 포함한다. 의학은 장수를 위해 가르쳐졌다.[17]

다른 베다 상히따들과 대비되는 여기에서의 『아타르바베다』에 대한 언급은 특별한 의미가 있는데, 이 문헌이 가장 초기의 의학 전승을 보존하고 있기 때문이다. 『아타르바베다』는 적어도 『리그베다』만큼 오래된 내용을 담고 있다고 일반적으로 알려져 있다. 그럼에도 불구하고 『아타르바베다』는 브라흐만 사제들에 의해 다른 3개의 베다 문헌보다 하위의 것으로 취급되었고, 이런 관점은 후대까지 지속되었다. 『아타르바베다』가 처음으로 힌두의 슈루띠 문헌 전통에 편입된 것은 아마도 기원후일 것이다. 그래도 의학서 중 『아타르바베다』는 사제들의 성전과 나란히 정통 문헌으로 완전한 권위를 부여받았다. 『아타르바베다』가 성전에 편입되면서 의학 전통도 브라흐만교 전통의 문화와 종교 세계에서 공인된 것이다.

이런 변화는 고대 인도의 종교 전통 내에서 의학 전통에 근본적인 전환이 일어났음을 의미한다. 그동안 사제들이 치유자와 그들의 기술을 경시하던 태도가 달라졌던 것이다. 이것이 찻또빠드야야가 이미 잘 확립된 의학 지식 체계 위에 후대의 힌두적 요소를 덧붙인 것이 의학 샤스뜨라(śāstra) 문헌에 나타난다고 했던 것이다.[18] 이러한 일은 인도에서 불교가 쇠퇴하고 브라흐만교로 방향 전환을 하면서 브라흐만교의 종교 전통이 부활하던 4세기 혹은 5세기에 걸쳐 일어났다. 굉장히 오염되고 지저분한 것으로 여겨지던 의학은 이제 어엿한 힌두 학문의 하나로서 브라흐만교의 영향을 받게 되었다. 이것은 아마도 필요에 의해서였을 것이다. 즉 병자나 부상자 치료에 대한 필요가 기존의 사회적, 종교적 장벽을 무너뜨렸을 것이다. 또한 브라흐만교의 체제에 동화되어가는 일반적인 과정의 일환이었을 확률이 높다.

베다의학 시대와 인도 의학이 정통 브라흐만교에 흡수되던 시대 사이(약 기원전 7세기에서 기원후 초기)의 수 세기 동안 의학 패러다임은 주술-종교적 치유에서 경험-합리적 치유 방식으로 극적으로 전환되었다. 이러한 이행은 의학이 고대 인도의 비정통 고행 전통과 밀접하게 연관되어 있었기 때문에 일어날 수 있었다. 정통에서 소외된 의료 전문가들은 지방을 유랑하며, 그들을 필요로 하고 비용을 지불할 수 있는 이들을 치료해 주고 주변 세계를 주의 깊게 연구하며 동료 치유자와 유용한 정보를 교환했다. 의술 치유자들은 의도했든 아니든 비슷한 사회적 고립과 세계관을 공유하는 이들에게 당연하게도 끌렸다. 그들 중에는 정통 탁발승도 있었고 비정통 유랑 고행자도 있었다. 비정통 고행자는 끝없는 생과 사, 윤회의 굴레에서 벗어나고자 속세를 버린 사람들이었으며, 베다의 신들에 올리는 희생제의에 기반하는 정통 브라흐만교와 의례주의에는 아주 무관심하거나 반발하기까지 했다.[19]

비정통 고행자, 즉 일반적으로 슈라마나(śramaṇa, Pāli samaṇa, 沙門)로 알려진 이들은 경험적이고 합리적인 사고방식을 선호했던 것 같다. 와더(A. K. Warder)가 말했듯이 그들은 자신들의 노력과 사유로 우주와 생명을 해명하려 했고 특히 자연과학에 관심이 있었다.[20] 그래서 의사들은 자유롭게 슈라마나와 교류하기 시작했고, 이들 사이에서 의학이 발전하고 번성했다. 그중에서도 불교 슈라마나가 치유술에 가장 호의적인 모습을 보였다. 슈라마나 전통의 정확한 연대를 확정할 수는 없지만, 불교도, 자이나교도, 아지비까(Aijīvika) 모두 슈라마나였기에 기원전 6세기 이후에는 흔했다.[21]

고행자 의사들과 그들의 의술

비정통 종교 운동에 속하는 문헌이나 외국인 여행자의 기록에는 치유자나 의학을 언급하는 대목이 많이 있어, 비정통 고행자가 인도의 민간 의료에 익숙하며 그것에 관여했음을 알려준다. 자이나교의 성전 『비야카쁘라즈냡띠』(Vyākhyāprajñapti)(또는 『바가바띠수뜨라』(Bhagavatīsūtra))에 따르면, 6명의 유랑하는 고행 철학자들(disācara)이 아지비까의 개조 막칼리 고살라(Makkhali Gosāla)를 찾아왔다.[22] 그들 중 한 명은 악기베사야나(Aggivesāyaṇa) 가문에 속하는데, 바샴(A. L. Basham)에 따르면 이 일가의 이름은 아마도 아그니베샤(Agniveśa), 즉 『짜라까상히따』가 그의 가르침에서 유래한다고 알려진 반(半)전설적인 의사와 관련 있을 것이다.[23] 치유술과 슈라마나의 관계는 불교 빨리(Pāli) 문헌에도 나타난다. 『디가니까야』(Dīghanikāya)의 「브라흐마잘라숫딴따」(Brahmajālasuttanta, 梵網經)에는 일부 사문(samaṇa)과 사제(brāhmaṇ)가 생활을 위해 생계수단(jīvikā)으로 한 일들이 열거되어 있다. 불교도들은 이러한 일들을 사문 고따마(붓다)가 기피한 저속한 기술로 여겼다. 그 경전의 한 항목에서는 다음의 의료 활동들을 나열한다. 즉 정력을 강화하거나 성불능으로 만들기, 구토제와 설사제를 주기, 상체와 하체 혹은 머리를 정화(淨化)하기, 귀에 기름 넣기, 눈을 맑게 하기, 비강요법(nasal therapy), 안약과 연고 사용, 안과, 외과, 소아과, 약용 뿌리 처방, 약초 요법의 시행이나 금지이다.[24] 이러한 의술 중 몇 가지는 『마하박가』(Mahāvagga, 大品)의 의료 관련 부분에 나오는 초기 불교의학의 일부이기도 하다.[25] 여기에서 이런 행위가 비난받은 것은 돈을 받는 것 때문인데, 불교도들은 자신들의 행위에 대해 보수를 받는 것이 금지되어 있다. 이 치료법들은 초기 아유르베다 의학서에서 일반적으로 처방되는 의료 절차이다.

그리스 역사가 메가스테네스(Megasthenes, 기원전 300년경)의 기록에서 의술과 유랑하는 슈라마나의 연관성을 입증하는 주요 증거를 찾을 수 있다. 그는 셀레우코스(Seleucus) 1세의 특임대사로 빠딸리뿌뜨라(Pāṭaliputra, 현재의 빠뜨나(Patna))에 있던 짠드라굽따 마우리아(Candragupta Maurya)의 궁정으로 파견됐다. 역사학자이자 지리학자인 스트라본(Strabo, 약 기원전 64년~기원후 21년)은 메가스테네스가 관찰한 것을 다음과 같이 전한다.

> 가르마네스(garmanes, 즉 슈라마나)에 대해 메가스테네스가 말하기를, 그 중 가장 존경받는 자는 휠로비(hylobii, 숲에서 사는 자)이며 숲에 거주하고 나뭇잎과 야생과일로 연명한다고 한다. 몸에 걸치는 옷은 나무껍질이고 성교나 술을 즐기지 않는다. 이들은 왕들과 어울리는데, 왕들은 휠로비를 통해 신을 섬기고 기원을 드린다. 휠로비 다음으로 존경받는 이들은 의사다. 그들은 이른바 인간에 관한 철학자이고 검소하지만 자급자족하지는 않고 구걸을 하거나 호의를 보이는 사람들에게 시주를 받아 쌀과 보릿가루를 먹으며 살아간다. 그들은 약을 조제하고 활용해서 쌍둥이나 남아, 여아를 낳게 할 수 있다. 그러나 대개는 약이 아니라 곡물로 치유한다. 가장 귀한 약은 연고와 고약이다. 다른 약은 해로울 때가 많다. 의사도 슈라마나도 적극적이거나 소극적으로 인내심을 훈련하는데, 그들은 온종일 같은 자세로 있을 수도 있다. 또 예언자라고 하는 사람들도 있는데, 주문을 외우는 데 능하고, '세상을 떠난 영혼들'과 말과 몸짓으로 교류할 수 있다. 그들은 마을이나 도시에서 구걸하며 다닌다. 그 외에 또 더 매력적이고 세련된 사람들도 있다. 그들도 경건하고 신성한 분위기에서라면 하데스(Hades)에 대한 이야기를 피하지 않는다. 그리고 여자들도 남자들처럼 그들과 함께 철

학을 배우며 여자 역시 성행위를 삼간다.[26]

이 구절에서는 의사(ἰατρός)와 슈라마나(Γαρμάνη)의 밀접한 관계가 분명하게 지적되며,[27] 의사를 슈라마나의 하위집단으로 인식한다. 게다가 이 그리스인의 기록은 초기불교 의승과 초기 아유르베다 의사의 합리적 치료법을 잘 보여준다. 메가스테네스는 고행자 의사들이 논밭에 살지 않고 검소하며 쌀과 보리로 연명하고 호의적인 지지자들로부터 시주를 받으며 고행과 금욕의 수련을 한다고 말한다. 여기서 고대 인도의 수많은 탁발승들을 떠올려볼 수 있는데, 초기 상가(saṅgha), 즉 승원 시설에서 지내던 불교 비구와 비구니도 이들에 포함된다.

의술을 세부적으로 들여다보면 더욱 흥미롭다. 슈라마나 치유자들은 치료를 위해 주로 곡류(σιτία)를 사용했고, 약(φάρμακα)을 쓸 경우 가장 귀하게 여긴 것은 연고(ἐπίχριστα)와 습포제(καταπλάσματα)였다. 즉 내적으로는 음식을 통한 식이요법, 외적으로는 약제 사용으로 구분되었는데, 이 2가지는 아유르베다의학의 합리적 치료법(yuktivyapāśraya)의 기초를 이룬다.[28] 식이요법은 신체 요소의 균형을 회복시켜 인체 내부 기능을 유지하고 조절하도록 작용하고, 약제는 몸 표면의 고통을 없앤다.[29] 불교 승원의 율과 초기 아유르베다의 의학서에는 음식을 의료적으로 사용하고 연고와 습포제를 치료에 사용한 예가 아주 많다.[30]

슈라마나 의사가 인간에 관한 철학자(περί τὸν ἄνθρωπον φιλοσόνς)였다는 관찰은 유물론이나 자연주의적 관점을 필요로 하는 의학의 철학적 지향성을 드러낸다. 고대 아유르베다 의사에 의하면, 인간은 자연의 축도였다.[31] 자연의 정확한 이해(svabhāvavāda)를 위해서는 특히 인간종에 대한 심오한 지식이 필요하고,[32] 인도의 의학 이론가들은 인간의 모든 것을 알려면 직접 관찰보다 더 좋은 것은 없다고 생각했다.[33] 찻또빠드야야의 말로는, 그들이 습득한 경험 정보는 "의학 인식론으로 이어지는 합리적 분석 과정을 거쳤다."[34] 이것은 인도 의학의 특징이다. 그리스 전통의 경험주의는 자연사(natural history)를 낳았지만, 이와 대조적으로 아유르베다 전통의 경험주의는 프란시스 짐머만(Francisc Zimmermann)에 따르면 "약학에 분류학이 포함되면서 약학은 맛과 약효의 복잡한 상호작용에 예속되었다. 그리하여 식물군과 동물군의 목록은 엄청난 양의 동의어, 중복, 열거, 구분, 상호 참조 범벅이 되었다."[35]

인간, 그리고 인간과 환경의 관계를 완전히 이해하려면 인류가 겪는 질병의 원인도 파악해야 한다. 인도 의학에 내재된 철학적 지향성은 인간이 겪는 고통의 원인을 설명하는 이론을 만들어냈다. 확실한 성립 경위는 불분명하지만, 인도 의학의 독특한 병인론은 3도샤(tridoṣa) 이론이다. 인간을 괴롭히는 거의 모든 질병은 3가지 도샤인 바람, 담즙, 점액이 단독으로, 혹은 복합적으로 작용하여 일어난다. 도샤는 소화된 음식의 특정 노폐물로서, 정상적인 건강 유지에 필요한 적정량보다 많거나 적을 때 발생한다. 이 도샤는 자연계에 존재하는 5가지 기본 요소(땅, 바람, 불, 물, 허공)의 변형인 신체 근본 요소(dhātu)들의 정상적 균형을 깨뜨리면서 해로운 것으로 작용한다. 그 결과 신체 요소의 불균형으로 질병이 일어난다. 또한 경험주의 지향성은 의학 이론가들이 병인을 전체적으로 고려할 때 환경 요인, 일상의 섭생, 외부 요인도 포함시키도록 했다.

불교 빨리 문헌에도 이 병인론을 언급한 대목이 있다. 아마도 의사인 듯한 유랑하는 고행자 시바까(Sīvaka)는 붓다에게 인간 고통의 원인에 대해 물으면서 슈라마나와 브라흐만 중에는 고통이 이전의 업(kamma)

에 의해서만 일어난다고 주장하는 자들도 있다고 한다. 붓다는 그러한 견해가 옳지 않다고 하며 인간 고통의 원인을 다음의 8가지로 설명한다. 담즙(pitta), 점액(semha), 바람(vāta), 그리고 그것들의 조합(sannipāta), 계절의 변화(utu), 비일상적인 활동에 의한 스트레스(visamaparihāra)[예를 들어 장시간, 즉 오래 앉아 있거나 서 있기, 밤에 급하게 외출하기, 뱀에 물리기], 외인성 사고(opakkamika)[예를 들어 도둑이나 간통자로 잡히는 것], 그리고 8번째(aṭṭamī)가 이전 업의 결과(kammavipāka, 業報)이다.[36]

붓다가 꼽은 8가지 병인에는 3가지 도샤와 그것들의 조합이 있는데, 이것이 바로 아유르베다 병인론의 핵심이다. 후대에 대승불교가 질병의 원인을 논할 때도 이 4가지가 두각을 나타낸다.[37] 빨리 문헌의 더 오래된 다른 부분에서는 의사(tikicchaka, Skt. cikitsita)를 담즙, 점액, 바람으로 일어난 병을 치료하기 위해 설사제와 구토제를 투여하는 사람으로 묘사한다.[38] 붓다가 말한 마지막 4가지 원인은 고통, 특히 신체의 병적 상태를 일으키는 내부 요인이라기보다는 외부 요인이다. 병이 계절(ṛtu), 비일상적이고 불규칙적인(viṣama) 활동, 물질 즉 음식, 과거의 업에 의해 발생한다는 것은 초기 의학서인 『짜라까』나 『수슈루따』에도 보인다.[39] 외인성 사고(opakkamika)는 산스끄리뜨어로 우빠까르마(upakarma)이고 빨리어로 우빡까마(upakkama: opakkama, opakkamika)인데, 원래의 의미는 '급습(√kram+upa)'이다. 그러므로 이것은 인도 의학 병인론의 한 범주인 아간뚜(āgantu), 즉 외인(外因)에 해당한다. 아유르베다의학 전통에 따르면 아간뚜 원인은 일반적으로 폭력적이고 충격을 주며 몸에 상해를 입히는 것이다.[40]

병인의 하나로서 과거 업(Skt. karman, Pāli kamma)을 드는 것은 꽤 오래된 전통이며 특별히 주목할 필요가 있다. 과거 업이 개인의 전체적인 신체 상태를 좌우한다는 관념은 찻또빠드야야가 잘 논한 것처럼 인도 의학의 일반적인 경험-합리적 생리학과는 상충된다. 찻또빠드야야는 업을 병인으로 하는 것은 의학을 종교적으로 정통화하기 위해, 이미 형태를 갖추고 있던 유물론적 의학 체계에 뒤늦게 종교적인 이론을 덧씌운 것이라 한다. 하지만 이것은 잘못된 추론이다.[41] 불교도가 꼽는 8가지 병인 중 하나가 업이라는 사실로 보건대, 의학 이론가들은 순수하게 이론적인 수준에서 이를 꽤 일찍 받아들였을 것이다. 『짜라까상히따』는 바드라까빠(Bhadrakāpya)가 이 설의 지지자였다고 전하는데, 이 구절이 나오는 맥락을 보면 이러한 설이 보편적이지는 않았던 것으로 보인다.[42] 의학 문헌에 나타난 업설을 연구한 미첼 와이스(Mitchell Weiss)에 따르면, 『수슈루따상히따』에서 업은 병인론으로서는 거의 무시된다. 『짜라까상히따』에서는 질병의 한 원인으로 포함되긴 하나, 실제적인 수준에서가 아니라 순전히 이론적인 수준에서이다. 그럼에도 불구하고 업은 『짜라까상히따』에서 발생학과 관련해서 진지하게 다루어졌다.[43] 기원후 초기에 성립한 후기 빨리 불전 『밀린다빵하』(Milindapañha)에서 경전을 재인용한 것에 따르면[44] 업, 즉 과거의 행위가 인간 고통의 유일한 원인은 아니라는 것이 불교도가 오랫동안 가져온 견해이다. 업보로 생기는 병은 다른 원인으로 생기는 병보다 훨씬 적다.[45] 이렇게 불교도도 확인해주는 것처럼, 질병의 원인에 대한 지배적인 설명은 유물론의 입장에 선 의사의 경험주의와 합리성에서 나왔다. 따라서 업은 찻또빠드야야가 주장한 것처럼 후대 브라흐만교에서 추가한 사례가 아니다.

초기 형태의 유물론적 의학 철학은 메가스테네스가 '인간에 관한 철학자'로 묘사했던 슈라마나 의사에게 힘입은 바 있다. 또한 합리적 의학과 관련된 의학적 전제들이 이미 초기 불교도들에게 익숙했다. 공통된 철학적 지향성이 있었기에 고행자 의사, 불교도, 아유르베다 의사의 연결 고리는 더욱 확고해질 수 있었다.

메가스테네스에 따르면, 슈라마나 의사는 약을 조제하고 활용하는 기술을 통해 쌍둥이와 남아, 여아를 낳게 한다(δύναθαι ··· διὰϑαρμακευτικῆς). 빨리 불교 문헌에서 이에 대응하는 기록을 찾을 수는 없지만, 후대의 대승불교 문헌에 있는 가르침과는 유사하다. 한역(漢譯) 단편 『가섭선인설의여인경』(迦葉仙人說醫女人經, Kāśyaparṣiproktastrīcikitsāsūtra)은 다양한 임신 단계에 있는 임산부에게 행하는 치료를 다룬다. 이는 『짜라까상히따』, 『베라상히따』, 『까샤빠상히따』(Kāśyapasaṃhitā)의 해부학 편에 있는 「출산에 대한 격언」(jātisūtrīya)의 장과 아주 비슷하다. 여기에는 태아의 임신 10개월 동안 각 달마다 특정 약을 처방하는 기술이 나와 있다.[46] 『수슈루따상히따』는 해부학 편에 있는 '정자와 난자의 순수성(śukraśoṇitaśuddhi)'에 관한 장에서 어떤 성별의 아이든 건강하게 출산하는 방법에 대해 쓰고 있는데, 이는 고대 인도에서 민간의료로 확립된 것이다.[47]

스트라본은 『지리학』(Geography)의 다른 부분에서 신원을 알 수 없는 인도 역사가들을 언급하며 다시 슈라마나를 치유술과 연결시킨다.

> 철학자를 분류하면서 인도에 대해 저술한 작가들은 프람나이(pramnai, 즉 슈라마나)를 브라크마네스(brachmanes, 즉 브라흐만)와 대립시킨다. 프람나이는 밀꼬리 잡고 따져묻기를 좋아한다. 그들은 브라크마네스가 자연철학과 천문학을 익힌다고 말한다. 그러나 프람나이는 브라크마네스가 사기꾼이고 바보라고 비웃는다. 어떤 이들은 산에 살고 어떤 이들은 나체로 지내며 또 어떤 이들은 도시나 마을 주변에 산다. 산에 사는 프람나이는

사슴가죽을 사용하고(입고) 가죽 주머니에 뿌리와 약을 채워 넣고 다니며, 마법, 주문, 부적으로 의료를 행한다고 주장한다.[48]

여기에서 산에 사는 프람나이(πράμναι)라고 지칭한 이들은 메가스테네스가 쓴 슈라마나 의사와는 다르다. 이 프람나이 슈라마나(pramnai śramaṇa)의 치유는 마법(γοντεία), 주문(επῳδή), 부적(περιάπτος)을 사용하는 주술-종교적인 것이며, 『아타르바베다』에 담겨 있는 초기 베다의학 전통을 연상시킨다. 이런 형태의 치유는 전체적으로 주술 기법에 대한 언급이 별로 없는 초기불교와 아유르베다 문헌의 경험-합리적 의학과는 대조적이다.[49] 다만 『짜라까상히따』는 주술 기법을 치료의 3가지 유형 중 하나로 인정한다. 이는 신성한 존재에 의존한(daivavyapāśraya) 치료 범주에 속하며, 여기에는 만뜨라의 암송, 식물이나 돌 부적의 사용, 상서로운 의례, 제물이나 공물, 번제물 바치기, 마음 다스리기, 속죄, 기복, 신들에게 올리는 희생제의, 신에 대한 경배, 순례가 포함된다.[50] 이것은 『짜라까상히따』가 『아타르바베다』의 불의 제관의 의학으로 보았던 것과 거의 동일하다.[51]

이 그리스인의 증언에 따르면 주로 주술에 의존하는 치유술도 특정 슈라마나 전통의 일부였던 것으로 보인다. 주술 의학은 초기 베다 시대의 민간의료의 특징이었는데, 그 무렵에는 치유자들이 경험-합리적 원칙이 아니라 주술-종교적 원칙을 따르고 있었다. 아마도 아타르반에서 유래하는 주술-종교적 치유의 측면을 슈라마나 집단이 보존하고 초기불교와 아유르베다의학 전통에 전했을 것이다. 비록 개별적인 종교적 기법의 세세한 지식은 바뀌었지만, 주술과 종교에 의한 치료라는 기본은 유지되어 새로운 의학 문헌에 편입되었다.

슈라마나 의사에 관한 이 두 그리스인의 기록을 통해 알 수 있는 것은 인도 의학의 두 체계인 경험-합리적 체계와 주술-종교적 체계의 원칙과 실천이 모두 비정통의 유랑 탁발승들에 의해 보존되었다는 것이다. 이러한 슈라마나의 전통이 유랑자들이 각지를 여행하면서 여러 가지 치유 형태를 관찰하여 축적한 의학 지식의 저장고 역할을 했다. 그리고 이 전통이 초기불교 승단과 전문 치유자들이 활용한 의학 교리를 제공했다.

고대 인도의 의사인 바이드야(vaidya, Pāli vejja), 비사즈(bhiṣaj, Pāli bhisakka), 찌끼뜨사까(cikitsaka, Pāli tikicchaka)는 종종 지배적인 정통 브라흐만교 사회에서 기피되고 폄하되었다. 그러나 이들은 의사들의 철학과 실천 및 모임을 비난하지 않는 출가승이나 탁발승 등 정통성이 덜한 집단에서 피난처를 찾았다. 그리고 치유에 종사하는 유랑자들로서 의사들은 점점 슈라마나와 구분이 안 되어 갔다. 훨씬 나중에야 의료에 대한 필요 때문이었는지, 아니면 전체적인 브라흐만교화(化) 때문이었는지 치유자와 그들의 의술은 주류 힌두 종교 전통에 통합되었다. 그다음에는 이미 잘 확립된 민간의료 체계에 정통 브라흐만교가 덧붙여지는 형태로 의학서가 편집되어 갔다.

이에 관해 아그니베샤 의학서의 주요 편찬자이며 서명도 그의 이름을 따서 지어진 짜라까라는 인물에 대해 살펴보자. 짜라까의 생존 연대는 정확히 확정되지 않았지만, 실뱅 레비(Sylvain Levi)는 5세기에 한역된 『수뜨라람까라』(Sūtrālaṃkāra, 雜寶藏經)를 근거로 짜라까가 까니슈까(Kaniṣka) 왕의 의사이며, 그가 편찬한 의학서의 성립연대가 기원후 1~2세기라고 보았고, 이에 많은 학자들이 동의한다.[52] 그러나 찻또빠드야야는 원래 형태의 『짜라까상히따』가 한 개인의 작업이 아니라 고대 유랑 의사들의 의학 지식을 편찬한 것이라고 설득력 있게 주장한다.[53] 이 의학서에는 의학에 대한 다양한 접근법이 나오며 여러 의학 전통이 언급되기 때문에 찻또빠드야야의 주장이 일리 있어 보인다.[54] 게다가 짜라까(caraka)라는 말은 '√car(유랑하다)'라는 어근에서 유래한 남성명사로서 유랑자를 의미하여, 고대 민간의료의 보고였던 슈라마나 집단에 잘 맞는다. 그렇다면 『짜라까상히따』라는 책은 "유랑자, 즉 슈라마나 의학 지식의 편찬서"인 것이 된다. 어쩌면 짜라까는 꾸샤나(Kuṣāṇa)의 왕 까니슈까의 궁정의사였을 뿐만 아니라 특정 슈라마나 의사였을지도 모른다. 그의 이름은 기존의 민간의료 자료를 정리하고 편집한 것과 관련이 있다.

인체에 대한 고행자의 지식

비정통, 특히 불교 고행주의와 의학의 결합은 해부학에 잘 나타난다. 초기 불교도나 의사들의 인체 이해 접근 방식은 공통적으로 경험주의와 합리성을 중요시하는 유물론 입장을 취했으며, 정통 브라흐만교에 대한 강한 거부를 보여준다.

초기불교 빨리 경전에는 인체의 해부학적 부분 전체를 상당히 정확하게 기록한 대목이 있다. 신체 부분들을 열거하고 어떤 방법으로 그것들을 확인했는지 알 수 있는 곳은 『비나야삐따까』의 의학 관련 부분이 아니라 『숫따삐따까』(Suttapiṭaka, 經藏)의 고행 수련을 다룬 부분이다. 『디가니까야』의 「마하사띠빳타나숫딴따」(Mahāsatipaṭṭhānasuttanta, 大念處經)는 사념처(四念處, cattāro satipaṭṭhāna)를 상세히 서술한다. 그 첫 번째인 신념처(身念處)는 인간의 신체(kāya)에 대해 그 모든 부위와 양상, 그리고 부정성(不淨性)을 관찰하는 것이다. 승려는 신체를 명상하는 과정에서 지속적인 관찰을 통해 육체적, 정신적 구성물이 기본적으로 무상하다는 것을 깨달으려고 애써야 한다.

> 그리고 다시, 비구들이여, 비구는 바로 이 몸이 아래로는 발바닥에서부터 위로는 정수리에 이르기까지 피부로 싸여 있고, 온갖 부정한 것들로 채워져 있는 것을 관찰한다. "몸에는 [다음과 같은 것들이 있다]. 머리카락, 체모, 손톱, 치아, 피부, 살, 힘줄, 뼈, 골수, 신장, 심장, 간, 늑막, 비장, 폐, 내장, 창자, 위, 대변, 담즙, 점액, 고름, 피, 땀, 지방, 눈물, 기름, 침, 콧물, 관절액, 소변…." 몸에는 "땅의 요소, 물의 요소, 불의 요소, 바람의 요소"가 있다.[55]

열거한 것들을 보면 지식이 인체 외부에 한정되지 않고 내부의 주요 부분과 분비물에도 미치고 있음을 알 수 있다. 해부학에 대한 이러한 이해는 몸을 직접 관찰해야만 얻을 수 있다. 다른 중요 경전에서는 이 목록에 머리 안의 뇌(matthaluṅga)가 추가된다.[56] 즉 인체 기관에 대한 관찰이 갈비뼈 아래만이 아니라 두개골 속까지 행해진 것이다.

이런 해부 지식을 얻는 방법도 경전에서는 말한다. 숙련된 소 도축업자(dakkha goghātaka)나 그 제자(goghātakantevāsin)가 소를 도살하여 부위별로 나누어 놓고 사거리에 앉아 있을 때처럼, 비구는 같은 방식으로 몸에 대해 관찰하고 그 부분들을 배워야 한다.[57] 이 방법은 해부학 지식이 원래는 동물의 몸에서 부위들을 잘라내 체계적으로 배열하면서 관찰하는 과정을 통해 얻어진 것임을 시사한다. 그렇게 동물의 해체 과정에서 얻은 지식을 유추를 통해 인체에도 적용했던 것이다.

인체에 대한 정보를 얻는 다른 방법도 있었다. 무덤가(sīvathika)에 버려진 시체가 분해되는 과정을 끈질기게 주의하여 관찰하는 것이다. 비구들은 죽은 지 하루에서 사흘되는 몸이 부패되어 가는 과정, 즉 부풀어 오르고 썩고 짐승에게 먹히다가 그 뼈가 하얗게 바래고 결국에는 가루가 되어가는 과정을 관찰해야 했다.[58]

부패해가는 신체를 집중적으로 관찰하고 여기에 동물 해부학 지식을 결합하여 초기불교 고행자들은 전체적인 인체 내외부 구조를 탁월하게 이해할 수 있었다. 고행 수련에 참여한 사람들의 종교적, 철학적 전제가 이러한 특별한 지식을 습득하는 데 근본적으로 도움이 되었다. 불교 고행자들은 슈라마나로서 청결과 오염에 대한 브라흐만교 전통의 규칙을 따를 필요가 없었다. 브라흐만 사제나 상위 계급의 구성원들은 이러한 종류의 수련을 할 수 없었다. 썩어가는 시체를 직접 관찰하는 것은 사제나 상류층에게는 불결한 것으로 여겨졌지만, 고행승들에게 이것은 불교의 무상(無常)의 가르침을 입증한다는 특별한 목적하에 인체 해부 지식을 얻는 가장 좋으면서도 타당한 방법이었다. 게다가 이것은 인체에 대한 경험적 이해를 얻을 수 있는 기회이기도 했다.

브라흐만교 문헌 전통의 관점에서 고대 인도 해부학 지식의 발달을 다룬 최근 연구에 따르면, 고대 인도인은 처음에 베다의 희생제의에서 해부학적 지식을 얻었다. 말과 소, 심지어 인간도 희생제의의 엄격한 절차에 따라 불에 태워졌는데, 제물이 신성한 불에 던져질 때 신체 부위의 이름을 암송해야 했다.[59] 이 제의에 사용된 각 해부학 부위의 명칭은 『브라흐마나』 문헌에 보존되어 있다. 위에서 언급한 불교 경전의 소 도축은 아마도 기술적으로는 베다의 희생제의에서 사용한 것과 비슷할 것이다.

기원후 수 세기 초에 초기 의학 문헌이 나타날 때까지, 인체에 대한 지식을 얻는 또 다른 방법이 사용되기 시작했다. 일종의 해부도 포함된 방법이었다. 자세한 내용이 『수슈루따상히따』에 나온다.

> 그러므로 시신을 깨끗이 씻은 뒤에, 인체에 대해 확실한 지식을 얻기 원하는 칼을 든 사람, 즉 외과 의사는 사지(四肢)를 육안으로 완전히 살펴야 한다. 왜냐하면 눈으로 지각한 것과 책으로 배운 것을 합치면 인체에 대한 이해를 크게 증진시킬 수 있기 때문이다. 따라서 내장에서 배설물을 제거한 후에 사지가 온전한 시체를 부패시켜야 한다. 단, 독극물에 중독되거나 오랜 병을 앓았거나 심각한 부상을 당했거나 100세가 넘은 고령의 시체는 적합하지 않다. 시신은 문자(muñja) 풀, 나무껍질, 꾸샤(kuśa) 풀, 샤나(śaṇa) 대마 등으로 싸서 안치함이나 그물에 넣어야 하며 흐르는 강물의 은폐된 곳에 묶어 둔다. 7일 밤이 지나면 완전히 썩은 시체를 꺼내 눕힌다. 그리고 베티베르(uśīra) 풀 다발, 거친 짐승털, 대나무, 발바자(balvaja) 풀로 피부층 등을 아주 서서히 벗겨낸다. 그리하여 이 장에서 앞서 언급했던 인체의 다양한 주요 부분과 사소한 부분, 내외부 부분을 눈으로 식별해야 한다.[60]

이런 해부 방법은 의사나 학생이 극도로 불결하고 더럽혀진 물체를 직접 접촉하는 것이다. 그래서 전통적으로는 우리가 지금 가지고 있는 의학 문헌이 브라흐만교의 사회와 종교 안에서 발전했다고 하지만 이런 해부 방법은 거기에서 유래하지 않았을 가능성이 높다.

빨리 문헌에 강에 두어 부패되어가는 시체를 관찰한다는 기록은 없다.[61] 그러나 나중에 인도를 여행한 사람들은 이 시체 처리법을 고대 인도의 불교도들도 행하고 있었다고 보고한다. 중국의 불교순례자 현장(玄奘)은 7세기 초 인도를 두루 여행했는데, 시신 처리와 장례 의식에 화장(火葬), 유기, 수장(水葬) 3가지 방법이 있다고 했다. 마지막 방법에 대해 그는 “시체를 흐르는 깊은 강물에 던져 버린다.”라고 말한다.[62] 마찬가지로 이슬람 학자이자 여행자인 알비루니(Albīrūnī, 약 11세기)는 “사람들은 붓다가 죽은 자의 몸을 흐르는 물에 던져 넣으라 했다고 말한다. 그래서 붓다의 추종자들인 샤머니안(Shamanian)은 죽은 자를 강에 던진다.”라고 기록했다.[63] 이러한 언급은 시체를 강에 던지는 것이 분명히 불교도나 슈라마나와 관련이 있으며, 이러한 관행이 붓다 시대까지 거슬러 올라감을 의미한다. 아마도 인체에 대해 특별한 지식이 있는 슈라마나 의사가 몸을 관찰하고 그 구조나 개별적인 부분을 더 깊이 알기 위해서 『수슈루따상히따』에서 가르친 해부 기술을 발전시켰을 것이다. 초기 불교도의 해부학 지식 습득과 관련된 이런 종류의 정보는 인도 해부학의 발전을 이해하는 데, 그리고 슈라마나, 불교도, 아유르베다의학의 연관성을 이해하는 데 도움을 준다.

신체를 직접 관찰해서 인체 해부학을 배우는 경험적 접근 방식은 아유르베다의학 지식의 기초가 되며 또한 몸의 무상함을 이해하려는 불교 고행자들의 수행에도 사용되었다. 비록 이 두 전통의 목적은 다를지라도 그들의 인식론과 방법론은 동일했으며 비슷한 결과를 낳았다. 불교의 고행이 슈라마나의 전통에서 비롯된 것처럼, 아마도 인체에 대한 직접 관찰의 원칙과 실천도 의술의 다른 측면과 마찬가지로 비정통의 슈라마나에서 유래했을 것이다. 수슈루따의 의학서에 기재된 해부 기법은 현존하는 형태로 문헌이 완성되기 이전에 더 큰 의학의 가르침에 통합되었을 가능성이 높으며, 아마도 힌두적으로 변형되기 이전이었을 것이다.

고대 인도의 비정통 고행 운동은 초기 불교도와 초기 의학 이론가들의 사회적, 철학적 방향을 결정하였다. 치유자는 고행자들이 그러했듯이 힌두 정통 사회에서 배제된 지식의 탐구자였다. 그들은 치료를 행하고 새로운 약과 치료법, 의학 지식을 습득하며 유랑했다. 치유자가 반드시 고행자는 아니었지만, 많은 고행자, 예를 들어 불교의 의승은 치료를 행하고 치유의 기능을 수행했을 것이다. 이들 치유자들 사이에서 방대한 의학 지식의 저장고가 형성되었다. 이로 인해 인도 의학 전통은 아유르베다로 알려진 지침과 실천을 갖추게 되었다. 이러한 민간의료 최초의 체계화는 유랑하는 고행자들이 초기불교 승원에서 점차 정주하는 생활을 하게 되면서 일어났다.

제3장

의학과 불교 승원 제도

기원전 6세기 이후에는 아마도 고행 유랑자들 대부분이 의학 지식에 익숙했을 것이다. 그들 중에서도 특히 불교도들에게 의학 지식은 종교적 교의와 승원의 계율에 불가결한 일부가 되었다. 자이나교도들도 의학 이론과 실천에 대해 알고 있었음에 틀림없다. 그러나 그들은 엄격한 고행론 때문에 고통을 없애고 완화하는 의술의 수련과 실천이 본질적으로 영적 성장을 방해한다고 여겼다.[1] 따라서 자이나교도는 초기의 승원 전통에서 의학을 체계화하지는 않았다.

붓다의 핵심 교의인 4성제가 의학 패러다임에 근거한다는 설도 있다. 고통[苦聖諦], 고통의 원인[集聖諦], 고통의 소멸[滅聖諦], 고통 소멸에 이르는 방법[道聖諦]이 의학에서의 질병, 병인, 건강, 치료법에 각각 대응한다는 것이다. 그러나 『짜라까상히따』에도 4가지로 구분한 것이 있긴 하지만, 이것이 지배적인 의학 지식 체계는 아니고, 그 체계도 4성제와는 다르다. 거기에서는 "최고의 의사, 즉 왕을 치료하기에 적합한 의사는 4가지 지식을 갖춘 자이다. 그는 병의 원인(hetu), 증상(liṅga), 치료

(praśamana), 재발 방지법(apunarbhava), 즉 예방법을 안다."[2]라고 한다. 의학 전통에서 이 4가지 의학 지식 체계는 비중이 낮고, 4성제와도 내용상 차이가 있다. 그렇기에 붓다의 원래 가르침과 의학 체계의 유사성을 주장하기는 어렵다. 그렇지만 슈라마나 불교도들이 의학 이론과 실천에 관한 지식을 보유했다는 사실은 부정할 수 없다. 불교 상가, 즉 승원 공동체는 곧 인도의 민간의료를 보존하고 발전시켜 전달하는 주요 매개체가 되었다.

대다수 전문가들의 견해에 따르면, 상가는 붓다 생존시(대략 기원전 5세기 초중반)에 형성되기 시작했다.[3] 초기 '상가'는 붓다의 가르침을 받아들이고 따르는 모든 사람들, 이른바 사방승가(四方僧伽)를 모두 포함하였다. 그 결집의 버팀목은 모든 계층의 남녀를 매료시킨 붓다의 가르침(dharma)이었으며, 그들의 목표는 붓다의 가르침을 전파하는 것이었다.[4] 처음에 상가는 이동해 다니는 생활, 즉 유행 생활을 했지만, 점차 비구들과 비구니들은 일정한 장소에 정착해갔다. 우기에 일시적으로 머무르던 곳(vassa, 雨安居)이 생활에 필요한 것을 갖춘 영구적인 승원 시설로 발전하면서였다.

상가가 발전하면서 승려들의 생활을 관리하는 규율이 제정되었다. 이 계율들은 빨리 문헌의 『비나야삐따까』에 남겨져 있는데, 상가에서의 비구와 비구니의 생활 전반을 자세히 설명해 준다. 상가의 생활 지도 원리는 붓다의 중도(中道)의 가르침에 기반한다. 리처드 곰브리치(Richard Gombrich)의 말을 빌리자면, 중도는 "배고픔 때문에 영적인 삶에서 길을 잘못 드는 일이 없도록 충분히, 그러나 지나친 방종으로 길을 잘못 드는 일이 없도록 적당히 자기관리를 하는 것"[5]이다. 그러므로 건강한 신체적 균형을 회복하고 유지하는 의학은 중도의 철학에 딱 들어맞았다. 상가의 율에는 의료 문제를 다룬 부분들이 있으며, 치료 및 처치의 계율을 통해 의학 지식을 체계화하고 있다. 이것은 초기 의학서에 기록된 것과 매우 흡사하다. 5장과 6장에서 불교의 의학 정보를 상세히 분석할 것이지만, 본 장에서 불교 상가에서 의학이 어떻게 발전해나갔는지 살펴보겠다.

의승(醫僧)과 승원

초기 상가에서는 구성원에 아무런 제한이 없었기 때문에, 유행자들은 마음대로 들어왔다가 나갔다. 이런 출입으로 다양한 슈라마나들과 여전히 탁발하며 돌아다니던 비구들이 우기(雨期)에 함께 숙식하며 교환하는 새로운 정보의 양이 증가했다. 상가에 임시 거처를 마련한 사람들 사이에서 논쟁은 일상이었고, 아마도 화제가 의학에까지 이르렀을 것이다. 앞에서 언급한 것처럼 『짜라까상히따』는 의술을 행하는 자들에게 토론을 권장한다.[6] 정주(定住)하는 승려가 있는 정착형 상가 시설이 보편화되면서 토론하고 교환하는 지식도 점차 축적되고 걸러져서 체계화되었으며, 마침내 불교 교의의 형태를 취하게 되었다. 빨리 문헌에서는 불교도가 의학과 치유에 관한 가르침을 습득하고 발전시켜 붓다의 중도 이론에 적합하게 만든 것에 대한 기록을 찾을 수 있다.

『비나야삐따까』의 기록에 따르면, 새로 상가에 입문한 비구는 4가지 필수품(nissaya, 四依止)을 허락받았다. 걸식해서 얻은 소량의 음식[托鉢], 주워 입은 누더기[糞掃衣], 나무 밑동의 잠자리[樹下座], 발효시킨 소의 오줌(pūtimuttabhesajja, 陳棄藥)인데, 마지막 것은 약용(藥用)이다.[7] 신참 비구니에게도 동일한 것들이 허용되었지만 나무 밑동 자리만은 여자에게 위험하다는 이유로 제외되었다.[8] 이 4가지 최소한의 필수품은 아마도 초기 상가에서 유래했을 것이다. 그때는 비구와 비구니가 한곳에 머무르지 않고 유랑한다는 이상(理想)을 붓다의 강요 때문이 아니라, 자발적으로 실천하고 있었다. 즉 이것은 일종의 탁발 수행자의 고행 흔적으로 붓다의 중도의 가르침에 비추어 보면 지나치게 극단적인 것으로 보인다.

필수품 중 하나에 약이 포함된다는 것은 유랑 고행자들에게 치유술에 대한 지식이 있었다는 증거이다. 동물, 대개 소의 오줌은 『비나야삐따까』의 의학 관련 부분에 뱀에 물린 것에 사용해도 되는 치료제로 나오고,[9] 초기 아유르베다 문헌에서도 여러 처방과 치료의 주요 성분으로 자주 언급된다.[10] 동물 오줌은 타인에게서 받거나 동물을 해칠 필요가 없기에 유행승이 간단히 입수할 수 있는 것이었다. 그 의학적 효용도 불교도를 포함한 모든 탁발 고행자들에게 널리 알려져 있었다.

승원에 정주하는 것이 유랑 생활을 대체하자 4가지 필수품은 더 안정적이고 영구적인 생활에 적합한 4가지 소유물(parikkhāra, 資具)로 대체되었다. 그래도 질병에 필요한 의약(gilānapaccayabhesajja)은 여전히 승려의 필수품으로서 옷, 발우, 와좌구(臥座具)와 함께 4가지 소유물의 하나로 꼽혔다.[11]

약은 환자 돌봄에 필요한 모든 것을 포함하며 즐거움을 얻기 위해서가 아니라 통증을 없애거나 건강을 유지하는 용도로만 사용되었다.[12] 『비나야삐따까』의 『마하박가』(Mahāvagga, 大品), 「베삿자칸다까」(Bhesajjakkhandhaka, 藥健度)에는 필수적인 약이 명시되어 있다. 승려에게 기본약으로 허락된 것은 정제버터(sappi), 생버터(navanīta), 기름(tela), 꿀(madhu), 당밀(phāṇita)

5가지이다. 상가가 진화하면서 계율 규칙도 발전하여 몇 가지 약 목록은 온전한 약전(藥典, pharmacopoeia)으로 발달했다. 여기에는 여러 식품과 재가자에게 배운 듯한 조리법이 포함되었다.[13] 초기 승원 시설에는 식료품 저장고(kappiyabhūmi)가 있었고,[14] 식량 분배 역할이 여러 승려에게 할당되었다. 예를 들어, 고형식(固形食) 분배 승려(khajjabhājaka), 죽 분배 승려(yāgubhājaka), 과일 분배 승려(phalabhājaka)가 있었다.[15] 죽이나 과일도 종종 약으로 사용되었다. 아마도 소품 분배를 담당한 승려(appamattakavissajjaka)가 초기 승원에서 약과 의료용품 분배를 담당했을 것이다.[16] 약전과 함께 의료 행위는 질병 치료에 꼭 필요한 것이었다.

식량과 약은 신실한 재가신도들이 보시했으며 비구와 비구니는 이런 것들을 사기 위해 일하는 것도 생산하는 것도 금지되었다. 승원 생활이 발달함에 따라 탁발해서 끼니를 해결하던 관행은 상가에 바쳐진 공양물로 해결하는 것으로 대체되었다. 식량이나 식재료는 수합하여 식사 용도의 것과 아닌 것으로 나뉘었고, 후자는 약으로도 분류되었다. 의료적 처치에 사용되는 다른 것들은 치료별로 용도가 기술되었고 역시 필요할 때 재가신도들로부터 시주를 받았다.[17]

불교 상가에서 사용된 의약물(materia medica)의 발달은 체계적인 식량 분류에 기반했던 것으로 보인다. 식량을 기초로 한 약의 분류는 비슷한 것이 초기 아유르베다의학에도 나타난다. 각종 질병에 대한 약 및 치료와 관련된 계율이 담긴 불교의학의 전통은 의학 지식의 체계화와 함께 서서히 발전하였는데, 같은 상황이 초기 아유르베다의학 문헌에도 나타난다. 접근방식의 이러한 일치는 불교 승원의학과 초기 아유르베다의학의 공통된 기원을 강하게 시사한다.

치유자로서의 승려의 역할은 처음에는 동료 비구들을 돌보는 것에 국한되었던 것 같다. 『마하박가』에서 전하는 이야기는 이러한 역할이 상가에서 어떻게 제도화되어 갔는지를 말해 준다. 한 비구가 장질환(kucchivikārābādha)으로 고통받으며 자신의 대소변(muttakarīsa) 위에 누워있었다. 이런 상태의 그는 다른 승려들에게 아무런 역할도 할 수 없었으므로(akāraka), 아무도 그를 간병하지(upaṭṭheti) 않았다. 그러나 붓다는 이 비구를 찾아와 돌본 후에 병든 비구를 간병하는 것에 대하여 다음과 같이 계율을 설하였다. "비구들이여, 너희에게는 너희를 간병해 줄 어머니도 아버지도 없다. 비구들이여, 만일 너희가 서로를 간병하지 않는다면 대체 누가 너희를 간병하겠느냐? 비구들이여, 나를 간병하려 한다면, 병자를 간병해야 한다."[18]

도반을 돌보는 것에 대해 승려들에게 도움을 주기 위해『마하박가』에서는 어려운 환자와 쉬운 환자, 그리고 유능한 간병인(gilānupaṭṭhāka)과 무능한 간병인의 자질(aṅga)을 밝힌다.[19] 간병하기 쉬운 환자의 자질은 다음과 같다. 첫째, 도움이 되는 일을 한다. 둘째, 도움이 되는 일에 대해서도 절도를 안다. 셋째, 약을 복용한다. 넷째, 병이 발생하면 자기를 간병해 주고 병이 낫기를 바라는 간병인에게 분명하게 알리고, 병이 진행 중일 때는 '진행 중', 나아지고 있을 때는 '나아지는 중', 안정적일 때는 '안정적'이라고 말한다. 몸에 일어나는 아프고 찌르는 듯하고 날카롭고 심하고 마음에 안 들고 불쾌하고 부정적인 감각을 참는다.[20] 간병하기 어려운 환자는 이와 반대다.[21] 환자 돌봄에 유능한 간병인의 자질은 다음과 같다. 첫째, 약을 제공하는 데 능숙하다. 둘째, 환자에게 유익한 것과 아닌 것을 알아서, 유익한 것을 제공하고 해로운 것을 제거한다. 셋째, 탐욕이 아닌 자애로 환자를 돌본다. 넷째, 대소변과 가래, 구토물 치우기를 꺼리지 않는다. 다섯째, 때때로 환자들에게 붓다의 가르침을 들려주어 환자를 기쁘고 즐겁고 기운 나고 유쾌하게 하는 능력이 있다.[22] 무능한 간병인의 자질은 이와 반대다.[23]

병든 승려를 돌보는 행위는 큰 봉사(bahūpakāra)로 여겨졌다. 그래서 그 승려가 세상을 떠나면 그가 사용하던 발우와 가사는 상가에 귀속되지 않고, 그를 간병하던 승려에게 주어졌다. 비구승(bhikkhu)인지 사미승(sāmaṇera)인지 여부도 따지지 않았다. 만약 비구승과 사미승이 함께 환자를 돌보았다면, 둘이 동등하게 발우와 가사를 나누어 가졌다.[24] 그리하여 승원의 계율로 체계화된 의학 교의를 활용한 의승 제도가 상가 내 환자를 치료하기 위한 의료 시스템과 함께 발전해나갔다. 환자를 시중든 사람에게 물건이 주어진다는 특별한 보상이 정해져 있는 것은 불교 승원에서 의료적 돌봄을 중요시했음을 보여준다.[25] 그러나 이것은 또한 승려들이 아프고 병든 사람과 접촉하는 것에 대해 모종의 우려를 느꼈다는 것을 의미한다. 아마도 이는 상가에 입문한 특정 승려들 사이에 정통 브라흐만교 전통의 청결과 오염 관념이 남아있었음을 암시한다.

초기 아유르베다 문헌에서도 의사, 의료 보조원, 환자의 자질(guṇa)을 설명한다. 『짜라까상히따』는 각각 4가지 바람직한 자질을 거론한다. 의사(vaidya)의 자질은 탁월한 의학 지식, 폭넓은 실제 경험, 능숙함, 청결함 4가지이다.[26] 의료 보조원(paricara)의 자질은 의료 보조에 대한 지식, 능숙함, 애정, 청결함 4가지이다.[27] 환자(ātura)의 자질은 기억력, 순응성, 두려워하지 않음, 병에 대한 정보 제공이다.[28] 『수슈루따상히따』에서는 각 자질의 수가 고정되어 있지 않다. 의사(bhiṣaj)의 자질은 의학 문헌을 제대로 배웠고 실제 경험이 있으며 스스로 행동하고 손기술이 민첩하고 신속하게 판단할 수 있고 총명하고 단호하며 학식이 있고 진리(satya)와 의무(dharma)를 최상의 원칙으로 삼는다는 것이다.[29] 환자(vyādhita)의 자질은 장수하고 용기가 있으며 치료될 수 있고 치료에 필요한 약을 소지하고 자제력이 있고 경건하고(āstika) 의사의 지시를 잘 따르는 것이다.[30] 마지막으로 의료 보조원(paricara)의 자질은 다정하고 흠잡을 데 없고 환자를 보살피는 일에 있어서 강하고 헌신적이며 의사의 지시를 실행하고 지치지 않는 것이다.[31]

이와 같이 의사, 환자, 의료 보조원의 자질에 대해 초기 의학서에서 기술하는 것이 빨리 정전의 『비나야삐따까』와 똑같지는 않아도, 불교 문헌과 아유르베다 문헌 전통에서 성문화된 것에는 유의미하게 공유하는 점들이 있다. 그래도 그것들 간에는 두드러진 차이도 있다. 짜라까에서 정형화한 4가지 자질은 불교 전통의 목록과 가까워 보인다. 그러나 수슈루따에서는 자질의 수가 일정하지 않고, 사뜨야(satya, 진리)나 다르마(dharma, 의무), 아스띠까(āstika, 경건)와 같은 브라흐만교의 용어가 사용된다. 이러한 덕목은 후대의 편집에 의한 것이며, 힌두의 2차 가공이 더해졌음을 보여준다. 의학서는 의사를 의사 지시를 따르는 의료 보조원이나 간병인과 구분하는데, 『마하박가』에는 치유자 역할을 하는 보조원이나 간병인만 나타난다. 아유르베다 문헌에 나타난 의료 종사자의 이런 구분과 전문화는 아마도 후대의 더 세부적인 발전을 의미할 것이다. 의료인과 환자 자질을 체계화한 것은 초기불교 상가의 제도에서 그 초기 형태를 볼 수 있다. 이것은 불교도들이 의료에 관여하면서 그들의 의학설을 보존하고 발전시켰음을 나타낸다. 이와 아주 유사한 일이 아유르베다 전통에도 일어났는데, 다만 아유르베다 쪽에는 확실히 브라흐만교의 가공 흔적이 보인다.

재가 여성 신도도 비구와 비구니에게 의료서비스를 제공했다. 호너(I. B. Horner)에 의하면 특히 3가지 방법이 있었는데, 병든 비구니를 방문하는 것, 승원에 가끔 들러서 병든 사람이 있는지 확인하는 것, 비구와 비구니에게 약을 시주하는 것 등이다. 재가 신도인 숩삐야(Suppiyā)는 병든 비구와 비구니에게 했던 행동으로 잘 알려져 있다.[32] 설화에 따르면 상가의 간병인으로서 숩삐야는 극단적인 신심을 행동으로 보여준 것으로 아주 유명하다. 고기가 없을 때 그녀는 자신의 허벅지 살을 베어 국을 끓여 아픈 승려에게 주었다는 것이다.[33] 불교의 비구니가 환자의 간병과 돌봄에 특별히 어떠한 역할을 했다는 증거는 없다. 그러나 일반적으로는 비구와 동일한 계율을 따랐을 것이다. 비구니도 아마 도반 중에서 환자가 발생하면 시중을 들 책임이 있었을 것이다.

세속의 의사(vejja, Skt. vaidya) 중에는 무보수로 비구를 치료한 이들도 있었던 것 같다. 라자가하(Rājagaha, 王舍城)의 아까사곳따(Ākāsagotta)라는 이름의 의사는 치루 수술을 한 것으로 전해지는데, 이는 승려들에게 금지된 수술이었다.[34] 가장 유명한 재가 의사는 지바까 꼬마라밧짜(Jīvaka Komārabhacca)이다. 그는 붓다와 승려들을 무료로 치료했고 라자가하의 망고 동산을 승단에 기증했다. 이 동산은 그의 이름을 따서 지바까라마(Jīvakārāma)라는 이름이 붙여졌다. 승려들에 대한 그의 무료 치료가 널리 알려지면서 많은 사람들이 승단에 들어왔고, 이것이 상가에 문제를 일으켰다. 치유자로서의 지바까의 명성은 자자해서, 그의 생애와 의료 업적에 대한 천설이 불교 문헌 곳곳에 보인다.[35]

승원의 의료 시설

약과 치유는 초창기부터 불교 승원에 없어서는 안 될 부분이었다. 처음에 의료 행위는 동료 승려나 신실한 재가 신도가 승려를 돌보고 치유하는 정도였지만, 기원전 3세기 중반부터는 의승과 승원이 일반 대중에게도 의료를 베풀었다는 증거가 있다.

아쇼까왕(Aśoka, 기원전 약 269~232년)은 현재의 구자라뜨(Gujarāt) 주에 있는 기르나르(Girnar)에 세운 마애법칙 두 번째 칙령에서 다음과 같이 포고한다. 왕국 어디에서나 인간과 동물을 위한 의료가 제공되어야 한다. 약이 되는 풀과 뿌리, 열매가 없는 곳은 그것들을 수입해서 재배해야 한다. 우물을 파고 길가에 나무를 심어야 한다.[36] 이 법칙은 기원전 3세기에 인도에 병원이 있었다는 것을 증명하지는 못한다.[37] 그러나 아쇼까왕의 재위 동안 불교가 성행하면서, 동시에 재가자에 대한 의승의 의료 지원 역할도 확대되었음을 시사한다. 불교와 그 승원은 동북 인도에서부터 대체로 기존 교역 경로를 따라 확장되었다. 새로 생기는 시설은 기본적으로 재가자들이 후원했다. 승원 시설은 실제 교역로에 근접해서 세워졌고 주로 부유한 상인들에게서 기부금을 받았다. 이들에게 승원은 광활한 육지를 가로지르는 길고 지치는 여정에서 편하게 '들르는 곳' 내지 휴게소였다.[38] 필요한 만큼 기부를 받는 확실한 방법은 영적인 인도 이상을 제공하는 것이었다. 그래서 상가에 기부하는 이들에 대한 답례로 원기 회복을 도와주는 의료와 시설이 여행자들에게 제공되었다. 이 전략은 꽤 성공적이어서 불교가 외래 침입자에게 큰 타격을 입은 12세기까지 상가와 승원 시설은 성장하고 번영하였다. 구자라뜨의 둡다비하라(Duḍḍavihāra)에 있는 6세기 비문은 약과 치료가 승려뿐만 아니라

모든 병자를 위한 것이라고 기술하고 있어서 지금 말한 것을 뒷받침한다.[39]

불교 병원이나 환자를 돌보고 치료하는 데 사용된 승원의 구조물을 입증할 수 있는 자료는 별로 없다. 비구와 비구니는 보통 자신의 방에서 치료받았다. 그러나 빨리 문헌에는 베살리 근처 큰 숲(mahāvana)의 뾰족한 박공의 전당(kūṭāgārasālā)에 위치한 '병자의 큰 방(gilānasālā)'을 언급한 데가 있다. 이는 승원에 병든 동료를 돌보기 위한 별도의 건물이 있었음을 나타낸다.[40] 기원후 3세기 나가르주나꼰다(Nāgārjunikoṇḍa)의 비문은 안드라 쁘라데쉬(Āndhra Pradesh)에 있는 유명한 불교 승원의 일부가 열병을 앓거나 회복하고 있는 자들을 돌보는 요양소였음을 시사한다. 산스끄리뜨어와 쁘라끄리뜨어가 섞여서 불완전하게 남아 있는 비문의 관련 부분은 다음과 같다. "(śo) bhane vihāramukkhye vigatajvarālaye(승원에서 가장 좋은 곳, 열병이 없는 멋진 거처에서)." 아마도 병이 들거나 쇠약해진 사람들을 돌보는 곳 이상이었을 수도 있지만, 열이나 질병이 없는 거처는 일반적으로 쾌적한 환경을 의미한다. 또한 여기에서 언급하는 열병은 정신적 고통일 수도 있고 말라리아를 포함해서 『아타르바베다』 시대부터 인도인들이 가장 두려워했던 발열성 질환일 수도 있다.[41]

5세기 중국의 불교 순례자 법현(法顯)은 빠딸리뿌뜨라(Pāṭaliputra)의 바이샤(vaiśya) 가문 수장들이 구제와 의료를 베푸는 시설(福德醫藥舍)을 설립했다고 전한다. 궁핍한 자, 극빈자, 불구자, 절름발이, 병자가 여기에 와서 온갖 종류의 도움을 받았다. 의사는 그들의 병을 돌보고 필요한 음식과 탕약을 주어 편안하게 해 주었으며 회복 후 그들은 떠났다.[42] 법현이 본 시설은 아마 빠딸리뿌뜨라의 불교 승원에 속한 요양원(ārogyavihāra, 건강을 주는 전당)이었을 것이다. 이는 꿈라하르(Kumrahār) 발굴 과정에서 발견되었다. 300~450년 무렵의 건물이고 다양한 크기의 방 4개가 있으며 벽은 구운 벽돌로, 바닥은 벽돌 콘크리트로 되어 있다. 출토물 중에는 나무(보리수?)를 새긴 인장(印章)이 하나 있는데, 인장 각 면에는 소라껍질이 부착되어 있다. 인장 아래쪽에는 '상가의 상서로운 요양원에서(śrī ārogyavihāre bhikṣusaṅghasya)'라고 쓰여 있다. 같은 곳에서 출토된 두 개의 항아리 조각에도 글자가 새겨져 있는데, 각각 '요양원에서((ā)rogyavihāre)'와 '단반따리의((dha)nvantareḥ)'라 쓰여 있다. 후자는 아마 요양원에 부착된 의사의 직함일 것인데, 『수슈루따상히따』를 전한 단반따리 신의 외과 전통에 따라 의료를 행하였을 것이다.[43] 네팔의 불교 유적지 중 하나인 까트만두(Kāthmandu) 근처의 렐레(Lele)에 있는 돌기둥에 604년 새겨진 비문에는 왕이 요양소(ārogyaśālā, 건강의 집)를 위해 땅을 기증했다는 내용이 있다.[44] 바라나시(Banāras) 근처의 사르나트(Sarnāth)에 있는 승원 터에서는 막자 사발과 막자가 발굴되었는데, 승원의 건물이 8~9세기에 환자를 돌보거나 치료하는 데 사용되었음을 보여준다.[45]

10세기까지 힌두 종교 센터도 의학을 종교 생활에 통합하였으며, 환자와 극빈자를 돌보는 시설을 마련했다. 벵갈(Bengal) 동남쪽에 있는 약 930년경의 동판 비문에는 슈리짠드라(Śrīcandra) 왕의 기부금에 대한 언급이 있다. 두 개의 힌두 승원 시설(maṭha), 즉 브라흐만교 종교 기관과 교육 기관에 각각 의사를 배치하기 위한 기부금에 관한 것이었다. 인도 남부의 안드라 쁘라데쉬에 있는 말까뿌람(Malkapuram) 돌기둥 비문에는 1261~1262년에 비슈베슈바라 아짜르야(Viśveśvara Ācārya)가 힌두교 승원의 부속 대학에 기부금을 증여했다고 기록되어 있다. 대학에는 산부인과 병실(prasūtiśālā), 요양소(ārogyaśālā), 비쁘라사뜨라(viprasattra)가 있었다. 비쁘라사뜨라는 의사(vaidya)가 상주하며 카스트에 관계없이 누구든지 음식을 제공받을 수 있는 곳이었다.[46]

따밀나두(Tamilnādu), 띠르묵꾸달(Tirumukkūḍal)에 있는 벤까떼샤 뻬르말(Venkaṭeśa-Perumāl) 비슈누(Viṣṇu) 사원에는 따밀어로 된 11세기(1069년)의 중요한 비문이 있는데, 이를 통해 사원 부속 병원에 대해 자세히 알 수 있다. 비문의 기록에는 병원의 유지비, 의약품 재고, 입원환자를 위한 병상 수, 의료진(간호사, 의사, 외과의사, 조제사)과 그 외 고용인(세탁부, 도공, 환자 시중을 드는 사람)의 임금이 기술되어 있다.[47] 마지막으로 타밀나두, 슈리랑감(Śrīraṅgam)의 랑가나트(Raṅganāth) 힌두 사원에 있는 15세기 후반(1493년)의 따밀어 비문에는 요양소(ārogyaśālā)의 복구와 단반따리 신전의 설치에 대한 지원이 언급되어 있다. 이 요양소는 원래 11~12세기에 만들어졌던 것 같다.[48]

불교 승원의 의료 시설을 본받아 후대에 힌두 종교 센터도 병자와 빈자들에게 의료와 구호를 제공하는 시설을 만들었다. 1200년 이후 인도에서 불교가 사라지면서 이런 힌두 기관이 결국 불교 승원이 제공하던 의료서비스의 책임을 떠맡게 되었을 것이다. 고대 인도의 진료소와 병원에 대한 연구가 더 진행되면 다른 종교들이 구호가 필요한 자, 병든 자에 대한 의료와 돌봄에 관여하게 된 과정이 밝혀질 것이다. 또한 인도 의학사에서 종교 센터가 일반적으로 했던 역할도 밝혀질 것이다.

의학교육과 승원

초기불교 상가의 독특한 계율 체계는 의학 지식을 체계화했고 의승의 발전을 이끌었다. 의승은 도반 승려와 재가 신도를 치료했고, 재가자들이 설립하고 지원한 특별한 승원 건물이나 시설에서 병자를 돌보는 일도 하게 되었다. 불교가 의학에 관여한 것은 기원후 초기에 불교 승원에서 의학 교육을 행하는 계기가 되었다.

고대 인도의 초기 교육 중심지 중에서는 딱실라(Taxila)가 가장 잘 알려져 있다. 재가 불교도 의사로 유명한 지바까 꼬마라밧짜는 딱실라에서 어떤 의사의 도제로 7년 동안 의학 교육을 받았다고 전해진다. 산스끄리뜨어 및 티베트어 자료에 의하면 그 의사는 『짜라까상히따』의 기초가 되는 가르침을 펼쳤다고 전해지는 반(半)전설적인 인물 아뜨레야(Ātreya)이다.[49] 또한 『까마자따까』(Kāmajātaka, 467)는 바라나시의 어떤 왕에 대해 이야기하는데, 그는 딱실라에서 의학을 포함하여 학문 전 분야를 섭렵한 보살에게 치료를 받았다고 한다.[50] 기원후 초기에 딱실라는 의학뿐만 아니라 기예나 과학, 그리고 전통적인 브라흐만교의 학문을 학습하는 데 있어서도 가장 중심지였다.[51] 북서부 꾸샨(Kuṣāṇa) 왕조의 왕들이 통치하던 시기(1~3세기)에 딱실라는 불교가 번성한 지역이었다. 고고학자의 발굴조사에 의하면 쿠샨 왕조 초기부터 5세기에 훈족이 침략할 때까지 딱실라에는 불교 승원 시설이 존재했다.[52] 그렇기에 딱실라는 의학 교육과 불교 승원 제도가 공생의 관계를 영위하기에 안성맞춤인 장소였다.

남부의 나가르주나꼰다(Nāgārjonikoṇḍa)에서 기원후 초기에 의학 교육은 불교 승원의 교과 과정 일부였던 것 같다. 몇몇 전문가들은 승원의 회복실 옆에 교실로 보이는 방이 있었다고 한다.[53] 회복실 근처에 있었던 것으로 보아 의학의 실천과 이론 교육이 서로 긴밀하게 연결되어 행해졌던 것 같다.

대규모 승원(mahāvihāra)의 '대학'이 전성기를 맞이한 것은 아마도 굽따 왕조가 끝날 무렵(6세기 중반)부터였을 것이다. 중국의 불교 순례자 현장(인도 체류 기간 629~645년)은 7세기 초반 나란다(Nālandā)의 승원에 학자들에게 배우려는 학생들이 각지에서 왔다고 전한다. 승원에서 공부하려면 우선 신구 학문을 충분히 배우고 지적인 토론에 참여할 준비가 되어 있어야 했다.[54] 현장은 나란다의 전형적인 교과 과정이 대승불교와 18종 불교 부파의 저술 등을 학습하고 베다, 논리학, 문법 및 언어학, 의학, 『아타르바베다』의 주술, 상캬(Sāṃkhya) 철학과 그 외 다양한 문헌들도 학습하는 것으로 이루어진다고 설명한다.[55] 또한 논리학(Hetuvidyā, 因明)부터 의학(cikitsāvidyā, 醫方明)까지 3가지 학문은 인도의 전통적인 교과 과정인 5가지 학문(vidyā, 五明: 因明, 聲明, 醫方明, 工巧明, 內明) 중 일부이기도 하다. 현장은 학생들이 이 5과목을 불교 논서들(śāstra)과 함께 7세부터 배운다고 말한다. 의학과 관련해서는 악령 퇴치의 주문, 의약품, 약석(藥石)과 침, 뜸이 포함된다.[56] 브라흐만들은 4가지 베다를 배운다. 첫 번째는 『아유르베다』(Āyurveda, 생명학)인데, 양생과 체질 관리와 관련된 것이다. 그다음은 『야쥬르베다』(Yajurveda, 제사)와 『사마베다』(Sāmaveda, 음율)이고 마지막은 『아타르바베다』(Atharvaveda, 기술)이다. 『아타르바베다』는 다양한 전문 기술, 주문, 의학과 관련된 것이다.[57] 전통적인 브라흐만교의 4베다에는 『아유르베다』 대신에 『리그베다』(Ṛgveda), 즉 성스러운 찬가가 포함된다. 『아유르베다』와 『아타르바베다』가 둘 다 브라흐만교 문헌에 포함되었다는 것은 이미 정통 브라흐만교 체계에 일종의 사이비 전통이 통합되었다는 것을 의미한다. 이러한 일은 굽따 시대의 브라흐만교 부흥 과정과 동시에 일어났다. 그래서 치유와 관련된 의학과 주술이 이제 정통 사회의 상위 계급이 학습해야 할 분야로 받아들여지게 되었다. 인도의 의료 행위 중 특정 형태가 중국인 불교 순례자에게 전통적인 중국의 치료술과 동일해 보였던 것은 주목할 일이다.

7세기 후반, 또 다른 중국인 불교 순례자 의정(義浄)은 인도의 여러 불교 승원을 방문하였다. 그도 역시 5가지 학문의 학습을 언급하며, 의학은 8과목, 고풍스러운 표현으로는 8지(八支, aṣṭāṅga)로 구성된다고 설명한다.

> 제1지는 모든 종류의 상처에 대한 치료이다. 제2지는 목 위쪽의 질병에 놓는 침술이다. 제3지는 신체의 질병, 제4지는 악령에 의한 병, 제5지는 아가다(Agada) 약, 즉 해독제, 제6지는 소아의 질병, 제7지는 장수하는 법, 제8지는 몸과 다리를 강건하게 하는 법이다.[58]

여기에서 침술은 샬야(śalya)를 가리키는데, 눈, 귀, 코, 목의 수술에 끝이 뾰족한 도구를 사용하는 의학 분과이다. 이어서 의정은 인도의 의약물, 특정 약 치료법, 약 투여 규칙, 유해한 약물 치료의 회피 등을 당시 중국에서 행하던 의술과 비교한다.[59] 7세기 중반까지 의학 지식은 하나의 체계로 성문화되어 고전 의학서에 남겨졌으며, 불교 승원 '대학'에서 가르치는 교과 과정에 5가지 학문의 하나로 제대로 자리를 잡았다.

5가지 학문으로 이루어진 교과 과정은 14세기까지 티베트 불교 승원 교육에서 필수였다. 이는 인도의 대승원(mahāvihāra)이 소멸되기 전에 전래받았던 것이다. 티베트의 불교 역사학자 부뙨(Bu-ston)에 의하면 의학 교육에 사용된 주요 문헌 중 하나는 바그바따(Vāgbhaṭa)의 『아쉬땅가흐리다야상히따』(Aṣṭāṅgahṛdayasaṃhitā)였는데, 산스끄리뜨어에서 티베트어로 번역된 것이다. 부뙨은 "의학에 관한 연구를 말하자면"이라고 하면서 다음과 같이 서술한다.

> 그들은 4가지 (주제), 즉 질병, 병인, … 질병 해독제로서의 약, 치료법을 가르친다. 신체, 소아, 악령, 신체, 상반신, 화살, (짐승의) 송곳니, 노인의 성욕. 이것들을 8부분이라고 한다. 그래서 이것들을 8가지 (항목으로) 만들었으니 임산부, 유아, 악령에 의한 병, 신체, 즉 몸통 내부, 상반신, 즉 머리, 화살에 의한 상처, 짐승의 송곳니에 물린 상처, 왕도마뱀에 의한 것이다. 이것들은 『아쉬땅가(흐리다야상히따)』에서 가르친 것과 유사하다.[60]

초기에 의학은 고행에 기반한 종교 운동, 그중 일부가 불교로 알려지게 된 운동의 일부였다. 의학은 인도에서 상가 및 불교 승원과 함께 발전했고, 불교 문헌의 일부로서 체계화되었다. 이렇게 해서 의승을 탄생시켰으며 이후 불교 승원에서 의료 시설이 발달하게 되는 기반을 마련해 주었고, 마침내는 불교 승원 대학의 기본 교과 과정에 포함되었다. 불교가 아시아의 다른 지역에 퍼지기 시작했을 때 승원의 의료 기관과 의료 행위는 이 종교 체계의 필수 부분으로서 함께 전해졌다. 아유르베다 전통은 초기의 조직화와 보존, 이후의 전승에 있어서 불교 고행승과 그들의 승원 제도에 상당 부분 빚지고 있다.

제4장

불교와 함께 아시아 전역으로 전파된 인도 의학

불교 문헌을 통해 의학의 중요성과 불교 내 다양한 치유 형태의 혼재, 그리고 티베트, 중앙아시아, 동아시아, 동남아시아로의 인도 의학의 전파를 확인할 수 있다. 스리랑카와 동남아시아 서쪽 지역은 대체로 빨리 문헌의 교설에 기반한 테라바다(Theravāda) 불교가 우세했지만, 그 외의 지역은 대승불교가 지배적이었다. 대승불교는 중앙아시아 무역로를 따라 인도에서 중국으로 1세기까지 전해졌으며, 8세기에는 티베트의 공식 종교가 되었다. 대승불교는 자비심으로 행동하는 보살을 이상적인 존재로 본다. 보살은 열반에 드는 것도 미루고 중생이 영적으로 성장하여 종국에는 윤회에서 벗어나도록 돕는 존재로서, 그의 치유 방식은 모든 이들의 구제를 위해 헌신하는 것이다.[1]

그래도 대승불교 승원의 의학설은 현존 율에서도 알 수 있듯이 기본적으로 빨리 율의 것과 마찬가지이다. 하지만 후대의 율 외 불교 문헌에 나타난 의학 관련 내용에는 각 종파의 관심사나 토착 의료의 영향이 보인다. 그중에서도 눈에 띄는 것은 밀교와 결부된 주술-종교적 치유로서 주술적인 말과 주문을 읊고, 효험이 있는 약초를 사용하며 치유의 보살을 숭배하는 의례와 의식을 행하는 것이다. 몇몇 대승불교 초기 문헌들에는 보호 주문인 다라니(dhāraṇī)와 만뜨라가 나타난다. 이것들은 짧으면서도 암송하기 좋은 주술문이며, 특정 목적을 위해 올바른 용법을 전수받은 사람만이 주술 의례에서 사용한다.

주술 치유는 아마도 6세기 이후 북인도 불교 승원에서 연구한 딴뜨리즘, 즉 밀교의 영향이 클 것이다. 그러나 실천으로서의 밀교가 완전히 개화한 것은 티베트 불교의 만뜨라야나(Mantrayāna, 眞言乘)나 바즈라야나(Vajrayāna, 金剛乘)에서였다. 딴뜨라는 무엇보다도 질병을 낫게 하고 악령의 공격을 막으며 죽음을 피하는 주술력의 획득에 대해 설명한다. 이러한 비술은 이미 토착 종교의 관행에, 그리고 불교와 유사한 면이 있는 뵌교(Bonpo)에 기울어져 있던 민중의 마음을 사로잡았다. 불교 승려들은 주술력을 발휘하여 초인간적인 힘을 다루는 의식을 행해주기를 원하는 신도들을 심복시킬 수 있었다. 승려들은 혼을 조종하여 윤회의 정상적인 과정을 바꾸고 까르마(karma, 業)의 영향을 뒤집었다. 이런 식으로 주술 치료는 티베트 불교의 필수 부분이 되었다.[2] 또한 치유의 붓다와 보살에 바치는 의례는 중앙아시아에서 중국으로 불교 의술이 전파되면서 새롭게 생겨난 발전 양상이었다. 주술-종교적 치유술이 담긴 문헌과 함께 인도 아유르베다에 있는 경험-합리적 의학의 원리와 실천도 티베트에 전해졌다. 산스끄리뜨 의학서의 번역이 티베트 대장경의 깐주르(Kanjur)와 딴주르(Tanjur)의 일부로 포함되면서였다.

4장에서는 우선 여러 불교 부파의 율(律, Vinaya)에 나타난 승원의학을 살펴볼 것이다. 그런 후에 의사 지바까 꼬마라밧짜(Jīvaka Komārabhacca)의 전설에 대하여 빨리본, 산스끄리뜨본, 티베트본, 한문본을 비교하겠다. 마지막으로 특정 승단에 속하지 않는 인도, 중앙아시아, 티베트, 중국의 불교문헌에 있는 의학 관련 내용을 고찰할 것이다.

율에 나타난 불교 승원의학의 원형

불교 승원에서 행한 치유 전통의 요체는 『비나야삐따까』의 『마하박가』 몇몇 장(Pāli *khandhaka* Skt. *skandhaka*)의 의료 관련 항목들에 나타난다. 율은 설일체유부(說一切有部, Sarvāstivāda), 법장부(法藏部, Dharmaguptaka), 화지부(化地部, Mahīśāsaka), 대중부(大衆部, Mahāsāṃghika), 근본설일체유부(根本說一切有部, Mūlasarvāstivāda), 상좌부(上座部, Theravāda)의 여섯 부파 율이 현존한다. 설일체유부, 법장부, 화지부, 대중부 율은 한문본으로 남아있고, 근본설일체유부 율은 한문본, 티베트본, 그리고 산스끄리뜨본 일부가 남아있다. 상좌부의 율은 빨리본이 남아있다. 에리히 프라우발너(Erich Frauwallner)는 현존하는 각 부파 율의 모든 장들을 조사하여, 불교 승원의학과 인도 의학이 인도를 넘어 다른 아시아 지역으로 확산하는 과정을 파악하는 데 유용한 정보가 많이 담긴 연구를 제시했다. 그는 일반적으로 율의 내용은 거기에 삽입된 전설을 포함하여 모든 판본이 유사하다고 결론 내렸다.[3] 각 부파 판본들 사이의 소소한 차이는 아마 구전 과정에서 생겼을 것이다. 프라우발너는 "그러므로 우리는 여러 율이 유래한 공통의 원형을 인정해야 한다."라고 말한다.[4] 그가 생각하기에 몇 개의 장들이 포함된 율의 최고층(最古層)은 "바이샬리(Vaiśālī)에서의 제2차 결집 직전이나 이후, 즉 기원전 4세기 전반에 편찬되었을 것이다."[5] 「의약의 장」(Pāli *Bhesajjakkandhaka*, Skt. *Bhaiṣajyavastu*, 藥犍度)

은 율에서 가장 오래되었으면서도 가장 원형에 가까운 부분으로서 불교 승원의학의 초기 형태를 보여준다.[6]

각 부파 율의 판본을 비교하면, 열거된 의약물, 즉 5가지 기본약이라든가 실질적인 음식으로 간주되지 않는 약들이 기본적으로 일치한다. 비인(非人)병이나 치루에 대한 기술도 일관성이 있다. 그러나 붓다가 허용한 개별적 치료를 기록한 전설은 판본에 따라 차이가 난다.[7] 인도의 초기불교 상가에서 형성되고 확립된 의학 체계는 불교 포교사와 순례자들에 의해 거의 원형에 가까운 형태로 아시아의 다른 지역으로 전해졌다.

지바까 전설의 판본 비교-원형 및 후대의 추가

인기 있는 불교 전설인 의사 지바까 꼬마라밧짜 이야기는 율에서도 최고층의 장(章)에 나온다. 이 전설은 고대 인도의 일반적인 의학 현황은 물론 불교 승려들 사이에 유포된 특정 민간의료를 알려준다는 점에서 중요하다. 게다가 빨리본, 산스끄리뜨본, 티베트본, 한문본 4가지를 비교하면, 의학 지식이 전달되어 불교문헌의 일부로 편입되고, 원래의 이야기가 지역과 교리의 영향에 따라 달라지는 일반적 패턴을 알 수 있다. 현존하는 가장 오래된 판본인 빨리본에는 고대 인도의 의학 지식과 의료가 반영되어 있다. 산스끄리뜨본, 티베트본, 한문본에는 대승 밀교와 지역적 영향이 나타난다. 이러한 판본에 담긴 이야기는 사실과 허구가 섞인 형태를 취하는데, 각 불교 전통의 신도들 취향에 맞게 이야기가 각색되고 변형된 것이다. 지바까 전설에서 신비적인 부분은 주로 그의 생애 초반과 그가 했던 치료의 주술적이고 기적적인 측면을 다루는 부분에 나타난다. 사실적인 내용은 주로 그의 의료 행위를 기술한 부분에 나타난다.

지바까 이야기는 「의복의 장」(Pāli Cīvarakkhandhaka, Skt. Cīvaravastu, 衣犍度)에 나온다. 화지부 율의 제5장, 법장부 율의 제6장, 설일체유부와 근본설일체유부 율의 제7장, 상좌부 율의 제8장이 이에 해당한다. 대중부 율은 단편적으로만 전해진다.[8] 여기에서 살펴보는 4가지 판본은 상좌부의 빨리본, 근본설일체유부의 산스끄리뜨본과 티베트본, 그리고 율이 아니라 다양한 경전에 들어가 있는 한문본이다. 티베트본은 산스끄리뜨본을 번역한 것으로서 본질적으로 동일하고, 빨리본은 싱할라본과 상당히 유사하다.[9] 일반적으로 판본 내용에 차이를 가져오는 것은 지역 전통과 교리적 경향이었다. 상좌부의 빨리본은 지바까의 생애와 경력의 실제적인 면을 강조한 편이다. 하지만 대승 버전에서는 주술적이고 기적적인 요소를 강조하는 쪽으로 지바까의 생애가 각색되었다. 이런 측면들이 재가 신도들에게 더 호소력이 있었다.

지바까 전설은 탄생과 유아기를 둘러싼 신화로 시작한다. 빨리본은 라자가하(Rājagaha, Skt. Rājagṛha)의 기녀(妓女) 살라바띠(Sālavatī)가 아들을 낳자 노비에게 보내는 것에서 시작한다. 노비는 아이를 키 바구니 속에 넣어 쓰레기 더미에 던져 놓았다. 산스끄리뜨본과 티베트본에서는 라자그리하(Rājagṛha)에서 온 어느 상인의 부도덕한 부인이 빔비사라(Bimbisāra) 왕의 아들을 낳았고, 그 아이를 궤짝에 넣어서 하녀를 시켜 왕국의 문 앞에 놓게 했다. 한문본에서는 한 브라흐만 사제가 키운 암라빨리(Āmrapāli, '망고의 딸'이라는 뜻)라는 신성한 처녀가 빔비사라 왕의 아들을 낳았다. 아이는 침 가방을 손에 쥐고 태어났는데, 이것은 장래에 그가 의사, 더욱이 왕실 의사가 될 운명임을 보여준다. 암라빨리는 아이를 흰 천으로 감싼 후에 왕에게 데려다주라고 하인에게 명했다. 이 이야기에는 토착 의료의 영향이 보이는데, 침술 치료법은 기원전 1세기부터 중국 전통의학의 일부였기 때문이다.[10]

치유자 이야기의 원형을 북인도, 티베트, 중국 불교도의 관심이나 취향에 맞게 각색하는 패턴은 지바까 전설의 다른 부분에도 나타난다. 모든 판본에서 아바야(Abhaya) 왕자가 아이를 데려다 키웠다고 전한다. 빨리본의 설명에 따르면, 아이는 '살아있다'는 의미에서 지바까(Jīvaka, 어근 jīv는 '살다'를 뜻함)라 이름 붙여졌다. 그리고 왕자가 그를 돌보았기에 꼬마라밧짜(Komārabhacca, 왕자에게 키워진)라고 불리게 되었다. 산스끄리뜨본, 티베트본에서 그는 지바까 꾸마라브릿따(Jīvaka Kumārabhṛta, 왕자에게 키워진)라는 이름을 부여받았으며, 한문본에서 그는 기역(祇域, 耆婆)이라고 불린다. 그러나 그의 이름 꼬마라밧짜(Komārabhacca)는 산스끄리뜨어 까우마라브릿뜨야(kaumārabhṛtya)에 해당하는 것일지도 모르는데, 이 산스끄리뜨어는 전통적인 아유르베다에서 산부인과, 소아과 분야를 가리킨다.[11]

의학에 대한 지바까의 관심이나 그가 받았던 의학 교육에 대해서는 판본마다 꽤 차이가 있다. 빨리본에서 지바까는 스스로 생계를 꾸릴 나이가 되자 의술을 배우기로 결심한다. 딱실라에 세계적인 명의가 있다는 이야기를 듣고 지바까는 교육으로 유명한 그 도시로 가서 그의 제자가 된다. 7년간의 의학 공부 후 그는 약초에 관한 지식을 묻는 실기 시험을 치른다. 지바까는 성공리에 시험을 마치고 스승의 축복을 받으며 의료를 행하기 위해 떠났다.

산스끄리뜨본, 티베트본에서 지바까는 기술을 배우고 싶어했다. 그런데 흰옷을 입은 의사를 보고서 의사가 되기로 결심했고 치료술을 공부했다. 의학의 기초를 습득한 후, 그는 딱실라에 사는 의사의 왕 아뜨레야(Ātreya)에게서 천공술을 배워 자신의 의술을 더 심화시키고 싶었다. 그래서 딱실라에 간 지바까는 거기에서 약초에 대한 실기 시험을 치르고 여러 다른 치료도 행했다. 의학 지식이 깊어지자 그는 치료 절차에 대해 스승에게 조언도 할 수 있을 정도가 되었으며, 스승은 그를 존중했다. 이런 일은 지바까가 아뜨레야의 천공술을 지켜보고 있을 때 일어났다. 지바까는 열린 두개골에서 작은 파충류들을 제거할 때 도구를 뜨겁게 달구라고 제안했다. 뜨거운 도구에 닿으면 그것들이 다리를 움츠려서 제거하기가 쉬울 것이라 추론했던 것이다. 아뜨레야는 지바까의 통찰력에 기뻐하며, 그에게 특별한 천공술 기법을 전해주었다. 마침내 지바까는 스승을 떠나 바드랑까라(Bhadraṅkara, 아마도 오늘날 파키스탄의 펀잡(Punjab) 지역에 있는 시알코트(Sialkot) 혹은 사가라(Sagala))라는 도시로 갔고, 거기에서 『모든 생물의 울음소리』(Sarvabhūtaruta)라는 문헌을 학습했다. 여행 도중 그는 마르고 허약한 남자에게서 장작 한 짐을 샀다. 그런데 그 장작더미 속에는 '모든 생물의 청정제(clarifier 혹은 진정제, sarvabhūtaprasādana)'라 불리는 보석(maṇi)이 있었다. 그 보석을 환자 앞에 두면 등불로 집을 밝히듯 환자의 내부가 보이면서 병의 성질이 드러났다. 이 마법의 진단 도구를 손에 넣고서 그는 의사로서의 눈부신 경력을 시작할 준비를 마치게 되었다.

한문본에서 지바까는 태어날 때부터 의사가 될 운명이었다. 그래서 그는 왕위에 대한 모든 권리를 포기하고 의학을 공부했다. 하지만 그는 현지 의사들에게서 받은 교육이 충분하지 않다고 느꼈다. 약초와 처방, 침술, 맥진 교재에는 현지 의사들 지식의 부족함이 드러났다. 하지만 지바까는 이런 것들에 통달했기에 오히려 그들에게 의학의 기본을 가르쳐서 존경을 받았다. 그는 딱실라의 유명한 의사 아뜨리 삥갈라(Ātri Piṅgala, 阿提梨 賓迦羅)에 대한 소문을 듣고 거기로 가서 그에게 의학을 배웠다. 7년간의 공부 후 그는 약초 실기 시험을 보았고 뛰어난 성적으로 합격하였다. 지바까가 떠날 때 스승은 지금은 자신이 인도 최고의 의사이지만 자신의 사후에는 지바까가 그 뒤를 이을 것이라고 말했다. 여행 도중 지바까는 장작을 나르는 한 소년을 만났는데, 소년의 신체 내부가 그에게 보였다. 지바까는 장작더미 안에 틀림없이 약왕(藥王, bhaṣajyarāja)의 나무 조각이 있을 것이라 생각했다. 약왕은 초기 대승문헌에 나오는 치유의 보살이다. 그는 소년에게서 장작을 샀고, 그 안에서 상서로운 작은 나뭇가지를 발견했다. 지바까는 그의 유명한 의료 활동에서 이 나뭇가지를 질병 진단에 사용했다.

지바까의 의학 교육에 대한 다양한 버전은 이야기의 전달 과정에서 중요한 차이가 벌어지는 지점을 보여준다. 불교계에서 인기 있었던 원래의 지바까 이야기가 있었고, 이에 지역적인 변형이 가해져 빨리본, 산스끄리뜨본, 티베트본, 한문본으로 전승되었던 것이다. 전반적으로 지바까 꼬마라밧짜는 고대 인도 유랑 의사의 전형을 보여준다.[12] 빨리본은 이름이 특정되지 않은 딱실라의 저명한 의사에게 가서 배우기 전의 의학 수련에 대해서는 언급하지 않는다. 천공술이라는 특별한 기술을 배우려 했다는 것, 그렇게 해서 그 지식을 습득했다는 것도 말하지 않는다. 또한 『모든 생물의 울음소리』라는 책을 공부하고 엑스레이처럼 신체 내부를 볼 수 있는 상서로운 보석이나 나뭇가지를 얻었다는 것에 대한 언급도 없다. 이에 대해 더 살펴보자. 산스끄리뜨본과 티베트본의 아뜨레야(Ātreya), 한문본의 아뜨리 삥갈라(Atri Piṅgala)는 『짜라까상히따』에 나오는 현인(ṛṣi) 아뜨레야 뿌나르바수를 가리킨 것일 수 있다. 이 현인은 바라드바자에게서 의학 지식을 전수받아 그것을 특히 아그니베샤에게 전했다고 알려진 인물이다. 그러나 장 필리오자는 그들이 동일인이라는 것을 의심한다.[13] 그렇지만 다른 기록들에 의하면, 빨리본에서 이름이 특정되지 않은 그 딱실라의 의사가 바로 아뜨레야였을 가능성도 크다. 『짜라까상히따』의 저자는 두 명의 아뜨레야를 언급한다. 먼저 비구 아뜨레야는 의학 지식을 전수받으려고 히말라야에 모인 현자들 중 그다지 중요하지 않은 인물로서 인간과 그들의 질병이 시간(kāla)의 산물이라고 주장한 자이다.[14] 다른 한 명의 아뜨레야는 뿌나르바수 아뜨레야(Punarvasu Ātreya)인데, 그는 상히따류에서 자주 언급되는 인물로서 의학의 주요 스승이며 『짜라까상히따』와 관련된 의학 전통에서 독보적인 인물이다. 그렇기에 불교 상가와 접촉한 수행자나 의사들에게도 잘 알려져 있었을 것이다. 지바까가 의학을 수련한 장소는 모든 판본에서 딱실라(Taxila, Takṣaśilā)로 말해진다. 딱실라는 고대 인도의 유명한 교육도시였고, 불교도나 힌두교 모두 자주 오간 곳이다. 서구 세계에는 적어도 마케도니아의 알렉산더 시대부터 잘 알려져 있었다.

천공술, 즉 두개골을 여는 기술을 배웠다는 내용은 산스끄리뜨-티베트본에만 보인다. 이 수술법은 비전(祕傳)의 의학 전통에 속했던 것으로 보인다. 이것은 특정 지역에서 실제로 행해진 것이었을 수도 있다. 고고학 기록에 따르면, 구멍이 뚫린 두개골 표본이 까슈미르(Kaśmīr) 부르자홈(Burzahom)의 신석기 유적지에서 발굴되었다. 탄소연대측정법으로 추정해보면 이것은 기원전 1800년 전의 것이다. 파키스탄 서북부의 띠마르가르하(Timargarha)의 두개골 표본은 기원전 9세기에서 기원전 6세기 중반경의 것이다.[15] 종교-의료적인 천공술을 아마도 북인도 및 티베트의 일부 토착민 치유자가 일반적으로 행했을 것이다. 그리고 이것은 그 비전적 의술의 특이성 때문에 성전에서도 비범한 의사의 전설로 전해졌을 가능성이 높다.

『모든 생물의 울음소리』라는 문헌을 학습하고 초자연적인 보석이나 의료용 나뭇가지를 진단 도구로 사용해서 인체 내부를 투시하는 것은 인도 의학에 이질적인 것이다. 대승불교의 주술의학이나 아마도 중국, 즉 도교 의학의 지배적인 경향이 반영되었을 것이다.

『모든 생물의 울음소리』의 장은 대부분이 아직도 원고 형태로 존재하는 초기 천문-점성학(Astral Science) 논서인 『가르기야즈요띠샤』(Gārgīyajyotiṣa)의 징조 부분(42장에 해당)에 있다. 그 가장 초기 부분은 1세기경으로 거슬러 올라갈 수 있다. 여기에서는 주로 길흉을 알리는 새들의 소리가 열거된다. 이 소리들은 위험이나 재난을 예고하는 것이기 때문에 여행자(pathin)에게 중요한 정보이다. 이런 부분은 치유자 지바까의 유랑하며 다니는 특징을 보여주며 의학을 예언과 연결시킨다. 이러한 연관성은 이미 고대 인도의 인간 신체 특징 체계에서 발견되던 것이다.[16] 보석은 아마도 소원을 들어주는 경이로운 여의보주(cintāmaṇi)일 것인데, 보통 문헌적, 도상학적으로 치유의 보살과 관련이 있다.[17]

지바까 전설의 마지막 부분은 그가 여러 장소에서 다양한 사람들의 고통을 치료한 것에 대해 말한다. 빨리본에 나오는 이 치료법들에 대해서는 부록 1에서 고전 아유르베다의학과 관련하여 상세하게 고찰할 것이다. 여기에서는 먼저 4가지 판본에 나오는 치료법을 비교해 보자.

빨리본에서는 6가지 질병과 이것들에 대한 치료법을 말한다.

1. 사께따(Sāketa) 출신 상인의 아내가 7년 동안 앓던 머리 질환을 정제버터와 다른 약들을 사용한 비강요법으로 치료했다.

2. 마가다(Magadha)국 빔비사라(Bimbisāra) 왕의 치루를 손톱으로 연고를 발라 치료했다.
3. 라자가하(Rājagaha) 출신 상인이 7년 동안 앓던 머리 질환을 두개골을 열고 두 마리 생물체를 끄집어내어 치료했다.
4. 바라나시(Vārāṇasī) 출신 상인의 아들이 곡예를 하다가 장이 꼬였는데, 외과 수술로 꼬인 장을 풀고 자연스러운 상태로 회복시켜 치료했다.
5. 웃제니(Ujjenī)의 빳조따(Pajjota) 왕이 병적으로 창백해졌는데, 왕 몰래 정제버터를 써서 치료했다.
6. 붓다의 몸이 도샤로 가득 차서 고생했다. 지바까는 목욕, 연꽃에 뿌린 설사제 흡입, 순한 음식으로 제한된 식이요법으로 구성된 부드러운 하제법(下劑法)으로 붓다를 치료했다.

산스끄리뜨본과 티베트본은 지바까의 치료 사례로 13가지를 든다.
1. 두피에 가려운 상처가 있는 우둠바라(Udumbara) 출신 남자를 마법 보주를 사용해서 머릿속에 있는 지네(śatapadī)가 원인이라 진단하고 아뜨레야에게 배운 천공술로 치료했다.
2. 로히따까(Rohītaka) 지역 남자의 수종증(水腫症)을 무의 씨를 물과 버터밀크(mūlakabījam udaśvinā) 혼합물에 넣어 복용하게 해서 치료했다.
3. 마뚜라(Mathurā) 출신 어떤 씨름꾼의 창자 꼬임(antrāṇi parāvṛttāni)을 마법 보주로 진단하고 몸에 가루를 뿌려 소생시켰다.
4. 마뚜라 출신 어느 여인의 자궁(yoni)에 사별한 남편이 기생충(kṛmi)으로 환생했는데, 신선한 고기로 유인하여 기생충을 몸 밖으로 빼내 치료했다.

5. 바이샬리 출신 어떤 씨름꾼의 안구가 튀어나왔는데, 발뒤꿈치의 힘줄을 당겨 안구를 제자리로 돌려놓았다. 지바까가 이 방법을 생각해낸 것은 야무나(Yamunā)강에서 물고기가 시체의 발뒤꿈치를 뜯어먹자 시체가 눈을 떴다 감았다 하며 미소짓는 얼굴을 하는 것을 보았기 때문이다.
6. 바이샬리 출신 한 남자의 귀에 지네가 기어들어가 700마리나 되는 알을 낳았는데, 북을 치고 땅을 여름인 것처럼 꾸미고 생고기 한 조각을 이용해(4번 사례처럼) 지네를 귀 밖으로 유인해서 치료했다.
7. 라자그리하 출신 어떤 브라만의 눈병(akṣairoga)에 재(bhasman)를 뿌리라고 처방했다.
8. 어떤 남자의 눈병에 한 브라흐만 사제가 7번과 같은 처방을 했으나 실명하고 말았는데, 지바까가 다른 치료법으로 낫게 했다. 지바까는 두 사람의 기본 성질이 달라서 다른 치료가 필요하다고 설명했다.
9. 빔비사라 왕의 정수리에 종기(piṭaka)가 생겼다. 지바까는 먼저 왕에게 목욕하라고 시킨 뒤, 다음으로 아말라까(āmalaka, 인도 구스베리) 및 숙성약(pāccanīyāni dravyāni)을 주입한 500항아리의 물을 종기에 붓고 면도칼(kṣura)로 곪은 종기를 절개하고 마지막으로 상처 봉합약(rohaṇīyāni dravyānī)이 든 5항아리의 물을 부었다. 상처가 아물고 왕이 회복되자 지바까는 의사들의 왕으로 임명되었다.
10. 라자그리하 출신 한 장자(長者)에게 내부 종양(gulma)이 생겼으나 그 지역의 의사는 고치지 못했다. 지바까는 그 남자에게 치료법을 찾기 어렵다고 하며, 알고는 있었지만 한 번도 써보지 않은 비방을 따르게 했다. 먼저 남자에게 죽을 작정으로 묘지(śmaśāna)에 가라고 했다. 배고픔으로 남자는 화장용 장작으로 태운 이집트몽구

스(babhru-ichneumon)와 왕도마뱀(candana-varan)을 먹고 묘지의 빗물을 마셨다. 그 후 근처의 소 우리에서 코드라(kodrava) 죽(odana)과 마티따(mathita, 버터밀크와 물을 3 : 1로 섞은 것)를 마셨다. 체내의 종양이 터져 위아래로 배출되면서 남자는 치료되었다.

11. 왕의 계모인 바이데히(Vaidehī) 부인의 생식기 부위에 종기(piṭaka)가 났다. 지바까는 우선 습포제(piṇḍa) 위에 앉게 해서 종기의 정확한 위치를 알아냈다. 그리고 숙성약을 도포하고 칼(śastra)을 숨긴 습포제에 여러 번 앉게 해서 종기를 몰래 절개했다. 그런 후에 상처 봉합 약이 들어간 수렴수(kaṣāyāmbhas)로 벌어진 종기를 깨끗이 씻었다. 마지막으로 봉합 약을 상처에 직접 도포했다. 이 치료로 지바까는 두 번째로 의사들의 왕에 임명되었다.
12. 마가다국 빔비사라 왕의 아들 아자따샤뚜르(Ajātaśatru) 왕에게 생긴 내부 종양을 치료했다. 지바까는 왕이 이전에 아들 우다이바드라(Udāyibhadra)의 살을 먹어본 적이 있다고 믿게 했다. 이것이 왕을 내적으로 격분케 했고 종양이 사라졌다. 이 치료로 지바까는 세 번째로 의사들의 왕에 임명되었다.
13. 추운 산악 기후로 인해 붓다에게 콧물(abhiṣyandaṃ glānam) 증상이 생겼고, 지바까는 설사제(sraṃsanīyair dravyair)가 스며든 32개의 연꽃(utpala) 냄새를 맡는 방식의 부드러운 하제법으로 치료했다. 이렇게 해서 4종의 도샤, 즉 풀렸지만 흐르지 않는 것, 흐르지만 풀리지 않는 것, 풀렸고 흐르는 것, 풀리지도 않고 흐르지도 않는 것을 배출시킨 것이다. 그다음 지바까는 붓다에게 황색 미로발란(myrobalan, harītakī)을 당밀(guḍa)과 함께 먹고 규칙적으로 크림(maṇḍa)을 섭취하도록 권했다. 붓다는 그의 지시대로 해서 치료되었다.[18]

이 지바까 전설에는 근본설일체유부(Mūlasarvāstivāda) 율인 『비나야꾸수드라까』(Vinayakṣudraka)에 기록된 짠다 쁘라드요가(Caṇḍa Pradyoga) 왕의 불면증을 정제버터를 몰래 사용해서 치료했다는 사례가 포함되어 있지 않다.[19]

한문본에는 지바까가 진찰하여 치료한 6가지 사례가 나온다.

1. 사께따(Sāketa) 출신 여성의 12년 된 머리 질환을 버터에 볶은 약을 사용한 비강요법으로 치료했다.
2. 까우샴비(Kauśāmbī) 귀족의 장 꼬임을 수술로 꼬인 것을 풀고 정상 상태로 돌려놓아 치료했다.
3. 어떤 장자의 15세 딸이 머리 질환을 앓다가 결혼식 날 죽어버렸다. 부친에게 물어서 지바까는 그의 딸이 어릴 때부터 계속 병을 앓아 왔다는 것을 알았다. 그는 마법의 약왕수(藥王樹) 나뭇가지를 사용해서 여러 생물체가 그 딸의 뇌를 좀먹고 있다고 진단했다. 그는 금칼로 그 소녀의 두개골을 열어 생물체를 제거한 후, 다시 두개골을 닫고 상처에 3종류의 신비한 기름을 도포했다. 7일이 지난 후, 그 소녀는 소생하고 치유되었다.
4. 바이샬리 출신 한 장자의 아들이 전쟁 놀이를 하다가 쓰러져 죽었다. 지바까는 마법 나뭇가지로 소년의 배를 진찰한 뒤, 그의 간이 안쪽으로 뒤집혀 기(氣, vital air)가 안 통해 죽은 것이라고 진단했다. 지바까가 금칼로 배를 열고 손을 복강에 넣어 간을 제 위치로 놓자 기능이 정상으로 돌아왔다. 그는 3종류의 신비한 기름을 상처에 발랐다. 사흘 후 소년은 완전히 건강을 회복했다.
5. 라자그리하에서 8,000리 떨어진 곳에 사는 남쪽의 어느 왕(Prayota)이 발작성 분노에 휩싸였다. 왕은 종종 격노로 수많은 사람들을 처

형했다. 발작이 일어나는 동안 왕은 숨이 가빠지고 질식 상태에 빠졌으며 몸은 불타는 것처럼 뜨거워졌다. 이 사악한 왕을 치료해야 할지 말아야 할지 지바까는 붓다와 상의했다. 붓다는 지바까에게 그와 자신이 전생에 사람들을 치유해 주기로 서약했다고 알려줬다. 붓다는 마음의 병을, 지바까는 몸의 병을 치유해 주겠다고 서약했다는 것이었다. 왕의 맥박을 재고 그 몸을 마법의 나뭇가지로 비추어본 후에, 지바까는 뱀독이 왕의 몸에 들어가서 내장과 혈관, 호흡이 제기능을 하지 못하게 된 것이라고 진찰했다. 치료법을 알아내기 위해 지바까는 왕의 어머니와 이야기를 나누어 결코 누설해서는 안 되는 비밀을 알아냈다. 왕의 어머니는 꿈에서 지바까에게 필수적인 정보를 알려주었는데,[20] 왕이 큰 구렁이의 자식이며 적절한 치료약은 정제버터이지만 왕이 그것을 질색하며 싫어한다는 것이었다. 지바까는 버터를 달여 정제버터 맛이 안 나게 만들어서 왕에게 복용을 권했다. 자신이 무엇을 먹는지 왕이 깨닫기도 전에 지바까는 도망쳤다. 잡으러 쫓아온 왕의 부하에게서도 빠져나갔다. 마침내 왕은 회복되었고 그동안의 모든 악행을 씻고 붓다에게서 법(dharma)을 받는 것으로 지바까에게 보답했다. 이번 치료의 대가로 지바까가 요구한 것은 그것뿐이었다.

6. 붓다가 식은땀을 흘리는 병에 걸렸다. 지바까는 가벼운 설사제를 처방했다. 푸른 연꽃에서 채취한 특별한 약용 꽃가루를 흡입시키고 따뜻한 물을 마시도록 했다. 그러자 붓다는 설사를 30번 했다. 그런 후에 붓다는 지바까가 준비한 부드러운 쌀, 귀리죽, 국을 정해진 양만큼 섭취했고 완전히 나았다.[21]

지바까 전설의 각 판본을 비교하면 두드러지게 치료 사례의 수에 차이가 난다. 인물명과 장소, 구체적인 개별 치료법에 차이가 나는데, 지역의 특수성이나 토착 문화의 영향, 교리적 특이성이 반영된 것이다. 모든 판본들에는 두개골을 여는 수술, 즉 천공술로 통증을 유발하는 생물체를 끄집어냈다는 사례가 들어가 있다. 마찬가지로 창자가 엉킨 것이나 장 꼬임을 일종의 개복술로 치료했다는 것과 빳조따(Pajjota, Skt. Prayota) 왕을 몰래 정제버터를 사용해서 치료했다는 것도 공통적으로 4가지 판본에 나타난다. 그러나 산스끄리뜨본과 티베트본은 수술을 특별히 강조하며, 많은 치료가 인도 아유르베다의학의 영향을 연상시킨다. 산스끄리뜨본, 티베트본, 한문본 모두 개복술이 필요한 병이 두 번 나타나며, 밀교의 영향으로 보이는 주술 의학의 모습도 분명히 보인다. 게다가 산스끄리뜨본과 티베트본의 붓다에 대한 지바까의 치료에서는 특정 지역 및 교리의 영향이 강조된다. 붓다의 질병이 정확히 무엇인지에 대해서는 판본들에 차이가 있다. 빨리본에서는 도샤의 불균형, 한문본에서는 식은땀, 산스끄리뜨본과 티베트본에서는 일종의 감기 또는 독감으로서 콧물 증상이다. 빨리본과 비교했을 때, 산스끄리뜨본과 티베트본에서는 북방 산악지대의 추운 기후가 붓다가 병을 앓게 된 주요 외적 요인이라고 한다. 또한 내적 요인으로 도샤와 관련된 4가지 구분을 언급한다. 추운 기후와의 연관성은 한문본에서는 단지 암시만 되어 있다. 대승 의학설의 특징은 3가지 도샤가 아니라 4가지 체액설이 우세하다는 것이다.[22]

여러 전문가들이 참여하여 다양한 판본의 율에 있는 의학에 관한 장을 비교한다면, 포교를 통해 의학 지식이 전달되는 것과 특히 아시아의 불교 승단에서 의학이 어떠한 역할을 했는지 더 잘 이해할 수 있게 될 것이다.

특정 승단에 속하지 않는 불전에 나타난 의학 지식

주술-종교적 의학과 경험-합리적 의학 두 가지 치유 패러다임의 결합은 지바까 전설과 초기 슈라마나 전통에서 확인할 수 있었다. 이는 율외의 후대 불교 문헌에서도 분명하게 보인다. 다양한 불교 전통의 문헌에서 경험-합리적 의학은 중요한 위치를 차지하지만, 주술-종교적 의학도 이와 동급으로 공존한다. 두 치유 유형 모두 지역에 따른 변화가 분명하다. 인도 불전이 동아시아, 중앙아시아 언어로 다양하게 번역된 것은 기원후 2세기 한문으로 번역되면서부터였다. 7세기에는 산스끄리뜨어에서 티베트어로의 번역이 시작되었고, 8세기 말부터 10세기까지는 한문에서 티베트어로의 번역 혹은 그 반대로의 번역도 많이 행해졌다. 코탄어(Khotanese) 번역이 최고조에 이른 것도 이 시기이다. 아래에서는 산스끄리뜨어, 코탄어, 티베트어, 한문 불전에 나타난 의학 자료를 통해 불교도들이 치유술에 부단히 개입하면서 활용한 의료를 보여주고, 포교를 통해 인도 의학 지식이 전달되는 특정 양상을 밝히겠다.

이와 함께 독자들은 피어스 살구에로(C. Pierce Salguero)가 최근에 수집한 다양한 불교 전통의 의학 자료와 번역을 참고할 필요가 있다. 이는 전파된 모든 형태의 불교에서 의학과 치유가 중요했음을 여실히 보여준다. 종종 순수한 인도 의학의 체계가 현지 전통에 가려 잘 드러나지 않기도 하지만, 대부분의 경우 인도에서 유래한 것이 분명하게 드러난다. 이러한 사례들은 실제 행해진 의류를 언급하거나 불교 주제와 관련된 이야기와 시에서 의료를 언급하는 형태를 취한다.[23]

산스끄리뜨어 자료

『수바르나쁘라바사수뜨라』(Suvarṇaprabhāsasūtra, 金光明經)는 의학 관련 내용이 포함된 산스끄리뜨 불전이다. 이 문헌은 기원후 4세기 전반의 것으로 추정된다. 5세기에 다르마끄세마(Dharmakṣema, 曇無讖)가 한역했고, 이후 7세기 말 혹은 8세기 초에 의정(義淨)이 다시 한역했다.[24] 티베트어, 위그르어(Uighur), 몽골어, 소그드어(Sogdian), 서하어(Tangut), 코탄어 번역도 존재한다. 단편적으로 남아 있는 코탄어 번역만 산스끄리뜨 문헌과 매우 유사하며 나머지는 의정의 한역을 기반으로 한다.[25] 사라스바띠(Sarasvatī, 辯才天)를 다룬 제6장[26]에서는 주술-종교적 의학의 요소들을 반영한 주문, 의약, 그 외 주술과 결합한 목욕법에 대한 설명이 나온다. 질병 치료를 주제로 하는 제16장[27]에서는 아유르베다의학의 개요가 등장한다. 여기에서는 3가지 도샤(바람, 담즙, 점액)에 기반한 병인론과 계절의 변화에 따른 장애, 도샤와 계절 두 인자와 개인의 특성에 기반한 치료에 중점을 둔다. 이 장은 고전 아유르베다 문헌에서 볼 수 있는 경험-합리적 의학의 좋은 예이다.

바우어(Bower) 사본도 의학 관련 내용이 풍부하게 담긴 산스끄리뜨 불전이다. 이 사본은 1890년 영국의 바우어 대위가 동부 투르키스탄(Turkestān)의 주요 오아시스와 정착지 쿠차(Kucher)에서 발견한 것이다. 믿을 만한 추정에 의하면 사본의 성립 시기는 기원후 4세기에서 6세기이다.[28] 사본의 여러 부분에 의학 관련 내용이 나온다. 그중 가장 포괄적인 부분은 「나바니따까」(Nāvanītaka)라는 절인데, 여기에는 치료해야 할 질병들과 이에 대한 생버터 기반의 처방들이 나온다. 이것은 기본적으로 처방 지침서이며 의학에 대해 학문적으로가 아니라 실용적으로 접근한 것이다.

산스끄리뜨 불전 『삿다르마뿐다리까수뜨라』(Saddharmapuṇḍarīkasūtra, 妙法蓮華經)의 처음 22장은 아마 서기 100년 이전에 이미 존재했을 것인데, 이 경전을 통해 치유의 보살, 즉 약왕(藥王, Bhaiṣajyarāja) 보살과 약상(藥上, Bhaiṣajyasamudgata) 보살의 이미지가 탄생했다.[29] 둘 다 훗날 중국에서 큰 인기를 끌었다. 그들의 명호나 그들이 언명한 다라니를 외움으로써 신도들은 건강과 장수 및 수많은 이익을 보장받게 된다. 약왕보살은 최고의 치유 보살인 약사(藥師, Bhaiṣajyaguru)를 탄생시켰다. 약사는 수많은 대승문헌에 등장하며 경전 하나가 통째로 그에 대한 것인 『약사경』(藥師經, Bhaiṣajyagurusūtra)도 있다. 약사보살은 결국 약사불의 지위에 오르며 동아시아 대승불교에서 수많은 신도들을 거느리게 된다. 『삿다르마뿐다리까수뜨라』에서 치유의 보살인 약왕보살은 붓다의 교법 설파가 본연의 임무이며, 그런 목적으로 붓다가 그를 특별히 지목하였다. 제22장 전생의 자기희생 일화에서 지극히 자비로운 그의 본성이 묘사되는데, 치유자에게 필요한 이기심 없는 자비를 잘 보여준다.[30] 훗날 특히 동아시아에서 치유의 붓다가 지닌 주요 역할은 영적 성장을 방해하고 깨달음을 막는 지적 결핍을 치유하고, 이런 장애들을 극복하도록 다른 사람들을 돕는 것이다. 또한 치유의 붓다는 여전히 육체적 질병의 제거와 치유를 위해 기도하는 대상이기도 했다.

치유의 붓다인 약사불은 아마도 약왕보살 숭배와 결부된 것으로 보인다. 약왕보살은 서기 3세기에 중앙아시아 혹은 까슈미르에서 기원했거나 적어도 숭배의 대상이 되었고, 4세기에는 이미 중국에서 중요한 붓다였다. 그에게 바쳐진 『약사경』은 중앙아시아에서 서기 7세기쯤 인기를 얻었다.[31] 경전에 나오는 12가지 서원은 치유의 붓다나 보살의 일반적인 역할을 보여주는 전형적인 예로서 붓다가 되었을 때 실행할 것들이다.

1. 이 세상이 내 몸에서 발하는 광명으로 빛나고, 모든 중생이 나처럼 위대한 인간(mahāpuruṣa)의 상(相)을 얻기를 서원한다.
2. 내 몸이 태양과 달의 밝음을 능가하여 어두운 밤을 밝혀 중생이 쉽게 이동할 수 있게 하도록 서원한다.
3. 내 무한한 지식과 방편이 중생에게 보호와 도움을 주어 어떠한 부족함도 없기를 서원한다.
4. 모든 중생이 대승을 취하여, 잘못된 가르침과 소승을 버리기를 서원한다.
5. 승단에 합류하는 모든 이가 자제력을 가지고 계율을 지키며, 내 이름을 들은 후에는 결코 악한 세상에 태어나지 않기를 서원한다.
6. 신체적 장애가 있는 모든 이들이 내 이름을 듣고 치유되기를 서원한다.
7. 모든 병자들 중에 가난함 때문에 병을 치료할 약을 구할 수 없는 자는 내 이름을 듣고 그 병이 치유되기를 서원한다.
8. 모든 여성이 내 이름을 말함으로써 여성에서 벗어나기를 서원한다.
9. 모든 중생이 나로 인해 잘못된 생각에서 옳은 생각으로, 그리고 보살의 수행으로 전환하기를 서원한다.
10. 왕에 의해 벌을 받게 된 모든 사람이 내 이름을 들을 때 그 고통에서 해방되기를 서원한다.
11. 굶주림 때문에 법도 어기려는 자들이 내 이름을 들을 때 좋은 음식을 얻기를 서원한다.
12. 몸에 걸칠 옷도 없는 모든 이들이 내 이름을 말할 때 멋진 옷을 얻기를 서원한다.[32]

치유의 보살은 대승불교 특유의 것이다. 데이비드 스넬그로브(David Snellgrove)는 이것이 "인도 의학 전통을 책임지는 불성(佛性)의 특별한 현현이며, 일반적으로 불교 문화의 유익한 부분으로서 인도 밖으로 전파되었다."라고 한다.[33] 영적 치유라는 개념이나 신을 달래어 치유하는 행위는 토착적인 주술-종교적 의학 형태가 만연해 있던 서북인도, 중앙아시아, 중국의 의학 사상을 받아들이고 변형시킨 것이다.

코탄어 자료

중앙아시아 언어인 코탄어로 된 의학 문헌도 여럿 존재한다. 대부분은 단편적으로 남아있지만, 문헌 두 개는 온전하며 이에 대응하는 산스끄리뜨 문헌도 존재한다. 코탄어본은 아마 이 산스끄리뜨본을 번역한 것일 것이다.[34] 라비굽따(Ravigupta)의 『싯다사라』(Siddhasāra)는 서기 650년의 것으로 산스끄리뜨어, 코탄어, 티베트어, 위구르어 텍스트가 존재한다. 이것은 아유르베다의 이론과 원리에 기반한 완전한 형태의 의학 지침서이다.[35] 또 하나는 연대불명의 『지바까뿌스따까』(Jīvakapustaka, 지바까의 처방서)라는 문헌으로 손상된 상태의 산스끄리뜨본도 있다. 이는 다양한 질병에 대한 간략한 의약물 처방서로서 바우어 사본의 의학 부분과 꽤 유사한 형태를 취한다.[36]

티베트어 자료

티베트 불교는 인도 불교와 마찬가지로 의학, 특히 인도 의학에 큰 관심을 가졌기 때문에 인도의 의학 지식을 충실하게 티베트로 옮겼다. 불교 지식을 티베트로 전달한 인도의 불교학자들은 인도의 의학설에 정통했다. 이를 잘 보여주는 것이 밀교 권위자로 명성이 티베트까지 전해진 인도의 붓다구흐야(Buddhaguhya)가 8세기경 티베트의 티쏭데첸(Khri-sron-lde-btsan)에게 보낸 한 통의 편지일 것이다. 이 편지에서 붓다구흐야는 불교의 딴뜨라 교의를 상세히 설한 다음, 자신이 "바람, 담즙, 점액의 복합 장애로 생긴" 병 때문에 티베트까지 갈 수 없다고 썼다.[37] 인도 의학에 대한 지식은 티베트 불교문헌 중 의학(gso-rig-ba)에 할애된 항목에 나온다. 이것들은 거의 산스끄리뜨 의학서와 주석서를 티베트어로 번역한 것으로서 대부분 현존하며 아유르베다의 경험-합리적 의학의 좋은 예이다.[38] 이 중에서 특히 언급할 가치가 있는 문헌은 2가지다. 바그바따(Vāgbhaṭa)의 『아쉬땅가흐리다야상히따』(Aṣṭāṅgahṛdayasaṃhitā, Tib. Yan-lag brgyad-paḥi sñin-po bsdus-pa-shes-bya-ba, 아유르베다 8과목의 정수 모음집)는 대략 7세기에 성립한 것으로, 고전 인도 의학의 초기 저술에 포함된 의학 지식을 최초로 집대성한 것으로 인정받는다. 이는 이론과 임상 양쪽을 모두 담은 것으로 대규모 불교 승원에서 학술적으로 연구하기에 최적이었을 것이다. 오늘날까지도 케랄라(Kerala)의 아슈따바이드야(Aṣṭavaidya) 의학 전통에 속하는 남부디리(Nambudiri) 브라흐만 사제 사이에서 널리 호평받고 있다.[39]

나가르주나(Nāgārjuna)의 『요가샤따까』(Yogaśataka, Tib. Sbyor-ba-brgya-pa)는 아마 7세기 문헌일 것이다. 필리오자처럼 2세기 중관학파 불교 논사인 나가르주나의 저술로 보는 의견도 있지만, 이는 믿을 수 없다.[40] 이 책은 기본적으로 바우어 사본의 「나바니따까」와 유사한 임상의학 지침서이다.

티베트와 몽골의 주요 의학서인 『규시』(Rgyud-bzi, 四部醫全)는 약사여래(Bhaisajyaguru, 藥師)의 저작으로 되어 있다. 예전에는 지금은 소실된 8세기의 산스끄리뜨 원본을 번역한 것이라고 생각되었지만, 이것은 사실이 아닌 듯하다. 이것은 중국 의학의 요소들을 인도 의학의 틀 안에 끼워넣어 만든 혼성물이다. 식물명은 중국어로 되어 있고, 그 특질은 인도의 체계에 따라 기술되어 있다. 신체 장기의 이름은 인도어이지만, 중국의 음양 장기 분류 체계에 따라 오장육부(五臟六腑)로 분류된다. 인도 병인론에 대한 언급이 있는가 하면, 다른 한편 병의 원인을 결정하는 데 중국식 맥진법과 소변 검사를 사용하기도 한다.[41]

다른 티베트 불교문헌에는 대승 밀교의 일부로서 치유의 붓다와 보살에 대한 숭배, 다라니의 사용, 주술적인 치유 의례와 같은 주술-종교적 의학을 설파하는 것도 있다. 티베트 불교 저술의 의학 대부분은 인도와 중국에서 유래한 의학을 결합한 것이며, 이는 대부분 산스끄리뜨와 한문 자료의 번역을 통해서 얻은 것들이다. 밀교적 요소와 토착 전통인 뵌교가 티베트 불교문헌에 보이는 의학에 상당 부분 기여했을 것이다.

한문 자료

한문 불전에서 의학 관련 내용이 담긴 문헌은 대부분 현존하지 않는 산스끄리뜨 원전을 번역한 것이다. 현재 확인된 자료상 인도 의학서의 번역이 한문 불전에 들어가 있지는 않다. 대부분 의학 관련 내용은 산스끄리뜨 불교 원전과 치유의 붓다와 보살에게 바쳐진 문헌에서 유래한 것들이다. 한문 문헌에 있는 구체적인 의학 지식은 대부분 4세기 이후 불교 순례승들이 중국에 들여온 인도 의학의 이론과 실천을 바탕으로 하며, 여기에 주술 의학과 중국의 토착 의료가 합쳐진 것이다.

대승불교의 추종자들은 의학을 포교 수단으로 활용하였다. 폴 드미에빌(Paul Demiéville)은 한문 불전의 의학 자료를 불교 백과사전인 『법보의림』(法寶義林)[42]의 3권 「병」(病) 항목에서 훌륭하게 요약했다. 다음 내용도 그의 글에 의존하고 있다.

중국 대승불교 의학설의 원칙은 (1) 아유르베다의학을 특징짓는 전통적인 3도샤 이론에서 유래한 새로운 4가지 병인론에, 4원소설에 기반한 병인론 중첩, (2) 침, 뜸, 맥진이라는 전통적인 중국 의술을 포함하는 3종 치료 구분, (3) 치유자로서의 붓다와 보살의 역할이라는 세 가지 경향이 두드러진다.

일반적인 불교 문헌, 특히 중국 대승 문헌에서는 질병의 원인을 인간의 몸이나 물질을 구성하는 4대(4大, mahābhūta 혹은 dhātu), 즉 견고성-땅, 습윤성-물, 온난성-불, 운동성-바람 요소의 불균형 때문이라고 한다. 질병은 보통 총 404가지, 즉 4대 각각에 101가지가 있다고 한다. 빨리 문헌에는 8가지 병인(病因) 분류가 보인다. 8가지 중 4가지가 3도샤인 바람, 담즙, 점액, 그리고 이 3도샤의 복합(sannipāta)에 기인한 것이다.[43] 주요 원소들에 기반하는 전통적인 중국 병인론이 이 4가지에 중첩되었다. 두 의학적 아이디어가 상응하면서 중국인들이 이해할 수 있는 의학설로 제시되었다. 대승불교도들은 나아가 4성제(四聖諦)와 의사의 바람직한 4가지 자질까지 이 4중 체계에 통합시켰다.[44]

다양한 경전에 나타난 여러 질병 치료 자료를 살펴보면, 치료는 3종으로 분류된다. 3종의 치료는 (1) 참회를 포함한 외적인 것, 그리고 정신수련과 명상, 통찰 등을 포함한 내적인 것으로 나뉘는 종교적 치유, (2) 주문과 퇴마 등 주술적 치유, (3) 약 사용, 식이요법, 수술 등을 포함한 문자 그대로의 의학적 치유이다. 한문 자료에 나오는 치료법은 종종 중국 고전 의학, 특히 주술적이고 종교적인 치유술을 도입하고 있다. 문자 그대로의 의학적 치료에는 침술, 뜸, 맥진이 포함된다. 이 전통적인 3가지 중국 의술은 빨리 문헌의 의학 관련 구절에서도, 고전 아유르베다 의학서에서도 결코 찾아볼 수 없는 것들이다.

한문 문헌에서 인도 의학의 8과목(aṣṭāṅga)이 언급되는 경우, 일반외과학이라 불리는 분야는 특히 백내장과 눈병 치료에 침을 사용하는 것으로 정의된다. 인도의 백내장 수술은 7세기와 9세기 사이에 중국에 전해진 것 같다. 인도의 안과 치료와 수술은 중국과 그리스에서도 명성이 자자했다.[45] 눈 관리는 초기불교 승원의학과 초기 아유르베다에서도 잘 알려져 있었다. 눈 수술의 한 사례가 빨리 경전의 『시비자따까』(Sivijātaka)에 나오고, 바르훗뜨(Bhārhut) 불교 예술에 묘사되어 있다.[46]

『나박나설구료소아질병경』(囉嚩拏說救療小兒疾病經, Rāvaṇaproktabālācikitsāsūtra, 라바나가 설한 소아 질병 치료의 경)은 산스끄리뜨 문헌 『라바나꾸마라딴뜨라』(Rāvaṇakumāratantra)의 10세기 한역본이다. 이는 소아과 문헌으로 악령에 의해 발생한 12세 이하 어린이의 질병을 다룬다. 치료는 주술적인데, 악령에 공물을 바치고 정화의 목욕을 하며 향을 사르고 주술-종교적 만뜨라를 외우며, 이외에도 경외를 표하는 행위들로 구성된다. 필리오자와 달리, 박치(P. C. Bagchi)는 이것이 불교도의 영감을 받은 문헌이라 하며, "한문본은 『라바나꾸마라딴뜨라』의 가장 정확한 형태를 보존한 것으로 보인다."고 했다.[47]

『나박나설구료소아질병경』과 밀접한 친연성을 보이는 경전으로 『가섭선인설의여인경』(迦葉仙人說醫女人經, Kāśyaparṣiproktastrīcikitsāsūtra, 까샤빠 선인이 설한 산부인과 경)이 있다. 단편적인 형태로만 남아있지만, 태생학과 산전 건강 관리를 다룬 10세기 한역 불교문헌으로 선인이 제자 지바까에게 가르친 것이라고 한다. 짧지만 엄밀한 의학 저술로 임신 10개월 각 달마다의 약물 처방이 나타난다. 이는 부인병, 소아병에 대한 미완성 아유르베다 문헌인 『까샤빠상히따』(Kāśyapasaṃhitā)와 밀접한 관련이 있다. 『까샤빠상히따』의 저자는 브릿다지바까(Vṛddhajīvaka, 노(老) 지바까)라고 말해지며, 이 문헌은 이전의 『짜라까상히따』나 『베라상히따』를 기반으로 한다.[48] 이러한 연관성은 불교의학과 아유르베다의 추가적인 연결 증거인데, 그 두 의학의 기원이 불교와 연관된 초창기 의사들의 전통에 있었다는 것을 보여준다.[49] 지바까는 여성과 소아의 질병 치료 문헌과 연관해서 언급이 된다. 이는 그의 이름(Pāli komārabhacca, Skt. kumārabhṛta)이 고전 아유르베다 문헌에서 알려졌듯이, 산부인과와 소아과(kaumārabhṛtya) 전문 지식을 나타낸다는 전통적 인식을 반영한 것이다.[50]

『나박나설구료소아질병경』 외에도 한문 불전에는 주술-종교적 치유와 관련된 문헌들이 많다. 이들 경전들은 치통, 치질, 눈병, 소아 질병의 치료를 위해 독송된다. 이는 강력한 주문을 아는 불교도를 통해 다양한 질병을 없애려는 신도들을 끌어들여서, 치유의 붓다와 보살 숭배를 중심으로 한 주술의학을 보완한다.[51]

3장에서 말했듯이, 초기의 불교 승려들은 도반을 돌본다는 제한된 목적에서 승원의 수련 일부로 의학의 실용적인 측면을 배웠다. 그러나 후대에 승려들은 오명(五明), 즉 5가지 학문(vidyā) 중 하나로서 의학의 이론과 실천 두 측면을 모두 배우는 것이 허용되었고, 권장받기까지 했다. 치유는 해탈에 이르는 방편 중 하나로 여겨졌고, 승려든 재가자든 보살이 반드시 익혀야 하는 것이 되었다. 게다가 병자를 치료하는 의무가 대승불교에서 계율로 규정되었다. 이러한 의학의 민주화는 대승으로 특징지어지는 새로운 불교 운동의 일부였다. 적절한 주문의 암송과 이와 병행된 의례뿐만 아니라 전승된 경험-합리적 아유르베다 의술을 배움으로써 보살도를 따르는 신도들은 영적(정신적), 신체적 고통을 치유할 수 있었다. 치유의 붓다와 보살의 다양한 명호에 내재된 주술적 효능은 대승의 다라니, 즉 주문 개념에 부합했다. 이런 식으로 붓다나 보살의 명호를 암송하는 것은 효과적인 치료로 여겨졌다. 신체의 치유가 마음을 고요하게 하고 깨달음의 수양으로 이어진다는 것이 분명하게 받아들여졌다.

앞서 언급했듯이, 치유의 보살 개념은 초기 대승에서 시작되었으며 아마 서북인도나 중앙아시아에서 중국으로 발전하고 전파되었다고 생각된다. 중국에서 치유의 붓다와 보살은 동아시아 불교의 상징이 되었다. 약사신앙 등이 발전하고 이와 관련된 도상(圖像)도 확립되었다. 치유의 붓다와 보살을 둘러싼 예불과 의례에는 중앙아시아와 동아시아의 대승불교를 특징짓는 강한 주술-종교적 요소가 반영되어 있다. 중국에서는 붓다와 보살에게 숭배의 의례를 드리면 그들이 영적으로 인도해줄 뿐만 아니라 신체적, 정신적, 영적 치유를 해 준다고 기대한다. 그러한 의례들은 소박한 공양(pūja)에서부터 붓다와 보살의 명호를 포함한 주문 암송, 성스러운 만다라와 그 도상을 둘러싼 특정 행위 등 정교하고 복잡한 의식에 이르기까지 다양하다. 약사불의 도상에는 순수함과 진귀함을 상징하며 주술력이 강한 청금석(lapis lazuli, 琉璃), 불교의학과 아유르베다에서 모두 잘 알려진 치유물인 황색 미로발란(myrobalan, harītakī)이 포함되었다.[52] 약사불의 도상은 중앙아시아와 동아시아의 의학 전통에서 잘 나타나는 주술-종교적 의학과 인도의 아유르베다의학에서 전형적으로 보여주는 경험-합리적 의학을 결합한다. 그러므로 약사불은 인도에서 중국에 이르기까지 모든 불교 전통의 의료를 통합한 치유의 완전한 시스템을 상징한다.

현존하는 자료로 보면, 불교 문헌에 담긴 인도 의학은 중앙아시아나 티베트에서는 거의 문자 그대로 수용되었지만 중국에서는 달랐다. 세련된 중국인에게는 인도 의학이 아마 너무 이국적으로 여겨졌기에, 그것은 질병과 건강에 대한 중국인의 이해에 맞게 변형되어야 했다. 예를 들어 질병을 일으킨 병인에 대한 인도인의 개념은 도샤 개념에 기반한 것이지만, 중국 자료에서는 주요 원소들(땅, 바람, 불, 물)에 기반한 4대설 형태로만 나타난다. 다섯 번째 요소인 에테르(ether, 空)도 존재한다고 믿으면서도, 중국인에게는 4대가 더 명확한 개념이었다. 실제 의학적 치료에서는 중국의 토착 의술이 강조되었다. 치유의 붓다와 보살 숭배를 포함하여 밀교 및 대승불교의 주술-종교적 측면은 이미 도교와 결합된 주술의학의 전통이 잘 확립되어 있던 중국에서 특히 잘 수용되었다. 인도에서 온 불교의학의 요소들을 중국 불교도가 많이 변형하고 각색했기 때문에 그것들을 식별하기도 어려웠다.

인도, 중앙아시아, 티베트, 중국의 불교 전통에 보존된 문헌 자료는 인도 의학 지식 전파의 뚜렷한 양상을 보여준다. 의학과 치유 관련 승원 계율을 명시한 문서들은 초기불교 포교자들에 의해 충실하게 아시아의 여러 나라로 전해졌다. 그러나 각 승단 문헌에 기록된 의사 지바까의 전설은 토착적이고 주술적인 의학 관념의 영향을 보여준다.

부파별 교의와 토착 의료의 흔적은 주로 후대 불교의 특정 승단에 속하지 않는 문헌의 의학 자료에 잘 나타난다. 주술-종교적 치료 형태의 뚜렷한 영향이 이런 후대의 의학 전통에서 많이 두드러진다. 이것은 특히 밀교 교의와 중국의 치유 붓다와 보살 신앙을 둘러싼 의례와 실천에서 분명하게 나타난다. 산스끄리뜨 대승불교 의학 문헌에는 고전 인도 의학 지식이 많이 포함되어 있다. 그러나 동시에 여기에는 다라니, 만뜨라, 주문, 약초 사용 등 주술적인 치유술도 나온다. 이 문헌들은 치유 보살의 원초적 관념을 담고 있다. 티베트 불전도 그 안에 인도의 의학 지식을 풍부히 보유하고 있다. 중요 산스끄리뜨 의학서의 번역뿐만 아니라 밀교적 치유 형태도 있고 치유의 붓다에 대한 숭배도 있다. 게다가 티베트 의학은 불교의 영향 아래 인도 의학, 중국 의학, 토착 의학이 섞인 자체 문헌도 생산해냈다. 한문 불전은 대승불교의 사상을 반영한다. 치유의 붓다와 보살에 대한 숭배는 중국에서 완전히 꽃을 피웠다. 이와 함께 인도의 의학 이론은 중국적인 관념에 맞게 변형되고 각색되었다. 그리하여 전통적인 중국의 치유가 불교 교의 및 실천에 통합되었다. 중국 불교도는 주술-종교적 치유를 수용하였는데, 중국 불전에는 원래의 인도 의학의 관념과 실천이 거의 남지 않게 되었다.

인도의 의학 지식과 실천은 불교의 보급과 함께 퍼져나갔고 변모와 적응을 겪었다. 원래의 불교도들의 의료는 거의 변화 없이 보존되거나, 수정되거나, 완전히 폐기되어 다른 더 적절한 관념과 실천으로 대체되었다. 다양한 불교 전통에서 의학이 특별한 발달 경로를 거치게 된 근본적인 요인은 상당 부분 특정 지역과 교리의 영향에서 유래한다. 그러나 한 가지 중요한 측면은 변함없이 유지되었다. 불교가 믿음과 실천의 체계로서 발달하는 동안 의학은 항상 중요한 부분이었다는 것이다.

2부

초기불교의 승원의학

ASCETICISM & HEALING IN ANCIENT INDIA:
MEDICINE in the BUDDHIST MONASTERY

제2부는 빨리 문헌의 승원 규범인 율(律, Vinaya)에 승인된 약과 치료법에 대해 문헌학적으로 연구한다. 먼저 승원 공동체에서 사용한 의약물(醫藥物, materia medica)을 열거하고, 그다음으로 특정 질환에 사용된 치료법을 서술할 것이다. 『마하박가』의 의료 관련 항목은 인도에서 의학 지식을 가장 먼저 체계화한 것으로, 실제 사례를 담은 것이 특징이며 일반적인 질병의 치료를 위한 지침서이자 안내서 역할을 했다. 이러한 약과 치유법을 승원 율에 포함시킬 수 있는 권한은 보통 붓다에게 귀속되었다. 약과 치료가 필요한 사례들을 붓다에게 제시하고 승인을 받는 방식을 통해서였다. 보고된 모든 사례가 실제로 붓다의 관심을 끌었는지, 아니면 단지 편찬 기법에 불과했던 것인지는 확실하지 않다. 그러나 이 불교 기록이 지닌 의학적 중요성은 환자의 의학적 문제와 이에 대한 치료법을 언급한다는 점에 있다. 고전 아유르베다의 의학서들은 그러한 사례별 의료 지침을 제공하지 않았다.

불교 빨리어로 기록된 의학 자료를 면밀히 연구하면, 불교 승원의학에 대한 그림이 명확하게 그려진다. 『짜라까상히따』, 『베라상히따』, 『수슈루따상히따』의 고전 의학서 관련 장과 비교하면, 불교도와 초기 의학서 편찬자들이 각자의 의학 정보를 도출해내었던 슈라마나 의학의 공통 저장고를 더 깊이 있게 이해할 수 있다. 이 두 전통은 유사한 점이 많을 뿐만 아니라 다른 점도 많이 존재하는데, 의학서에서는 병인론이 지배적인데 반해 불교는 이에 대한 이론적 고려 없이 실제 적용에 중점을 둔다는 점이 눈에 띈다. 이러한 차이점은 의약물 및 사례 기반의 치료법에 중점을 두고 체계화된 불교 승원의학이 의료 지침을 제공하려는 초기의 시도였고, 바우어 사본의 「나바니따까」, 나가르주나의 『요가샤따까』, 라비굽따의 『싯다사라』, 『지바까뿌스따까』와 같은 후대의 불교의학 처방서와 편람에서 보이는 것과 같은 자세한 처방 모음집의 초기 형태라는 견해를 뒷받침한다.

제5장

의약물

‘병에 걸렸을 때 필요한 약(gilānapaccayabhesajja)’으로 표현되는 불교 승원의 의약물은 초기에는 5가지 기본약인 정제버터(ghee), 생버터, 기름, 꿀, 당밀을 가리켰지만, 이후에 지방, 뿌리, 추출물, 잎, 과일, 고무 또는 수지(樹脂), 소금 등 다양한 약이 추가되었다. 불교 승원의 의약물은 식품이긴 하지만, 실질적 식사는 아닌 영양분(nonsubstantial nourishment)으로 분류되었기에 비구와 비구니들은 오후불식 계율에도 불구하고 언제든 섭취할 수 있었다.[1] 즉, 약이 되는 식품은 이 계율에서 제외되었다. 특정 식품은 단지 불교 승려들이 하루종일 먹을 수 있도록 하기 위해서뿐 아니라, 이러한 규정이 승원 공동체에 상당한 이익을 주기 때문에 약으로 분류되었다. 약용 식품들은 각각 상하기 전에 보존하는 기간이 구체적으로 언급된다. 나열된 품목들은 대개 일반적으로 사용되며 가장 쉽게 구할 수 있는 품목에 국한된 것으로 보인다. 왜냐하면 계율은 통상적으로 어떠한 약용 식품도 식사 용도가 아닌 한 약으로 사용해도 좋다고 규정하고 있기 때문이다. 이 규정으로 미루어 보면, 실제 약전(藥典, phamacopeia)

은 열거된 약의 목록보다 훨씬 많았을 것이다. 특정 식품을 약으로 분류하고 저장 기간을 명시한 것은 불교 승원의 의약물이 고대 인도의 음식문화에서 유래했음을 보여준다. 또한 이 음식문화는 초기 아유르베다의 약전도 탄생시켰다. 아유르베다 의학서에도 약에 대한 기술이 많이 있는데, 마찬가지로 음식과 음료(annapāna)에 관한 항목에서 다루어진다.

5가지 기본약

5가지 기본약은 가을(9월 중순에서 11월 중순)에 몇몇 승려가 사밧띠(Sāvatthi)에서 병에 걸려 고통받은 이야기에서 나온다. 증상은 뚜렷했다. 승려들은 먹은 쌀죽과 음식을 토했다. 그래서 그들은 여위어 수척해지고, 안색이 나빠지고, 핏줄(dhammani)이 불거졌다. 붓다는 상담을 통해 5가지 약(bhesajja)이 식품이긴 해도 식사에 해당할 만큼 충분한 영양분이 있는 것이 아니라고 인정하여 승려들에게 섭취를 허락했다. 그 5가지는 기(ghee), 즉 정제버터(sappi, Skt. sarpi)와 생버터(navanīta), 기름(tela, Skt. taila), 꿀(madhu), 당밀(phāṇita)이었다. 그러나 약을 먹어도 승려들은 낫지 않았고 증세가 점점 심해졌다. 평소의 거친 음식은 소화하지 못했고, 기름진 음식은 더 못 먹었다. 붓다는 악화하는 병세를 고려하여 승려들이 5가지 약을 언제라도 즉, 정오 전이든 후이든 섭취해도 좋다고 허락했다.[2]

5세기 주석가 붓다고사는 이 질병이 주로 가을에 발생하는 담즙(pitta) 질환이라고 설명했다. 그는 "승려들은 이 시기에 비에 젖고 진창을 걷는다. 자주 더위로 고통스러워한다. 그래서 담즙이 소화관(koṭṭhabhantara)

에 눌러붙는다."고 했다. 그는 소화불량의 합병증은 바람(風, vāta)의 손상 때문이라고 덧붙였다.[3]

승원 율의 다른 곳에서는 최장 7일간 저장할 수 있는 이 5가지 기본 약용 식품을 원료와 관련하여 다음과 같이 정의한다.

> '정제버터'는 소, 염소, 물소의 젖으로 만든 것, 즉 그 고기를 먹을 수 있는 동물의 정제버터이다. '생버터'도 동일한 동물로 만든다. '기름'은 참깨 종자(tila, Skt. tila), 겨자 종자(sāsapa, Skt. sarṣapa), 마두까(madhuka, Skt. madhūka) 기름,[4] 피마자(eraṇḍa, Skt. eraṇḍa) 기름, 또는 동물의 지방에서 얻은 기름이다. '꿀'은 꿀벌로, '당밀'은 사탕수수로 만든다.[5]

이들 약용 식품을 짜라까, 수슈루따 의학서에서 보면, 불교와 아유르베다라는 두 전통이 일치하고 있어 양자가 같은 원천에서 유래했음이 드러난다. 해당하는 5가지 약은 『수슈루따상히따』에서는 「액상 물질의 장」(dranvadravya), 『짜라까상히따』에서는 「음식물의 장」에 있다.

1. 정제버터(ghṛta)는 수슈루따의 정제버터(ghṛta)류, 짜라까의 주요 유제품(gorasa)류에 나온다. 바람과 담즙을 완화시키고, 특히 가을에 처방된다.[6]
2. 생버터(navanīta)는 수슈루따의 버터밀크(takra)류, 짜라까의 유제품류에 나온다. 오염된 담즙과 바람을 제거한다.[7]
3. 기름(taila)은 수슈루따의 기름(taila)류, 짜라까의 식품첨가물(āhārayogin)류에 나온다. 소화를 촉진시켜 바람과 점액을 가라앉힌다.[8] 참깨 종자(tila)에서 뽑아낸 기름이 최상이고, 바람을 제거하며 식욕을 돋운다.[9]

4. 꿀(madhu)은 수슈루따의 꿀(madhu)류, 짜라까의 당(ikṣu)류에 속한다. 바람을 증대시키고 담즙과 점액을 완화한다.[10]
5. 당밀(phāṇita)은 수슈루따에서 사탕수수(ikṣu)류에 나온다. 영양을 공급하여 3가지 도샤 모두 증가시킨다. 12세기 『수슈루따상히따』의 주석가인 달하나에 따르면, 당밀은 작은 재거리(Jaggery, 야자나무 수액이나 사탕수수즙으로 만드는 비정제 설탕)를 뜻하는 끄슈드라구다(kṣudraguda)라고 하는데, 끄슈드라구다는 짜라까에서도 사탕수수류에 속하며 지방과 근육을 늘리는 것으로 언급된다.[11]

초기 의학서에는 승려들이 앓은 것과 유사한 질환이 나타난다. 짜라까와 수슈루따 모두 지난 계절 차가운 비에 익숙해진 몸에 쌓인 담즙이 가을철 태양열에 노출된 후 악화된다고 가르친다. 담즙에 대항하기 위해 그것을 가라앉히는 물질이 권해진다. 그중에는 달고 가볍고 차고 약간 쓴 음식이 포함되지만, 식욕이 강한 사람은 적절히 섭취해야 한다. 기름(taila)과 지방(vasā)은 피해야 한다.[12]

즉 의학서는 승려들이 앓은 질병이 가을에 담즙(pitta)이 과잉 분비되어 발생하는 것이라고 언급하는데, 불교 문헌은 이 질병과 담즙의 관련성을 언급하지 않는다. 담즙과 관련되었다는 정보는 나중에 붓다고사가 보충한 것이다. 치료를 위해 불교도가 처방한 것은 5가지 약이었는데, 그중 3가지인 정제버터, 생버터, 꿀은 담즙을 제거하는 것들이고, 당밀 한 가지는 반대로 담즙을 자극하는 것이다. 이 모순은 아마도 특정 도샤에 효과적인 약만이 사용되었음을 의미한다. 또한 붓다고사가 바람에 의한 것으로 본 소화불량 합병증에 허용된 치료에는 이들 5가지 약(아마도 정제버터, 기름, 당밀 포함)이 포함되었는데, 병적 상태를 완화하는 데 필요했다. 결국 승려들이 앓은 질병에 대해 적절하면서도 허용가능한 치료에는 합병증이 발생할 경우 5가지 약 모두가 사용되어야 했다. 불교도의 승원의학과 초기 아유르베다의학 사이에는 뚜렷한 연속성이 있다. 이는 두 가지 의학 지식이 공통의 원천에서 나온 것을 의미한다. 불교도는 겉으로 보이는 질병의 증상을 상세히 기록했는데, 이는 이론보다는 실용적인 면에 주력하였기 때문이지 결코 당시에 도샤 병인론이 부재했음을 의미하지는 않는다. 이후 붓다고사가 주석서에서 도샤 기반의 병인론을 보충하였는데, 이는 이 불교학자가 아유르베다의학의 이론과 실천에 익숙했다는 증거이다.

불교 승원의 계율은 이 5가지 기본약 다음에 약전을 구성하는 나머지 식품도 열거한다. 앞의 경우와 달리 각각의 약이 도입되는 방식에는 일정한 패턴이 있다. 즉 병든 승려가 특정한 약용 식품을 원할 때 붓다가 상담하여 그 식품을 약으로 허락하는 식이었다. 이런 방식으로 불교 승원은 유익한 식품의 목록을 늘려 갔다. 추가된 것은 지방, 뿌리, 추출물, 잎, 과일, 수지, 소금의 7가지 품목이며, 이것이 불교 승원의 약용 식품을 구성한다.

지방

병든 승려들(gilāna bhikkhu)이 약으로 지방(vasā)을 원했다. 붓다는 5가지 종류의 동물 지방을 약으로 사용하고, 그것을 기름(tela)과 함께 적절한 때(正時, 식사시간 전)에 섭취하도록 허용했다.[13] 5가지는 곰(accha, Skt. ṛkṣa), 생선(maccha, Skt. matsya), 악어(susukā), 돼지(sūkara, Skt. śūkara, sūkara), 당나귀(gadrabha)의 지방이다.[14] 붓다고사는 『닛삿기야』(Nissaggiya) 23.2에 대한 주석에서 약으로서의 지방에 대해 자세히 서술한다. 그는 모든 식용 동물뿐 아니라, 식용이 되지 않는 10가지 동물(코끼리, 말, 개, 뱀, 사자, 호랑이, 표범, 곰, 하이에나, 인간) 중 인간을 제외한 동물의 살에서 채취한 지방이 약으로 허용된다고 한다. 또한 지방에서 나온 기름(vasātela, 지방유), 즉 허용된 지방으로 만든 기름(anuññātavasānaṃ tela)도 약으로 사용된다고 한다.[15]

초기 의학서는 재료에 따라 지방을 분류하지는 않지만, 의학서의 저자들은 지방을 약용 식품의 장에서 골수, 고기와 함께 다루며 지방의 원료가 되는 동물을 열거한다. 짜라까는 지방과 골수를 식품첨가물 범주에 포함시키고, 둘 다 감미롭고 영양이 풍부하며 체력을 증진시키고 기운을 돋운다고 한다. 그리하여 유익한 지방을 얻을 수 있는 동물로 물고기, 새, 들짐승, 악어, 거북이, 돌고래, 멧돼지, 물소, 양을 열거한다.[16] 수슈루따는 지방을 골수와 함께 기름의 범주에 넣고 그 재료가 되는 동물을 가축과 습지 동물로 분류한다. 이들의 지방은 바람을 누그러뜨린다. 밀림에 사는 동물과 육식 동물, 그리고 발굽이 하나인 단제 동물(単蹄動物)의 지방은 출혈성 질병(raktapitta)을 치료한다. 그리고 새의 지방은 점액을 제거한다.[17] 프란시스 짐머만은 이 의학서들의 분류 체계가 브라흐만교적 분류의 전형을 보여준다고 밝히는데, 이는 동물과 그 생산물을 습지(濕地, anūpa)와 건지(乾地, jāṅgala)라는 기본적인 생태에 따라 구분하는 것이다.[18] 지방을 사용해야 하는 처방에서는 기름(taila)이나 기(ghṛta)가 자주 언급된다.[19]

불교 승원의 의학 전통은 별도로 약용 지방의 범주를 설정하고, 그 재료가 되는 동물을 나열한다. 한편 초기 의학서의 저자들은 지방을 별도의 식품으로 분류하지 않고, 골수와 함께 일반적인 동물성 식품 목록에 포함시킨다. 동물의 종류와 서식지에 따라 지방을 분류하는 그들의 방법은 브라흐만교식의 체계화를 기존에 확립된 의학 전통에 덧붙인 것으로서, 이 전통에는 지방을 약용 식품으로 인정한 불교 승원의학도 포함된다.

뿌리

병든 승려들에게 약으로 뿌리(mūla)가 필요했다. 상담 후 붓다는 다음의 약용 뿌리를 허용했다. 강황(haliddā, Skt. haridrā), 생강(siṅgivera, Skt. śṛṅgavera), 창포(vaca, Skt. vacā), 창포의 백색변종(?, vacattha),[20] 투구꽃(ativisa, Skt. ativiṣā), 크리스마스 장미(kaṭukarohiṇi, Skt. kaṭurohiṇī), 베티버(usīra, Skt. uśīra), 향부자(bhaddamuttaka, Skt. bhadramusta)이다. 이 뿌리들은 무기한으로 저장할 수 있고, 단단한 고형식이나 부드러운 연식(軟食)으로 먹어서는 안 되며, 실질적인 음식에 첨가되는 것이다.[21] 호너는 전거를 제시하지는 않지만, 여기서 언급된 뿌리들은 "음식에 풍미를 더하기 위해서 약으로 허락되는 것으로, 이것이 없으면 병든 승려들은 음식을 먹기가 어렵다. 이들 뿌리를 달인 탕약은 오늘날에도 스리랑카에서 열이나 위장 질환에 쓰인다."[22]고 설명했다.

붓다는 약용 뿌리를 만드는 용도로 두 종류의 맷돌을 허락했다.[23] 붓다고사에 의하면 하나는 큰 돌이고 다른 하나는 작은 돌이다.[24] 아마도 뿌리를 큰 쪽의 함몰부나 평탄한 면에 놓고 작은 돌로 짓이겨 가루나 죽으로 만들었을 것이다.[25]

초기 의학서는 다양한 식물의 뿌리를 자세히 분류한다. 의학서의 저자들은 뿌리를 식물 중에서 가장 약성이 강한 부분으로 여겼다. 짜라까는 뿌리가 유용한 식물을 16가지로 나열하지만,[26] 그것은 모두 빨리 경전에는 나오지 않는다. 짜라까와 수슈루따는 뿌리 약을 5가지씩 5그룹으로 더욱 정교하게 나눈다. 5가지 뿌리로 구성된 소(kanīyas) 그룹은 바람을 제거하고 담즙을 가라앉히며, 5뿌리로 구성된 대(mahant) 그룹은 점액을 제거한다. 이 두 그룹은 합쳐서 10가지 뿌리(daśamūla)로 알려졌다. 세 번째 덩굴풀(vallī) 그룹, 네 번째 가시풀(kaṇṭhaka) 그룹이 각각 5뿌리인데, 이들은 점액을 제거한다. 다섯 번째 그룹인 볏과 식물(tṛṇa)의 5가지 뿌리는 담즙을 진정시킨다.[27] 이상 5그룹에서 열거된 뿌리는 불교도의 약용 뿌리에는 들어있지 않다. 베라의 의학서에는 자세한 분류가 없지만, 저작 전체에 걸쳐 식물의 다른 유용한 부분과 함께 다양한 뿌리가 언급되고 있다.

불교 경전 및 후대의 불교문헌에서는 약용 뿌리가 의학서에 비해 훨씬 축약되어 있고, 분류도 훨씬 간략하다. 다루는 개별 식물들도 다른데, 이는 별개의 본초학 전통을 시사한다. 그럼에도 불교문헌이나 의학서 모두 뿌리를 중요한 약으로 인정하여 각각의 약전에 포함시켰다.

추출물

병든 승려들에게 약으로 추출물(kasāva, Skt. kaṣāya)이 필요했다. 붓다가 허락한 것은 님나무(nimba, 인도 전단), 꾸따자(kuṭaja), 빡까바(pakkava),[28] 인도 참나무(nattamāla, Skt. naktamāla) 추출물이었다. 그 외의 추출물이어도 고형식이나 연식으로 먹는 것이 아니라면 허용되었다. 추출물은

무기한으로 저장해도 된다.[29]

추출물은 식품이라기보다는 파생 약물에 가깝지만, 원래는 일종의 식품이나 식품첨가물로 간주되었을 것이다. 문헌에는 그것을 고형식이나 연식으로 사용해서는 안 된다고 명시하고 있기 때문이다.

초기 의학서에서 까샤야(kaṣāya)는 2가지 의미를 나타낸다. 첫째는 떫은맛으로 이는 6가지 맛(rasa: 단맛, 신맛, 짠맛, 매운맛, 쓴맛, 떫은맛) 중 하나이다. 둘째는 6가지 맛 중 5가지 맛을 지닌 약으로 조제되는 추출물이나 탕약이다. 이 5가지 맛에 떫은맛이 들어가지만 짠맛은 제외된다. 짠맛은 다른 형태로 가공될 수 없기 때문이다.[30] 『짜라까상히따』는 5가지 추출물을 다음과 같이 거론한다. 주스(svarasa), 연고(kalka), 탕약(śṛta), 삼출약(滲出薬, śīta), 분출약(振出薬, phāṇṭa)이다.[31] 또한 짜라까는 주된 추출약을 크게 분류한 50가지에 관해 기술한다. 그중 항가려움증약(kaṇḍūghana) 10가지에는 빨리 문헌에서 꼽는 4가지 식물 가운데 3가지가 포함되어 있다. 이는 인도 참나무(naktamāla), 님나무(nimba), 꾸따자(kuṭaja)이다.[32] 또 3가지 식물 중 2가지인 꾸따자와 님나무는 수슈루따의 락샤(lākṣā) 그룹에 포함되고, 그 성질이 떫은맛, 쓴맛, 단맛으로 구성된다고 되어 있다.[33]

의학서의 저자들이 떫은맛을 5가지 맛 중 하나로 삼은 것에 대한 이론적 이해가 초기 불전에는 없다. 불교도는 추출약의 원료가 되는 주요한 4가지 식물명을 거론하는 데 그쳤다. 한편, 이 의학서의 저자들이 까샤야를 추출물로 설명한 것은 이를 불교도가 다룬 방식과 가깝다. 또 빨리 문헌 목록과 상당히 비슷한 것이 짜라까의 항가려움증 항목에 있다. 이처럼 추출물이라는 범주가 초기불교와 초기 아유르베다 의약물 양쪽 모두에 나타난다.

잎

병든 승려들에게 약으로 잎(paṇṇa, Skt. parṇa)이 필요했다. 붓다는 다음의 잎사귀 약을 허락했다. 님나무(nimba), 꾸따자(kuṭaja), 뱀오이(paṭola), 홀리 바질(sulasī[ā], Skt. surasī[ā]), 판야나무(kappāsika, Skt. kărpāsikā)의 잎이다. 고형식이나 연식으로 먹지 않으면 어떠한 잎이든 사용할 수 있으며, 무기한으로 비축해도 좋다.[34]

초기 산스끄리뜨 의학서는 일반적인 약의 분류에 특별히 잎(parṇa, patra)의 항목을 두지는 않았다. 짜라까는 식물의 성장(audbhida)을 열거하면서 잎도 거론하지만, 어떠한 방식으로도 개개의 잎 목록을 제시하지는 않았다.[35] 짜라까는 또한 600가지 하제(下劑) 원료로서 수액, 뿌리, 껍질, 꽃, 열매와 함께 잎을 들고 있다.[36] 약용 잎의 분류에 가장 근접한 것은 수슈루따가 「음식물의 장」에서 각종 야채(śāka)의 잎에 대해 설명하고 목록을 제시한 것이다.[37] 그러나 여기에 빨리 문헌에 나오는 식물은 포함되지 않는다. 이외에 다양한 유형의 치료제 재료로 잎이 등장하는 곳이 있다.[38]

불교도는 잎을 추출물처럼 독립된 범주의 약용 식물로 분류하면서, 가장 중요한 것들을 열거한다. 초기 의학 전통은 잎을 그렇게 하나의 범주로 취급하지는 않지만, 여러 가지 약물 치료의 주원료에 포함시켰다. 불교도와 초기 의학 전통 모두 공통되게 잎을 그들 약전의 필수 요소로 삼았다.

과일

승려들에게 약으로 과일(phala)이 필요했다. 붓다가 허락한 것은 다음의 약용 과일이었다. 허위 후추(vilaṅga, Skt. viḍaṅga), 긴 후추(pippala(i), Skt. pippalī), 검은 후추(marica), 황색 미로발란(harītaka, Skt. harītakī, 하리륵),[39] 벨레릭(vibhītaka, Skt. v(b)ibhītaka),[40] 암라(āmalaka, Skt. āmalakī), 터키베리(goṭha [var. goṭṭha] phala)[41]이다. 어떤 과일도 고형식이나 연식으로 먹는 게 아니면 사용해도 되며, 이들 과일은 무기한으로 비축할 수 있었다.[42]

의학서는 과일을 상세하게 분류하는데, 「음식물의 장」에서 과일의 종류(phalavarga)라는 제목 아래에 나타난다.[43] 과일은 잎과 함께, 600가지 하제의 주요 원료 중 하나이다.[44] 아유르베다에서 3가지 열매(triphala, 三果)로 일컫는 3가지 미로발란(myrobalan), 즉 황색 미로발란, 벨레릭(beleric), 암라는 자주 같이 등장하는데, 이는 빨리 문헌에서도 마찬가지이다.[45]

과일을 독립적 범주의 약용 식품으로 분류한 것은 초기 아유르베다, 초기불교 승원의학 양자에서 공통된다. 잎처럼 과일도 그들 약전의 기본 요소로 간주된 것이다.

고무 또는 수지

승려들에게 약으로 고무나 수지(樹脂, jatu)가 필요했다. 붓다는 약용 수지로 아위(hiṅgu), 아위수지(hiṅgujatu), 아위껌(hiṅgusipāṭikā?, Skt. hiṅguśivāṭika)을 허용했다. 붓다고사에 따르면, 아위, 아위수지, 아위껌은 모두 아위의 3가지 형태이다.[46]

또한 따까(taka, var. takka, 수지), 따까빠띠(takapattī, 수지 잎?), 따까빤니(takapaṇṇī, 수지 잎)도 허용된다.[47] 붓다고사에 따르면 이것들은 3종의 락(lac)이나 수지(lākhā, Skt. lākṣā)다.[48] 다른 수지(sajjulasa, Skt. sarjarasa)[49]도, 고형식이나 연식으로 먹는 게 아니라면 사용해도 된다. 이것들 역시 무기한 비축이 허용된다.[50]

율장의 다른 곳에서 자뚜(jatu)는 자뚜마사까(jatumāsaka)라는 합성어에 보이는데, 이는 고무(jatu)로 만든 콩 모양의 마사까(māsaka)를 의미한다.[51] 붓다고사는 이 합성어가 표면에 특수한 상이 새겨져 있는 락(lākhā)이나 수지(niyyāsa)로 만든 동전을 가리킨다고 설명한다.[52] 또한 자뚜맛타까(jatumaṭṭhaka, 고무로 만든 인공 남근)라는 단어가 『빅쿠니비방가』(Bhikkhunīvibhaṅga)에 나오는데, 병자를 제외한 비구니에게는 그 사용을 금지시켰다.[53] 고무 또는 수지는 추출물처럼 식품이라기보다는 가공된 약품 같은 것인데, 불교도는 이를 분명히 식품의 범주로 이해했다.

빨리 및 산스끄리뜨어의 자뚜(jatu)가 초기 의학서에서 쓰인 예는 드물다. 나오는 것은 『수슈루따상히따』뿐인 듯하다. 주석가 달하나는 이를 수지인 락샤(lākṣā)의 의미로 설명한다.[54] 수슈루따는 「약의 장」(dravyasaṃgarahaṇiya)에서, 락샤류의 식물을 들며, 이것이 떫은맛, 쓴맛, 또는 단맛을 지닌다고 하고, 이것으로 완화되는 병을 열거한다.[55] 다만 거기에 빨리 문헌에서 말하는 수지의 이름은 하나도 들어있지 않다.

수슈루따 전통에는 수지(lākṣa)라는 범주의 약이 분명히 있지만, 다른 의학 전통에는 없었던 것으로 보인다. 빨리 문헌에서는 락샤(lākṣā)와 유의어인 자뚜(jatu)류로 나타난다. 수지를 독립적인 약의 범주로 분류한 것은 불교 승원의학과 수슈루따의 초기 의학 전통에서 공통된다. 그러나 『수슈루따상히따』에서 수지의 원료가 되는 식물명은 빨리 문헌의 그것들과 다르다. 이것은 지역적 차이나 별도의 본초학 전통이 반영되었기 때문일 것이다. 게다가 수지약에 대해서, 수슈루따의 분류에서는 그것들의 맛이나 치료할 수 있는 질병도 다른다. 그렇더라도 불교 승원 의학과 『수슈루따상히따』는 수지의 분류에 있어서 일치하는 점이 있다.

소금

병든 승려들은 약으로 소금(loṇa, Skt. lavaṇa)이 필요했다. 붓다가 허용한 것은 다음의 5가지 약용 소금이었다. 즉 바다 소금(sāmudda, Skt. sāmudra), 검은 소금(kāḷaloṇa, Skt. kālalavaṇa), 돌 소금(sindhava, Skt. saindhava; 문자 그대로는 신드(Sindh) 지역에 속함), 요리용 소금(ubbhida, Skt. audbhida), 붉은 소금(bila, Skt. viḍa)이다. 붓다고사에 의하면, 바다 소금은 "해안에 모래처럼 쌓인 것"이고, 검은 소금은 "보통" 소금이고, 돌 소금은 "흰색" 소금이며, 요리용 소금은 "땅에서 솟아난" 소금이고, 붉은 소금은 "모든 종류의 성분이 모여서 붉은색이 된" 소금이다.[56] 고형식이나 연식에 사용되는 것이 아니라면 어떠한 소금도 허용되며, 무기한 비축해도 된다.[57]

초기 의학서의 기술은 이와 거의 상응한다. 짜라까가 드는 5가지 소금(lavaṇa)은 빨리 문헌의 것들과 매우 비슷하다. 즉 사무드라(sāmudra, 바다 소금), 사우바르짜라(sauvarcala), 사인다바(saindhava, 돌 소금), 아우드비다(audbhida), 비다(viḍa, 붉은 소금)이다. 짜라까는 이 그룹에 대해서 성질과 제형, 그리고 그것이 치료하는 질병을 설명한다.[58] 또한 「음식물의 장」에서는 5가지 소금 각각의 특성이나 치료 효과를 설명하며, 제6의 소금으로 깔라라바나(kālalavaṇa, 검은 소금)를 더한다.[59] 베라도 5가지 소금으로 이뤄진 그룹을 언급하는데, 각각의 이름을 들지는 않는다.[60] 수슈루따는 「음식물의 장」에서 이 5가지에 로마까(romaka)를 더하여 하나의 그룹으로 하는데, 우선 이 그룹의 특성과 치료하는 질병에 대하여 언급한다. 이어서 그는 동일한 방식으로 각각의 소금을 다루며, 기본 소금에 구띠까(guṭikā) 소금, 꾸따(kuṭa) 소금, 끄샤라(kṣāra) 소금을 추가한다.[61]

빨리 문헌도 초기 의학서도 소금에 대해서는 5가지 기본형을 열거한다(수슈루따는 하나 더 언급한다). 그 내용은 본질적으로 같지만, 빨리 문헌의 검은 소금(kāḷaloṇa)이 의학서에서는 용어가 다른 검은 소금인 사우바르짜라(sauvarcala)로 대체된다. 깔라로나(kāḷaloṇa)의 산스끄리뜨형인 깔라라바나(kālalavaṇa)는 짜라까와 수슈루따에도 나온다.[62] 그러나 주요 소금 목록에는 나오지 않는다. 수슈루따와 짜라까에 의하면 그것은 "성질로서는 사우바르짜라인데, 단지 향이 없다."[63] 『짜라까상히따』의 주석가 짜끄라빠니닷따(Cakrapāṇidatta)가 깔라라바나(검은 소금)를 비다라바나(붉은 소금)로 이해한 것은 오류였다.[64] 그렇지만 수슈루따의 주석가 달하나가 깔라라바나가 무취의 사우바르짜라 소금이라고 한 것은 옳다.[65]

사실상 깔라라바나 소금과 사우바르짜라 소금은 동의어이다. 그래서 빨리 문헌에서는, 산스끄리뜨 의학이라면 사우바르짜라라고 해야 할 곳에서 깔라로나라고 하는 것이다. 즉 초기 아유르베다의 5가지 기본 소금은 초기 불교의학에서 열거한 5가지 소금과 본질적으로 동일하다.

이상에서 본 약용 식품의 분류 중 소금의 경우는 인도 의약물에 있어 두 전통의 일치를 가장 잘 보여준다. 약용 식품으로서 소금에 대한 5가지 기술은 불교 승원의학, 초기 아유르베다의학에 모두 나타난다. 후자는 단순히 목록만 열거하지 않고, 소금에 관해 축적한 이론적이고 실제적인 지식도 기술한다. 『짜라까상히따』의 한 항목에서는 소금의 특성, 그 제형, 이것을 사용해서 완화되는 질병이 기재되어 있으며, 「음식물의 장」에서는 제6의 소금인 깔라라바나를 추가하고, 이 6가지에 대해 대략적으로 설명한다. 『수슈루따상히따』는 「음식물의 장」에서 별도의 항목으로 소금에 대해 논하고 있다. 거기에서는 5가지 소금과 추가된 제6의 소금이 전체적으로, 그리고 개별적으로 취급된다. 그 전체 목록은 『짜라까상히따』에 없는 소금까지 포함한 확장된 것이다.

요약

불교와 아유르베다의 의약물이 항상 정확히 대응하는 것은 아니지만, 약을 구별되는 유형으로 분류하고 범주화하는 근본적인 경향은 공통적이다. 이 유사성이 가장 많이 나타나는 것은 의학서, 특히 수슈루따의 「음식물의 장」이다. 이는 그러한 물질들이 원래는 영양분으로 이해되었고, 이어서 2차적으로 의약이라는 관념이 생겨났음을 보여준다. 기본약 모두를 일종의 식품으로 생각했던 초기불교 승원의학도 이와 같아서, 이는 약의 기본 분류가 고대 인도의 음식 전통에 뿌리를 두고 있음을 시사한다. 5가지 기본약 목록은 불교 승원의학에만 있는 것이다. 약용 추출물과 약용 잎에 대해서도, 빨리 문헌에서는 원료가 되는 식물에 바탕하여 분류하는데, 의학서에는 정확하게 대응하는 것이 없다. 그러나 거기에서도 추출물과 잎이 중요한 약인 점은 인식하고 있다. 뿌리와 과일과 소금은 두 전통 모두 유사한 방식으로 기술하고 있지만, 의학서 저자들은 과일과 소금을 식품에 포함시킨다. 고무나 수지의 분류는 『수슈루따상히따』에서만 살아남았다. 마지막으로, 원래 약용 식품이었던 동물 지방을 분류하는 방식의 변화는 후대 힌두의 체계화를 반영한다.

불교도가 특정 식품을 약으로 규정한 것은 인도 의약물 전통의 행보에서 큰 의의를 갖는다. 유사한 약용 식품 분류를 초기 의학서에서도 볼 수 있는데, 이는 둘 다 공통된 약전 전통의 뿌리를 갖고 있기 때문일 것이다. 분류 방법에도, 그리고 각 그룹별 약 내용에도 차이가 있지만, 그건 아마 몇 가지 요인 때문일 것이다. 즉 지역의 민간의료에서 많은 영향을 받았으며, 인식 방법이나 종교적인 경향의 차이도 있을 것이다. 의학서에 나타난 약과 그 특성에 대한 종합적인 해설은 후대에 의학 이론가들이 이론을 더 발전시켰음을 보여준다. 니간뚜(nighaṇṭu)라는 이름의 약전이 인도에서 지금도 여전히 제작되고 있다. 인도 의약물의 발전에 관한 마지막 장은 아직 쓰여지지 않았다.

제6장

질병 치료 사례

승원의 율에 있는 의료 관련 부분에는 병든 승려들의 사례와 의약물 사용 규칙에 따라 허용된 치료법들이 담겨 있다. 이러한 치료 사례들은 기원전 수 세기 동안 불교 승원에서 행한 의료를 분명하게 보여준다. 치료한 질병들은 대개 경미한 것들로서, 초기 상가의 불교 수행자들이 앓던 전형적인 질환들이었다.

불교 승원의학의 이 치료 부분은 병자를 돌보는 것에 대하여 비구와 비구니에게 증상별로 지시를 내리는 형태를 취한다. 전문적인 의사도 상가 내에서 수도원과 수녀원처럼 환자를 치료했는데, 그것 또한 불교 승원과 의학의 밀접한 관계를 보여주는 것이다. 라자가하의 아까사곳따(Ākāsagotta)와 부록 1에서 다룰 지바까 꼬마라밧짜, 이 두 사람은 불교도에게 친숙한 의사이다. 불교도의 치료와 이에 대응하는 초기 의학서의 치료를 비교하면, 의학 이론의 일반적 연속성을 드러낼 수 있고, 그것이 가리키는 민간의료의 공통된 원천을 알 수 있다. 분석해보면 『수슈루따상히따』를 탄생시킨 치유 전통에서 편찬된 의학 자료와 가장 밀접히 연관되지만, 짜라까와 베라의 편찬서에서도 상응하는 내용들이 나타난다. 그러나 때로는 차이점도 있는데, 그 이유는 2가지일 것이다. 하나는 각각의 토대가 된 의학 지식의 저장고가 다양하기 때문이고, 다른 하나는 후대에 힌두 전통에서 특정 치료들을 브라흐만교의 정통성에 적합하게 변형했기 때문이다.

불교 승원의학은 체계화된 의학설로는 현존하는 것 중 가장 오래된 것이다. 같은 원천을 이용해 후대 의학서의 편찬자들은 상당량의 민간의료를 포함시키고, 그것을 3가지 도샤를 기초로 한 병인론에 따라 체계화하여 의학 과목을 8과목(aṇga)으로 나누었다. 이는 일반의학, 크고 작은 외과 수술, 독물학, 악령학, 산부인과를 포함한 소아과, 정력강화와 불로장생술로 나누어진다. 불교 승원의학에서 이론적 토대는 암시만 되고 있을 뿐인데, 특히 승려 삘린다밧차(Pilindavaccha)의 바람 도샤 질병이나 어떤 승려의 도샤 질환 부분에 보인다. 이는 도샤 병인론이 이미 존재했거나, 적어도 시작 단계에 있었다는 것을 의미하긴 해도, 특히 불교도의 경우에는 의료의 실제 적용에 집중했음을 보여준다. 그것은 다음에 서술할 18가지 병례를 보아도 분명하게 알 수 있다.

사례별로 총 18가지 질병 상태와 이에 대한 치료가 논의되고 있다. 그것들은 꼭 유행승에 국한된 것은 아니지만 대부분 그들이 겪는 상황에 적용되기에, 승원의 계율에 포함된 불교의학 편람이라 부를 수 있다.

사례들은 심한 염증에서 시작해서 치루로 끝나며 대부분 무작위로 분류되어 있다. 그러나 어떤 질병들은 그룹으로 묶이는데, 이는 기존의 의학 모음집에서 일부가 발췌되었음을 시사한다. 여기에는 3가지 바람병(風病) 군이 포함된다. 즉 4지(肢)의 바람, 관절의 바람, 복부의 바람 질환이다. 3가지 외부 질환 그룹은 발의 갈라짐, 종기, 2가지 중독(뱀에 물림과 인공적인 중독)이다. 2가지 피부질환은 병적인 창백함(이는 사실 피부질환이 아니라 황달임)과 피부병이다. 도샤의 질병은 몸이 도샤로 채워지거나, 복부에 바람이 든 것이다.

질병 사례를 묶는 두 번째 기준은 삘린다밧차 승려가 앓은 질병들이다. 이는 열로 인해 자극받은 머리부터 발의 갈라짐에 이르는 5가지 질병이다. 여기에는 3가지 바람병 그룹도 포함된다. 특정 질병들을 그룹으로 묶는 이 두 번째 방식은 의학 정보를 체계화하려는 초기불교의 시도를 보여준다. 질병들은 순서대로 다음과 같다.

1. 심한 염증
2. 비인간병(빙의)
3. 눈병
4. 열로 인해 자극받은 머리(머리 질병)
5. 바람병(풍병)
6. 사지의 바람병(사지통)
7. 관절의 바람병(관절통)
8. 발의 갈라짐
9. 종기
10. 뱀에 물림
11. 유해한 음료의 작용
12. 소화불량
13. 병적인 창백함 혹은 황달
14. 피부질환
15. 도샤로 채워진 몸

16. 복부의 바람병

17. 몸의 열감

18. 치루

바람(vāta)에 의한 질병들이 도샤(doṣa) 질환들의 주요 유형들이고, 그 다음으로 다양한 외부 질환과 피부질환이 뒤따른다. 이 18가지 질병을 의사 지바까 꼬마라밧짜가 치료한 5가지 치료 사례 목록과 비교하면, 공통된 것은 머리 질병, 치루, 병적 창백함, 도샤로 채워진 몸이다. 지바까에게만 해당되는 것은 장 꼬임(즉, 탈장의 한 종류)뿐이다. 양쪽 기록을 실제 질병 사례를 기술한 것으로 본다면, 이는 고대 북부 인도, 특히 마가다와 바라나시, 라자그리하에서 흔했던 머리 질병(두통), 치루, 황달, 도샤 질병의 역학(epidemiology)을 보여준다. 여기에 빨리 문헌의 다른 곳에 나오는 눈병도 더하면, 이는 당시에 눈 관련 문제가 드물지 않았음을 가리킨다. 잘 알려진 대로, 『수슈루따상히따』는 백내장 수술의 가장 오래된 증거를 포함하여, 다양한 유형의 상세한 눈 질환 치료법을 제시하고 있다.

심한 염증

아난다(Ānanda)의 친교사(親教師)인 승려 벨랏타시사(Belaṭṭhasīsa)가 심한 염증(thullakacchā)을 앓았다. 상처에서 분비물(lasikā)이 나와 승복이 피부에 달라붙었다. 승복을 벗기려고 상처와 딱지를 물에 적셨다. 붓다고사는 염증을 '심한 발진(mahāpiḷakā)'으로 풀이한다.[1]

붓다는 이 문제를 살펴보고 다음의 치료들을 허락했다. 우선 분말약(cuṇṇa, Skt. cūrṇa)을 허용했다. 이것은 붓다고사가 '딱지(kacchu)'로 이해한 가려움증(kaṇḍū), 그리고 '혈성(血性)의 작은 혹', 즉 작은 화농성 부스럼으로 풀이한 작은 발진(piḷakā, Skt. piḍakā)에 쓰였다.[2] 또한 고름이 나오는 염증(assāva 또는 āsava, Skt. āsrāva)에도 쓰였는데, 붓다고사는 이것을 불순물의 분비로 인한 일종의 누공 혹은 비뇨장애로 풀이했다. 그리고 심한 염증(thullakacchā, var. thullakacchu)과 악취나는 몸(duggandhakāya)에도 분말약을 사용하도록 했다. 그러나 증상이 심하지 않은 승려들에게는 붓다고사가 소똥으로 풀이한 동물의 똥(chakana, Skt. chagana), 진흙(mattikā, Skt. mṛttikā), 끓인 염료(rajananipakka, 染料)를 허용했다.[3] 붓다고사는 마지막 치료법이 천연분말을 물에 개어 준비했다가 목욕할 때 비누처럼 사용한 것 같다고 한다.[4] 마지막으로, 조제를 위한 막자사발(udukkhala, Skt. ulūkhala), 나무공이(musala), 가루 거르는 체(cuṇṇacālānī), 거르는 천(dussacālānī)이 허용되었다.[5] 율의 다른 곳에서는 일종의 붕대(kaṇḍupaṭicchādi)가 허용되었는데, 이는 배꼽 아래와 무릎 위에 생긴 염증을 덮기 위한 것으로 분말약으로 치료하는 앞의 4가지 질병에 허용된 것이다.[6] 이 질병 사례는 약품 조제에 사용되는 재료를 언급하고 있어서, 상가에 어떤 형태의 약학이 있었는지를 알려준다.

빨리 기록에 나타난 툴라깟차(thullakacchā)는 일종의 피부병으로, 심한 염증이나 발진에서 분비물이 나오고 딱지가 생기는 것이다. 이는 의학서 저자들이 까끄샤(kakṣā, kakṣyā)라 부른 경미한 질병의 일종일 것이다. 담즙에 의해 일어나는 피부병으로 대(大, sthūla), 중, 소 크기의 검은 발진(piṭakā)이 특징적이며, 볶은 곡식을 닮은 것이 팔, 몸통 측면, 엉덩이, 숨은 부위(겨드랑이 밑이나 음부)에 생긴다.[7] 까끄샤(kakṣā)는 현대 아유르베다에서 보통 헤르페스(herpes)를 가리킨다. 따라서 빨리어 툴라깟차(thullakacchā)는 큰(sthūla) 반점 형태의 종기(kakṣā)를 뜻할 것인데, 산스끄리뜨어로는 스툴라까끄사(sthūlakakṣā)로서 큰(어두운) 반점 형태의 염증이 특징인 일종의 뾰루지나 습진이다.

치료는 단독(丹毒, visarpa)과 다양한 피부병(kuṣṭha)에 대한 것과 같지만, 특히 달콤한 약(madhurauṣadha)으로 끓인 정제버터(ghṛta)가 권장된다.[8] 특정 경미한 피부병(kuṣṭha) 치료를 위해 짜라까는 분말약(cūrṇa)에 다른 약을 섞으라고 처방한다.[9]

빨리 문헌에 언급된 기타 피부 증상인 가려움증, 작은 발진, 고름이 나오는 염증, 악취가 나는 몸에 대한 치료도 초기 의학서에 기술되어 있다. 분말약에 다른 약을 섞는 것은 여러 피부병(kuṣṭha), 특히 가려움(kaṇḍū)이나 작은 발진(piḍakā)이 주된 증상인 병에 효과적이다.[10] 몇몇 식물로 만든 습포제(pradeha)는 악취가 나는 몸(śarīradauragandhi)에 사용이 추천된다.[11] 분비물(āsrāva)의 유형과 이에 대한 치료는 『수슈루따상히따』에 자세히 언급되어 있다. 피부발진뿐만 아니라, 눈에서 나오는 분비물도 다루고 있다.[12] 이 분비물, 즉 아스라바(āsrāva)는 『아타르바베다』에도 나오는데, 거기에서는 상처에서 나오는 것을 가리키거나 때로는 과다한 월경혈이나 대하를 의미한다.[13]

빨리 문헌에 기록된 동물의 똥, 진흙, 끓인 염료의 사용은 경미한 피부병의 치료를 위한 것이다. 처음 2가지는 고약이나 습포제로 사용되지만, 염료는 붓다고사가 말하듯 일종의 목욕제로 보인다. 똥은 딱지를 떼어내는 데도 쓰이고 염료는 특정 피부병에 나타나는 백반을 염색하는 데 도움이 되었다. 피부의 백반에 대하여 이러한 방법을 사용하는 것은 초기 베다 시대의 의학에도 있었다. 이것은 오늘날 인도 전역에서 발견되는 백반증에 대한 초기 증거일 수도 있다.[14] 고전 아유르베다 문헌에서 이들 중 어떤 약이 중증이나 경증의 피부병 치료에 등장하는 것은 항상 다른 약들과 함께 섞어 쓰는 재료로서이다.[15]

피부병 치료에 있어서 초기불교 승원의학과 아유르베다의학 사이의 이러한 유사성은 두 의학 체계와 임상 치료의 연속성을 강하게 시사한다. 양자는 공통된 민간의료를 그 원천으로 하고 있을 것이다.

비인간병(빙의)

어떤 승려가 비(非)인간병(amanussikābādha)에 걸렸는데, 치료를 받았지만 낫지 않았다. 결국 그는 돼지(sūkara)의 생고기(āmakamaṃsa)를 먹고 생피(āmakalohita)를 마시고 병이 진정되었다. 이 때문에 돼지의 생고기와 생피가 비인간병에 대한 약으로 허용되었다.[16] 붓다고사는 비(非)인간 존재가 돼지의 생고기와 생피를 마셔서 병이 진정, 완화되었다고 본다. 그래서 그 승려가 악령의 힘에 사로잡혔던 것이라고 이해한다.[17]

수슈루따의 「웃따라딴뜨라」(Uttaratantra) 제60장은 이 비인간의 방문(amānuṣopas-argapratiṣedha)을 퇴치하는 것에 할애된다. 인간을 공격하는 악령적인 존재는 악귀(graha), 탈취자 혹은 점유자로 불린다. 그 일원 중 하나인 락샤사(Rākṣasa)들은 살과 피를 좋아하는 것으로 유명하다.[18] 그렇게 보면 불교 승려의 비인간병은 아마도 수슈루따의 락샤사와 같은 악령에 의한 빙의의 일종일 것이다.

이런 악령에 빙의된 자를 위한 종교 치유 의식은 다음과 같다. 기도자는 주문을 외우고 의식을 거행하는데, 악령들을 달래기 위해 적절한 때에 맞춰 피와 살로 된 공물을 바친다. 치료할 때 주문(만뜨라)의 효력이 확실하지 않으면 더 경험적인 처방이 내려진다.[19] 환자가 돼지의 생고기와 생피를 섭취해야 한다는 처치법이 명시되지는 않았지만, 몸에 들어온 악령을 먹이고 달래기 위해 분명 직접 먹었을 것이다.

동물성 식품의 섭취는 의학서에서 금지하진 않더라도 논란이 있는 문제였다. 이 문제를 다루는 프란시스 짐머만은 그러한 치료법들이 훨씬 더 광범위한 의학적, 종교적 전통에 삽입되었으며, 그 전통에서 여기에 순수성(purity)과 비폭력의 치료 체계를 중첩시켰다고 주장했다. 이 두 가지 상반된 원칙은 각각 그 나름의 차원에서 완전히 정통적이다. 그래서 단일한 교리가 비폭력과 금욕과 채식주의를 펴는 동시에 상황에 따라서는 속임수와 생피와 육식동물의 고기를 처방할 수 있었다.[20]

동물의 살과 피를 사용하는 치료는 비(非)브라만 계열의 민간의료가 초기 의학서에 유입된 분명한 사례이다. 빨리 문헌에 나오는 승려의 질병 사례가 이러한 치료에 해당했다. 즉 불교도들은 브라흐만교의 금기에 영향을 받지 않고 돼지의 피와 살 복용을 질병의 치료법으로 채택하였다. 그러나 『수슈루따상히따』에서는 피와 고기를 섭취하는 대신 만뜨라 및 기도와 함께 그것들을 바치는 것으로 치료법을 변형시켰다. 수슈루따의 처방에서 브라흐만교의 가공이 분명히 드러난다. 비인간병은 바로 악령에 의한 병, 즉 빙의병이었다. 불교도는 치료를 위해 동물성 식품을 섭취했다. 『수슈루따상히따』의 편찬자들은 초기 베다 시기의 주술-종교적 의학이 이와 유사한 질병에 대해 행했던 치료법에 일치하도록, 빙의 치료법을 변형시켰다. 이러한 치료법이 성공하지 못하면, 의학서는 경험-합리적 의학의 방법을 권장했다. 불교의 치료법에 대한 붓다고사의 주석은 초기 의학 전통의 치료법에 대한 지식과 수용을 의미한다. 그러므로 빙의병 사례에서 두 가지 의학 전통의 증거를 발견할 수 있다. 불교 승원의학의 전통은 나중에 의학서 편찬자들이 베다의 민간의료를 받아들이되 브라흐만교에 맞게 변형시킨 치료법의 원형을 간직하고 있다.

눈병

초기불교 문헌에서는 눈병과 그 치료를 많이 다루고 있다. 어떤 승려가 눈병(cakkhuroga)에 걸리자 동료 승려들이 그를 도와 쉬게 했다. 붓다는 승려들을 만나 병든 승려에 관해 물은 후 안약(añjana)을 비롯한 다음의 치료제를 허락했다. 각각의 것들에 대한 설명은 붓다고사의 주석을 따른다.

1. 검은 안약(kāḷañjana, Skt. kāḷāñjana): 일종의 연고로, 온갖 성분을 다 끓인 것
2. 라사 안약(rasañjana, Skt. rasāñjana): 몇 가지 성분으로 만든 것[21]
3. 강의 안약(sotāñjana, Skt. srotoṇjana): 강이나 시냇물 등에서 만들어진 연고[22]
4. 황토(geruka, Skt. gairika): 황색의 흙
5. 램프 그을음(kapalla=kajjala, Skt. kajjala): 램프의 불꽃에서 생긴 것으로 만든 것, 일명 램프 검댕
6. 분말로 된 안약(añjanupapisana, Skt. añjana+upa+√pis): 다음의 것들로 만들어짐
   a. 전단(栴檀, candana): 붉은 전단과 그 외

b. 따가라(tagara): 아마도 눈병에 사용되는 동인도의 크레이프 재스민(Indian rosebay). 그러나 인도 발레리안(Indian Valerian)으로도 알려져 있는데, 이것이 눈병 치료에 사용된 기록은 없음[23]
c. 검은 아누사리(anusārī, kāḷānusāriya, Skt. kālānusārī)[24]
d. 은색 전나무(tālīsa): 이 식물의 잎이 주로 사용됨
e. 향부자(蘇子, bhaddamuttaka, Skt. bhadramusta)

이러한 약 외에 승려에게 분말약을 넣는 안약통이나 튜브(añjanī)가 허용되었지만, 금이나 은으로 만든 것은 금지되었다. 약통 뚜껑, 약통과 뚜껑을 묶는 끈, 튜브와 동일한 재료로 만든 약 바르는 막대(añjanisalākā), 약 막대 보관 용기, 그리고 이것을 넣을 수 있는 주머니와 어깨끈도 허용되었다.[25] 안약과 그것을 바르고 보관하는 데 사용하는 도구에 대한 상세한 지침은 이 시기에 눈 관리가 중시되었고, 오랜 전통을 지닌 눈병의 치료가 불교 승단에 통합되어 있었음을 시사한다.[26]

수슈루따의 보유편 「웃따라딴뜨라」는 처음의 열아홉 개의 장들에서 76가지 눈병(netraroga)의 병리와 치료를 다루는데, 그것들은 대개 4가지 유형, 즉 3가지 도샤(doṣa) 중 하나 혹은 그 조합에서 생긴 것들로 분류된다.[27] 거의 모든 눈 질환에서 수술이 필요한지 여부와 상관없이 안약(añjana)이 치료에 포함된다.

「웃따라딴뜨라」 제18장의 항목 하나는 오로지 안약의 종류와 적용, 그 사용 및 저장을 위한 도구와 용기에 할애된다. 3가지 기본 안약의 작용은 문지르고(lekhana) 치료하고(ropaṇa) 진정시키는 것(prasādana)인데, 몸을 깨끗이 한 후, 어느 하나를 특정 도샤가 머물러 있는 눈에 사용한다.[28] 안연고의 제형은 환약(guṭikā, varti), 액상(rasa; 달하나의 주석: 진한

액상(ghanarasa)), 분말(cūrṇa) 3가지가 있다. 달하나는 각각을 심한 질환, 중간 질환, 가벼운 질환에 사용한다고 설명한다.[29] 용기(bhājana)와 막대(śalākā)는 안약과 동등한 성질의 재료로 만들어야 한다. 그것들은 금, 은, 동물의 뿔, 구리, 바이두르야석(vaid(ḍ)ūrya, Vidura에서 나온 돌로 아마도 유리석(lapis lazuli, 청금석)), 종청동(鐘靑銅, kāṃsya, 구리와 주석의 합금)으로 만들 수도 있다. 막대는 양쪽 끝이 꽃봉오리 모양으로, 둘레의 크기는 야생 콩(kalāya) 정도이고, 길이는 손가락 8개 너비이며, 가운데는 가늘고 손잡이가 달려 있다(달하나의 주석: 쥐기 쉽게 하는 것). 막대는 우담바라(udumbara) 가지(달하나의 주석: 구리), 돌(달하나의 주석: 유리석) 혹은 신체의 돌, 즉 뼈(달하나의 주석: 뿔 등)로 만드는 것이 적절하다.[30]

빨리문헌에서 안약으로 언급된 거의 모든 것이 초기 의학서에서 같은 맥락으로 나타난다.[31] 검은 안약(kālāñjana)이라는 이름이 초기 의학서에 아마도 한 번만 등장한다. 수슈루따에서 라자 안약(lājāñjana, 구운 곡물과 안약의 혼합물)의 변종으로 언급한다. 달하나는 이 변종을 사우비라 연고(Sauvīrāñjana)로 풀이한다.[32] 이것은 빨리문헌에 안약으로 나타나지 않지만 의학서에는 등장하고,[33] 라사 안약(rasāñjana)과 스로따 안약(srotoñjana, 강의 안약)과 함께 초기 아유르베다의학의 3대 안약 중 하나이다(나중에는 뿌스빠 안약(puṣpāñjana)과 니라 안약(nīlāñjana) 2가지가 더해져 전부 5개가 되었다).[34] 사우비라 연고는 검은색이고 그 이름이 이 안연고의 채집지인 사우비라(sauvīra: 인더스강을 따라 있는 나라)라는 산지(山地)에서 유래한 것이다.[35] 그러므로 사우비라 연고는 다른 이름으로 불교도에게 알려져 있었을지도 모르고 혹은 아주 유사한 종류의 안연고가 그 대신 사용되었을 가능성도 있다.

눈 치료는 고대 인도에서 오랜 역사를 가진 잘 확립된 전통이 있었다. 빨리 문헌과 초기 의학서에서 나타나는 눈 질환을 치료하는 기본 재료와 치료법의 유사성은 의학설의 연속성을 반영한다. 다만 불교도의 안과학은 눈병의 치료로 수술을 다루지는 않는다. 그러나 『수슈루따상히따』의 눈 수술은 많은 주목을 받았으며, 안과학은 인도인들이 큰 명성을 얻은 의학 분야 중 하나이다.[36] 아마도 알고는 있었겠지만, 불교 승원의학은 눈 수술을 수용하지는 않았다.

『시비자따까』(Sivijātaka 499)는 유능한 의사(vejja)인 시바까(Sīvaka)가 시비왕의 눈(chakkhu)을 적출한 이야기를 들려주는데, 왕은 큰 자비심으로 자신의 눈을 맹인 브라흐만 사제에게 주려 했던 것이다. 수술 도구(sattha)를 사용하는 것이 적절하지 않다고 생각한 시바까는 여러 약을 가루로 으깨어(nānābhesajjāni ghaṃsitvā) 푸른 연꽃에 그 약 가루를 묻히고(bhesajjacuṇṇena nīluppale paribhāvetvā), 그것으로 왕의 오른쪽 눈을 가볍게 문질렀다(dakkhiṇam akkhim upasiṃghāpesi). 눈알이 돌아가면서(akkhi parivatti) 왕은 심한 통증에 시달렸다. 의사가 다시 가루를 뿌리자 눈이 눈구멍에서 느슨해지기 시작했다. 세 번째로 더 강력한(kharatara) 가루가 뿌려지고 약(osadhabala) 가루의 힘으로 눈이 튀어나와 힘줄(nahārusutta) 끝에 매달렸다. 의사는 이를 잘라내어 왕에게 건넸고, 왕은 그것을 사제에게 주었다. 동일한 절차로 왼쪽 눈도 적출되었다. 두 눈이 눈구멍에 들어가자 사제는 시력을 얻었다.[37]

오랜 전통을 지니고 확립되어 있었던 안과학이 초기불교 승원의학에서 체계화되었다. 초기 아유르베다 의학서는 이를 더 정교한 형태로 논의하며, 불교 승원의학에는 결여되어 있던 도샤에 바탕한 병인론과 수술요법도 서술한다. 그러므로 고대 인도의 안과 치료는 두 의학 전통의 근간이 되는 공통의 원천이 있었음이 분명하다.

열로 인해 자극받은 머리(머리 질병)

승려 삘린다밧차는 열이 머리를 자극하여(sīsābhitāpa) 고통받았다. 다음의 3가지 치료가 허용되었다. 정수리 기름 도포(muddhani telake), 비강요법(natthukamma), 연기 흡입(dhūmaṃ pātum, 문자 그대로는 '연기 마시기')이다. 코에 기름을 주입하기 어려웠으므로 코 주입 용도의 스푼(natthukaraṇī)이 허용되었다. 다만 안약 막대와 동일한 재료로 만든 것은 허용되어도, 금이나 은은 안 된다. 약이 코에 고르게 들어가지 않아 이중으로 된 코 용도의 스푼(yamakanatthukaraṇī)이 허용되었다. 붓다고사는 이것을 두 개의 관에서 양쪽 콧구멍으로 기름이 균등하게 흘러들어가게 하는 코 스푼으로 이해했다. 환자가 회복의 징후를 보이지 않으면, 대개 정제버터(ghee)인 듯한데, 그것을 심지에 발라서 태운 연기를 마시는 것도 허용되었다. 승려가 목에 화상을 입자 코 용도의 스푼과 동일한 재료로 만든 연통(dhūmanetta)이 허용되었다. 또 연통에 벌레가 들어가는 것을 막는 덮개, 연통이 서로 닿지 않게 하는 이중 가방(yamakathavika), 어깨끈과 묶는 실(aṃsabandhaka bandhanasuttaka) 등도 승려들에게 부속품으로 허용되었다.[38]

초기 의학서에서 발견되는 머리의 질병에 대한 기술은 불교 승원의학의 것과 매우 비슷하다. 머리의 질병은 짜라까, 수슈루따에서 꽤 광범위하게 다룬다. 모두 쉬로로가(śiroroga, 머리의 질병)라는 일반적인 명칭 아래에서 다루고 있으며,[39] 수슈루따는 쉬로비따빠(śirobhitāpa)라는 명칭도 사용한다. 이는 빨리어의 시사비따빠(sīsābhitāpa)에 해당하는 것으로, 달하나는 이것이 쉬로로가(śiroroga)라고 한다.[40] 원래는 머리의 병에 5가지가 있었다. 그중 3가지는 도샤 각각에 의해, 1가지는 도샤의 조합에 의해서, 1가지는 기생충(kṛmi)에 의해서 일어난다.[41] 나중에는 이것들에 6가지가 더해졌다. 즉 샹카까(śaṇkhaka), 아르다바베다까(ardhāvabhedaka), 아난따바따(anantavāta), 수류야바르따(sūryāvarta)이다. 이러한 것들은 도샤의 손상과 관련하여 설명되어 있으며, 짜라까와 수슈루따 양쪽에 있다.[42] 그리고 수슈루따에만 혈액의 오염(raktaja)과 신체 노폐물(kṣayaja)에 의한 것이 있다.[43]

수슈루따에 따르면 머리 질병에 대한 첫 번째 치료법 중 하나는 기름과 꿀을 이용한 강력한 머리 정화이다. 이어서 종종 비강요법(nasya[nasta] karman), 그리고 점액(kapha) 생성을 막기 위한 연기 흡입(dhūma) 요법이 시행된다.[44]

이들 2가지 치료 요법은 짜라까와 수슈루따 모두 상세하게 설명하는데, 불교도의 방법과 매우 유사하다. 머리를 문질러 땀을 낸 뒤 환자는 반듯이 눕고 의사는 약이 든 따뜻한 기름(sneha)을 일종의 스포이드(praṇāḍī, 수슈루따에 따르면 굴 껍데기(śuktī))나 솜(picu)을 사용해 양쪽 콧구멍에 같은 양을 넣는다. 수슈루따는 코 주입용 기름을 은, 금, 붉은 토기 또는 굴 껍데기에 부어 두었다가 콧구멍에 주입한다고 말한다.[45]

흡입 요법에는 연통이나 파이프(dhūmanetra)가 필요하다. 그것은 관장용 튜브(vastinetra)와 동일한 재질의 것, 즉 금, 은, 구리, 철, 놋쇠, 상아, 동물의 뿔, 보석, 심재(心材), 주석, 대나무 등으로 만든다.[46] 그 길이와 굵기는 정해져 있다. 파이프를 사용할 때는 약용 패드(varti)에 먼저 기름을 바른 뒤 불에 달구고 그것을 파이프 입구에 놓는다. 환자는 느긋

하게 앉아 마음을 편하게 하고 등줄기는 쭉 펴고 아래쪽을 바라보며 조심스럽게 연기를 양쪽 콧구멍, 입, 그리고 콧구멍과 입 양쪽으로 들이마신다.[47]

기름 도포법, 비강요법, 연기 흡입법 이 3가지 요법은 빨리 문헌에 간단한 형태로 나타나는데, 초기 의학서에는 자세히 나와 있다. 이것은 머리 질병 치료의 공통된 기원과 의학 교리의 연속성을 분명하게 보여준다. 비강요법, 연기 흡입법과 그것을 실시하기 위한 기구는 짜라까, (베라), 수슈루따 모두 언급하긴 하지만, 자세한 설명은 『수슈루따상히따』에서 볼 수 있다. 의학서에서 머리 질병의 기술은 거의 전적으로 도샤 질병분류학에 기초하고 있으나 불교 승원의학에서는 이것이 암시만 되어 있다.

바람병(風病)

승려 삘린다밧차는 바람병(vātābādha)을 앓았다. 의사(vejja, Skt. vaidya)의 권고로, 달인 기름(tela)에 희석한 술(majja, Skt. mada, madya)을 섞어 삘린다밧차에게 주었다. 술이 너무 독할 경우 그 기름은 마사지(abbhañjana)용으로만 써야 했다. 구리, 나무, 과일로 만든 용기를 끓인 기름의 보존에 사용했다.[48] 이 사례에서 약학의 전통이 다시 드러난다. 이번에는 기름에 술(majja)을 섞어 제조하는 과정이 포함되었다.

빨리 문헌이 전하는 바는 적기 때문에, 초기 의학 전통과의 연결을 논하려 해도 일반적인 것에 머무를 수밖에 없다. 짜라까, 수슈루따의 의학서는 바람(vāta, vāyu) 도샤의 이상에 기반한 다수의 바람 질환(vātavikāra)

이나 바람병(vātaroga, vātavyādhi)에 대해 서술한다. 이러한 이상은 바람 도샤 단독으로 혹은 그것이 담즙 도샤나 점액 도샤와 함께 결합하여 신체의 다양한 부위에 자리잡음으로써 일어나는 것이다.[49]

두 의학서의 저자는 바람병의 치료에 대해서도 여러 가지를 기술하고 있다. 대부분 어느 경우나 다른 약을 섞어서 달인 기름(taila)이 필요한데, 이것이 내복, 외용 또는 관장에 이용된다. 어떤 치료에서는 연고도 언급된다.[50] 짜라까는 달인 기름의 중요성을 강조하며, "기름(taila)보다 더 나은 게 없다. … 가공 처리를 하면 더 강력해진다. 그래서 백번 천번 바람(바따) 제거 약들과 함께 끓이면 가장 작은 통로의 독소마저도 즉시 파괴해버린다."라고 한다.[51] 특별히 효과가 있는 기름약은 '천번 끓인 약(sahasrapāka)'인데, 이것은 금, 은 또는 흙 용기에 보관해야 한다.[52]

삘린다밧차에게 행해진 것과 일치하는 치료는 초기 의학서에 나오지 않지만, 두 전통 모두에서 기름(tela, taila)이라는 기본 성분이 나타나는 것으로 보아 공통된 기원이 있음을 알 수 있다. 빨리어의 벳자(vejja)란 의료인(vaidya)을 의미하는데, 이들은 불교 고행승이나 상가와 밀접하게 연관된 존재들이었다. 승려의 바람병 치료에 그 의사들이 권한 것은 불교도들이 활용하고, 또한 초기 의학서에서도 성문화된 의학설에 근거한 치료였다. 이 사례에서 의사가 언급된 것은 불교 승원과 고대 인도 의학 사이의 밀접한 연계를 짐작케 한다. 둘 다 그들의 의학설을 동일한 원천에 두고 있었다.

사지의 바람병(四肢痛)

승려 뻴린다밧차는 사지의 바람병(aṅgavāta, 사지통)을 앓았는데, 붓다고사에 따르면 사지 전체에 바람(vāta)이 퍼진 것이다. 시행된 치료에는 환자가 땀을 흘리게 하는 처치들이 포함되었다. 땀을 내게 하는 치료인 발한법(sedakamma)을 시행했다. 승려의 상태가 호전되지 않아서 다음의 치료가 계속되었다. 우선 인공적인 수단(sambhāraseda)으로 발한하는 것인데, 붓다고사에 따르면 여러 잎과 싹을 사용해 발한시키는 것이다. 다음은 대발한법(mahāseda, 大汗)으로, 붓다고사는 다음과 같이 이 과정을 설명한다. "사람 크기의 구덩이에 달군 석탄을 채우고, 구덩이에 일반 흙을 덮는다. 거기에 바람 도샤를 없애기 위해서 여러 종류의 잎을 흩뿌려 둔다. 그리고 기름을 바른 환자가 거기에 누워 구르면 몸에서 땀이 난다." 그런데도 승려가 아직 회복되지 않아서 이번엔 싹(과 잎)을 넣은 수(水)치료(bhaṅgodaka)[53]를 시행했다. 붓다고사에 의하면, 물을 여러 잎이나 싹과 함께 끓여 환자에게 반복해 물과 잎을 뿌려 땀을 흘리게 하는 것이다. 그러나 승려가 아직도 호전되지 않자 마지막으로 목욕통(udakakoṭṭhaka)을 사용한 치료를 시행했다. 붓다고사의 설명으로는, 이는 환자를 뜨거운 물을 채운 용기 또는 욕조에 넣는 발한법, 즉 뜨거운 물에 담그는 발한법이다.[54]

스리랑카의 초기불교 유적지에서 나온 고고학적 증거에 의하면, 불교 승원에는 침수요법을 위한 특별한 목욕탕이 있었다. 초기불교 승원의 의료 전통에 기원을 두고 있는 치료용 목욕은 스리랑카에서 인기 있는 치료법이 되었음이 분명하다. 스리랑카 불교도들 사이에서 침수요법이 인기가 있었다는 것은 붓다고사가 침수요법의 다양한 기법에 익숙했음

을 설명해 준다.[55]

의학서에는 빨리 문헌의 사지의 바람병(aṅgavāta)에 그대로 해당하는 것은 없다. 그러나 짜라까는 바람병의 하나로 '사지 전체에서 흥분된 바람(sarvāṅgakupita vāta)'을 들며, 바람(바따)과 점액(까파) 병(gada)에는 발한법(sveda, Pāli seda)이 이용된다고 설명한다. 짜라까는 또한 발한법은 사지 전체에 침범하는 질병(sarvāṅga vikāra)에도 좋다고 말하고 있다.[56]

짜라까는 13가지의 발한법(svedakarman, Pāli sedakamma)을 거론하는데, 수슈루따는 그것들을 4가지 유형으로 나눈다. 여기에는 짜라까가 거론한 대부분의 방법이 포함된다. 베라는 8가지 유형을 말하며, 발한법을 바람병에 국한되지 않는 매우 일반적인 용어로 사용한다.[57]

초기 의학 전통과 초기불교도의 의학 사이에는 뚜렷한 유사성이 있다. 이런 의미에서 붓다고사의 해석은 특히 흥미롭다. 대발한법에 대한 그의 설명은 수슈루따의 다음의 증기발한법(ūṣmasveda)에 기반한 것으로 보인다. "사람 키에 맞게 땅을 파고, 아선약(阿仙藥, khadira) 장작으로 달구고, 우유와 발효시킨 쌀뜨물, 물을 뿌리고, 잎과 싹(patrabhaṅga)[58]으로 덮어 거기에 환자를 눕혀 땀을 흘리게 한다."[59] 달하나는 이를 땅 발한법(bhūsveda)이라고 불렀는데, 이 용어는 짜라까의 것이다.[60] 그러나 베라의 8가지 유형에는 이 발한법이 포함되지 않았다.[61] 붓다고사의 싹(과 잎), 물을 사용한 치료도 의학서에서 말하는 '뿌리는 발한법(pariṣekasveda)'과 흡사하다. 구멍이 여러 개 뚫린 용기에 바람을 제거하는 따뜻한 탕약을 채워서, 환자에게 뿌리거나 혹은 그걸로 샤워하게 한다.[62]

마지막으로 경전에서도 언급되고 붓다고사도 설명한 목욕통(udakakoṭṭhaka)을 사용하는 치료는 의학서에서 말하는 '목욕 발한법(avagāhasveda)'에 해당한다. 이 치료는 바람을 제거하는 약과 뜨거운 물을 포함한(uṣṇasalila)

다른 몇 가지 따뜻한 액체로 채워진 창고나 방(koṣṭhaka, Pali koṭṭhaka)에서 목욕하면서 땀을 흘리게 하는 것이다.[63] 빨리 문헌에 더 가까운 베라는 욕조(udakoṣṭha)를 이용한 발한법을 다음과 같이 말한다. "발한이 필요한 사람을 따뜻하고 정화된 물로 반쯤 채운 가마(kaṭāha)에 들어가게 해서 발한시킨다."[64]

초기불교 승원의 발한 요법은 초기 의학서에 상세하게 기술된 기법과 밀접한 관련이 있다. 앙가바따(aṅgavāta)라는 빨리어 병명은 의학서 쪽에 그대로 나타나지 않으며, 빨리문헌에서 말하는 대발한법(mahāseda)에 해당하는 말도 의학서에는 없다. 이러한 차이는 전승된 문헌 및 학문적 전통과 고대 인도에서 당시 실제로 행해진 의료 간의 분명한 차이를 가리킨다. 그러나 붓다고사 시대(기원후 5세기)에는 발한 요법에 관한 지식이 불교 상가에 널리 퍼져 있었다. 이러한 형태의 치료에 관한 그의 지식 대부분은 『수슈루따상히따』에서 유래했을 것이며, 당시에는 이미 이 의학서가 현존하는 형태와 거의 비슷했을 것이다.

관절의 바람병(관절통)

승려 삘린다밧차는 세 번째 유형의 바람병인 '관절의 바람병(pabbavāta)'을 앓았다. 붓다고사는 이를 "모든 관절을 관통하거나 때리는 바람", 즉 일종의 관절염으로 정의한다. 우선 그에게서 피를 뽑았다(lohitam mocetum, 피를 방출하다). 붓다고사에 의하면 이는 칼로 행해졌다. 승려가 회복되지 않았기에 이 사혈에 이어 뿔을 사용한 부항(visāṇena gahetum, 문자 그대로는 '뿔에 의해 취해짐')이 시도되었다.[65]

관절(sandhi)의 바람병은 짜라까, 수슈루따가 열거하는 바람 질환에 들어가 있으며, 혈액 내 바따(vātaśoṇita 또는 vātarakta)에 의한 특이 증상이다.[66] 짜라까에서는 바람이 양손과 양발, 손가락, 모든 관절(sarvasandhi)에 머무는 것이라고 설명한다. 손과 발에 뿌리(mūla)를 내린 후 거기서부터 온몸으로 퍼진다.[67]

사혈(raktamokṣaṇa, 문자 그대로는 '피의 방출')에 의한 치료요법은 짜라까와 수슈루따에도 기술되어 있다. 수슈루따는 수술 기구(śastravisrāvaṇa)를 사용한 사혈을 자세히 말하고 이것을 두 유형으로 나눈다. 첫째는 피부 절개(pracchāna), 둘째는 정맥 절개(sirāvyadhana, '정맥의 관통')이다. 또 수슈루따는 한 장을 정맥 절개에 할애했는데, 말미에서 관(管), 뿔(viṣāṇa), 표주박, 거머리(jalauka)를 사용한 사혈을 언급하고 있다.[68]

수슈루따는 관절, 인대, 뼈에 든 바람을 치료하는 방법으로 지방, 습포제 사용, 뜸, 동여맴, 마사지를 든다. 바람이 피부, 근육, 혈액, 혈관에 머물러 있을 때는 사혈(asṛgvimokṣana)이 좋다. 바람이 사지 전체(sarvāṅga)로 퍼졌을 때는 사혈(sirāmokṣa)과 여러 가지 형태의 발한법을 함께 실시한다. 수슈루따는 "만약 바람이 사지 중 한 부분(ekāṅga)에 있을 때 현명한 의사는 뿔(śṛṅga)로 부황을 해서 이를 다스려야 한다."라고 말한다. 혈액 내 바따(vātarakta)의 주요 치료는 규칙적이고 점진적으로 출혈시키는 것(avasiñcet, 달하나는 유출(srāvayet)로 해석했다)이며, 그다음에는 고약을 붙이는 것이다.[69] 짜라까는 바람이 혈액의 통로를 막고 관절에 들어갔을 때는 뿔, 거머리, 바늘, 표주박을 사용한 피부 절개나 정맥 절개로 사혈할 것을 권하고 있다.[70]

앞의 2가지 바람(vāta) 병과 마찬가지로, '관절의 바람병'도 불교문헌은 초기 의학서의 해당 부분 내용과 아주 가깝다. 빨리어의 앙가바따

(aṅgavāta, 사지의 바람병)와 빱바바따(pabbavāta, 관절의 바람병)는 초기 의학서에서 말하는 '사지 전체의 바람병'과 '사지 중 한 부분의 바람병'에 각각 잘 대응된다. 치료법에 관해 보면, 기름을 달인 탕약이 일반적인 바람병에 좋고, 발한법은 사지 전체의 바람병에, 그리고 사혈법은 신체 한 부분의 바람병에 효과적이다.

불교 승원의학에서의 바람 질환에 대한 설명을 보면, 율이 체계화될 당시 또는 그 이전에 이런 형태의 병을 잘 알고 있었던 의학 전통이 존재했던 것이 아닐까 생각된다. 이 의학 전통은 짜라까, 수슈루따의 의학적 가르침을 낳은 전통과 매우 밀접했던 것 같다. 바람(vāta)에 대한 강조는 도샤에 기반한 병인론이 초기에 공식화될 때 그것이 차지한 중요한 위치를 시사한다. 사혈이 불교 승원의학에 포함된 것은 매우 흥미롭다. 사혈의 과정에서 가장 오염된 물질인 혈액과 접촉하기 때문에 브라흐만교 사회의 상류층은 이를 쉽게 수용하지 않았을 것이다. 그러나 불교도와 초기 아유르베다의학의 일부인 사혈은 아마도 오래된 민간의료의 저장고에 포함된 치료법이었을 것이다. 게다가 고대 인도와 고대 헬레니즘 그리고 중국의 의학 체계에서 사혈은 문화적, 지리적 경계를 넘어선 의료기술이었는데, 이는 의학 지식의 전달을 보여준다.

발의 갈라짐

승려 삘린다밧차의 발이 갈라졌다(pādā phālitā). 그에게 행한 치료는 '발 마사지(pādabhañjan)'와 전통적인 족욕(pajja, Skt. padya)이었다.[71] 붓다고사는 빳자(pajja)를 맞자(majja, 사람을 취하게 하는 음료인 술)로 읽어서 다음과 같이 설명했다. 발이 자연적으로 갈라졌을 때는(즉, 저절로 벌어졌을 때는) 술을 만드는 것이 승려들에게 허용되었다. 발에 유익한 여러 약을 야자나무 열매에 넣어 발효시킨 후 끓여서 약을 준비했다.[72]

여기에서는 적어도 붓다고사의 시대에는 술(majja)을 만드는 것이 불교 승원 약학의 일반적 전통의 일부였음을 알 수 있다. 의학서는 특정 전통에 따라 두 가지 방식으로 갈라진 발의 질환에 관해 언급한다. 수슈루따는 발이 갈라지는 것(pādadārikā 또는 pādadārī)에 대해 다음과 같이 말한다. "일상적으로 여기저기 돌아다니는 사람의 바람 도샤는 몹시 건조한 발바닥에 쌓여서, 고통스러운 갈라짐(dāri)을 일으킨다. 그것은 우선 사혈로 치료하고, 이어서 발한과 마사지, 마지막으로 발 고약(pādalepa)을 발에 붙인다." 달하나는 발한과 마사지가 먼저이고, 사혈은 그 다음이라고 언급한다.[73] 이 방법이 더 이치에 맞다. 짜라까는 발바닥이 갈라지는(pāda sphuṭana) 질환은 기름을 사용한 발 마사지(pādābhyaṅga)로 예방할 수 있다고 한다.[74] 마찬가지로 수슈루따도 발 마사지(pādābhyaṅga)는 발바닥 피부를 부드럽게 한다(pādatvaṅmṛdukārin)고 한다.[75]

이러한 처치들은 모두 불교 문헌의 기술에 정확히 부합하지는 않는다. 그러나 '기름을 사용한 발 마사지'가 실은 빨리어 빠다반자나(pādabhañjana)의 더 정확한 의미이다. 이 합성어는 빠다브얀자나(pādaby(vy)añjana, 발의 도유(塗油))[76]가 아니라 오히려 빠다뱐자나(pādābhyañjana, 발 마사지)로 이해해야 한다. 의학 전통에서 아뱐자나(abhyañjana)는 스네하방가(snehābhyaṅga, 기름을 사용한 마사지)이다.[77] 따라서 빠다뱐자나(pādābhyañjana)는 기름을 사용한 빠다방가(pādābhaṅga, 발 마사지)와 동일하다. 이것은 짜라까에서든 수슈루따에서든 갈라진 발바닥을 예방하고 치료하는 가장 기본적인 방법이었다.[78]

빨리어의 빳자(pajja)는 보통 '발 연고'로 번역한다.[79] 그러나 문자 그대로의 의미는 '발에 관련된'이며, 빨리 문헌의 다른 곳에서 이 말은 '우다까(udaka, 물)'와 함께 쓰인다. 이것은 손님이나 낯선 사람을 집으로 맞이할 때 제공하는 오랜 관습을 가리킨다. 우선 그에게 자리(āsana)를 마련해 주고 발 관리를 해 주는데, 발을 향기로운 물로 씻기고 백번이나 끓인 참기름으로 마사지한다.[80]

승려의 발 갈라짐에 대한 치료는 분명히 이 오랜 관습에 근거하고 있다. 그래서 여기서 빳자라는 말은 언외에 우다까를 포함하고 있고, 향기로운 물을 사용하여 족욕을 시켜 주는 전통적인 발 관리 방법 일부를 의미한다. 발 마사지를 포함한 전통의 다른 부분은 율의 빠다반자나(pādabhañjana) 구절에서 이미 언급했다.

수슈루따의 발의 갈라짐 질환에 대한 서술은 불교 승려들이 평소에 겪는 문제와 잘 맞아떨어지는 듯하다. 걸식과 유랑을 일삼는 승려들은 유난히 발 질환에 걸리기 쉬웠다. 맨발로 걸으면 발바닥에 두꺼운 각질층이 쌓여 찢어지기 쉽고 감염도 쉽게 된다. 수슈루따는 또 이러한 질병이 바람(vāta)에 의해서 일어난다고 한다. 빨리 문헌은 이 병이 어떤 도샤와 관련해서 일어나는지를 언급하지는 않지만, 초기불교 승원의학을 기록한 율에서 이전에 서술한 바람 질환과의 근접성으로부터 이를 추론할 수 있다. 이 병은 승려 삘린다밧차가 걸린 5번째이자 마지막 병이었다. 만약 편찬자가 질병을 도샤와 관련하여 분류할 생각이었다면, 이 바람에 의해 일어난 질병을 다른 질병들과 함께 배치하고, 삘린다밧차를 환자로 해서 이것들을 이어주는 매개로 삼는 것이 합리적이었을 것이다. 그러나 의학서와 빨리 율에 차이가 있는데, 사혈이다. 의학서에서는 이 사혈이 발 갈라짐에 대한 기본 치료법이지만, 빨리 문헌은 그것을 언급하지 않는다. 그럼에도 불구하고 이것도 당시 불교도들에게는 잘 알려진 방법이었다.

율의 다른 곳에서는 어떤 승려의 발에 발진(pādakhīlabādha)이 생겼다. 이 때문에 승려들은 발이 아프거나(dukkha) 갈라지거나(phālita), 발진(pādakhīla)으로 괴로울 때, 샌들(upāhanā)을 신는 것이 허용되었다.[81] 의학서는 신발 신는 것이 유익한 발의 질병을 따로 거론하지는 않는다. 다만 짜라까는 신발을 신으면(pādatrabhāraṇa), 무엇보다 양쪽 발의 부상을 막을 수 있다(pādayor vyasanāpaha)고 한다.[82]

발의 갈라짐을 마사지로 치료하고, 발을 부상에서 보호하기 위해 신발을 이용하는 것은 유랑하는 고행수행자 전통에서 나온 것이다. 그것들은 불교 승원의학 전통과 고대 인도 민간의료의 저장고에서 나온 다른 치료법도 포함하고 있는 초기 의학서에 성문화되었다.

종기

어떤 승려가 종기(gaṇḍa)를 앓자, 다음의 치료가 행해졌다.

1) 절개, 즉 칼로 처치하는 것(satthakamma)
2) 탕약이 든 물의 사용(kasāvodaka)
3) 참깨 연고의 도포
4) 붕대나 압박대(kabaḷikā)를 대기. 붓다고사는 압박대가 벌어진 상처에 올려놓는 보릿가루 한 덩어리라고 설명한다.
5) 상처 주위를 헝겊으로 덮기(vaṇabandhanacola)

6) 가려움(kaṇḍu)을 막기 위해 상처(vaṇa) 위에 겨자 가루(?, sāsapakuṭṭa) 뿌리기(붓다고사는 가루란 '빻은 겨자'라고 함)
7) 곪은 상처(vaṇo kilijjittha, 문자 그대로는 '염증이 생긴 상처') 치료에 연기(dhūma) 사용
8) 소금 조각(loṇasakkharikāya chinditum)으로 상처의 부풀어 오른 살(vaṇamaṃsaṃ vuṭṭhāti) 도려내기. 붓다고사는 '못처럼 솟아오른 (표면을 덮는) 여분의 살'이라고 설명한다.
9) 아물지 않는 상처(vaṇo na rūhati)에 참기름(vaṇatela, 문자 그대로는 '상처 기름') 바르기
10) 기름이 흘러내리는 것(telaṃ galati)을 막기 위해 린넨 붕대(vikāsika) 사용하기. 붓다고사는 붕대를 '기름 방지의 작은 헝겊'이라고 함
11) 상처에 대한 모든 치료(sabbaṃ vaṇapaṭikamma) 시도. 붓다고사는 '상처가 치유되는 것은 무엇이든지'라고 설명함[83]

종기 치료는 중요한데, 여기에서 서술하고 있는 일련의 처치가 개개의 요소로서 의학서 안에 대응하는 내용이 나오기 때문이다. 다만 순서가 반드시 일치하지는 않으며 다양하다.

'간다(gaṇḍa)'라는 단어는 인간의 질병 및 부상과 관련된 빨리 용어로서, 그리고 신체 상태를 나타내는 직유(simile)로서 중요한 위치를 점한다. 율의 한 부분에서는 마가다인에게 많은 질병 5가지가 나온다. 즉 피부병(kuṭṭha, Skt. kuṣṭha), 종기(gaṇḍa), 피부의 백반(kilāsa), 소모증(sosa, Skt. śoṣa, 문자 그대로는 '바싹 마르다'), 뇌전증(apamāra, Skt. apasmāra, 간질)이다. 이 질병들 중 어느 하나에라도 걸린 승려는 탁발하러 가는 것이 허용되지 않았다.[84] 때로는 5가지 질병과 함께 당뇨병(madhumehika,

문자 그대로는 '꿀 오줌')도 언급된다.[85] 또 만약 비구니가 하반신의 종기(gaṇḍa) 혹은 딱지(rūhita)를 남에게 짜게 하거나 어떤 처치를 취하게 했다면 참회해야 할 죄를 저지른 게 된다.[86]

각종 종기는 지극히 일상적인 것이었고, 종종 그 병적인 특성 때문에 올바른 종교적 성장의 방해물을 나타내는 직유에 상징적으로 사용되었다.[87] 게다가 역학(疫學) 정보로는 마가다인들이 한센병(leprosy)을 포함하는 피부병, 백색증(albinism)의 한 형태인 가벼운 얼룩성 피부병, 결핵(tuberculosis)을 포함한 폐결핵(consumption), 뇌전증을 앓고 있었다고 한다.

산스끄리뜨어 '간다(gaṇḍa)'가 의학서에 나타나는 경우는 드물다. 짜라까는 이것을 '도샤가 살에 축적되어 생기는 병(māṃsapradoṣaja)'이라고 하며, 다른 외부 질환과 함께 언급한다.[88]

외부 질환에 대한 일반적인 치료법은 브라나(vraṇa, 상처 또는 염증)에 권장되는 치료와 거의 유사한데, 브라나에 해당하는 빨리어 단어 바나(vaṇa)는 앞서 인용한 불교도의 치료에서 자주 언급되는 단어이다. 짜라까나 수슈루따에서도 상처를 치료하는 방법에 할애된 매우 유사한 장들이 있다.[89] 여기에 나오는 치료나 처치는 거의 대부분 불교 문헌에 있는 것이지만, 배열이 다르다. 짜라까는 상처에 대해 36가지 치료법을 들고 있다. 그중에는 6가지 외과 수술 기법(śastrakarman)이 있는데, 상처를 긁어내고 세정하고 치유하는 탕약(śodhanaropaṇyau kaṣāyau), 2가지 유형의 기름(dve taile), 린넨(kṣauma)으로 만든 것을 포함한 2가지 유형의 붕대(dve bhandhane), 굳히거나 부드럽게 하는 훈증과 고약(kāṭhinyamārdavakare dhūpanālepane), 상처에 가루 뿌리기(vraṇāvacūrṇaṇa) 등이다. 이러한 기본적인 처치 외에 두 가지 유형의 지짐술(dāho dvividhaḥ)—불을 사용하는 것과 알칼리를 사용하는 것—도 있다.[90]

수슈루따가 권장하는 치료법은 매우 비슷하지만, 치료법으로 36가지가 아니라 60가지를 든다.[91] 이 수슈루따의 치료 중 다음의 중요한 변형은 불교도의 치유와 밀접한 관련이 있다. 예를 들어 특정 경우에 상처를 돌 소금으로 긁어내라고 처방한다든가, 겨자유를 섞은 참기름(sarṣapa-snehayuktena … tailena)을 상처가 부풀어 올라 마르고 소량의 분비물이 나올 때 사용한다든가, 참깨 및 다른 성분으로 만든 세정 연고(śodhana kalka)를 상처의 치유를 위해 처방하는 것 등이다. 여기서 깔까(kalka)라고 하는 것은 빨리어의 합성어 띨라깟까(tilakakka, 참깨 연고)에서의 깟까(kakka)에 해당한다. 짜라까도 수슈루따도 훈증법(dhūpana)을 권한다. 다만 수슈루따는 그것을 도샤로 인한 상처, 특히 분비물이 많을 때 사용하라고 특정한다. 짜라까처럼 수슈루따도 불이나 알칼리를 사용한 지짐술을 처방하고 있다.[92] 빨리어 문헌에서는 지짐술을 언급하고 있는 곳이 없다. 또 짜라까나 수슈루따는 상처 또는 유사한 질병의 최초 조치의 하나로 사혈을 들고 있다.[93] 이것도 빨리 문헌에는 없는 것이다. 이러한 처치가 불교 문헌에 명시되지는 않았다고 해도, 물론 치료의 최종 단계로 언급된 구절 '상처가 치유되는 것은 무엇이든지'에 포함될 가능성은 있다.

초기 산스끄리뜨 의학서의 상처 치료를 검토해 보면, 빨리 경전에 있는 거의 모든 수술 기법이 의학 전통 쪽에도 등장하는 것을 알 수 있다. 그리고 짜라까보다 수슈루따가 더 친연성이 강하다. 몇 가지 조치, 예를 들어 아물지 않는 상처에 참기름을 바르거나 기름이 흐르는 것을 막기 위해 천 붕대를 쓰는 것 등은 얼핏 보기에 의학서에 빠져 있다. 다만 짜라까와 수슈루따가 상처 치료에 할애한 2개의 장에서는 참기름이 연고 또는 탕제 형태로 상처가 아물게 돕는 처방으로 쓰인다. 마찬가지로, 불교 문헌에 쓰여진 일련의 조치는 완전히 일치된 형태로는 초기 의학서에 없다. 그러나 이는 초기 의학서 저자들과 초기 불교도가 상처와 종기에 대한 의학설을 만드는 데 각자 민간의료의 공통의 저장고를 이용했고, 불교문헌의 서술은 그 저장고에서 유래한 치료 방법들을 편집했으리라는 것을 시사한다. 불교도들은 중도의 원칙을 지키면서 덜 심한 방법을 사용했지만, 의학서들은 모든 범위의 치료법을 포함시켰다.

불교도가 이 병을 일컬어 '간다(gaṇḍa, 종기)'라고 하고 치료 과정에서는 일관되게 '바나(vaṇa, 상처)'라는 단어를 사용한 것은 2가지 외부 질환의 연관성을 나타내며, 아마도 이 두 단어가 동의어로 간주되었음을 암시한다. 의학서의 저자들은 상처와 종기를 더 자세히 분류한다. 이는 후대의 발전과 기술적 이해가 깊이 반영된 것으로서, 문헌의 편집을 거듭할수록 증장되어 갔으리라고 생각한다.

뱀에 물림

한 승려가 뱀에 물렸다(ahinā daṭṭha, 문자 그대로는 '뱀에 물림'). 치료에는 4가지 대오물(cattāri mahāvikaṭāni)이 쓰였다. 이 오물은 율의 다른 곳에서는 치아의 청결에 쓰이며 실질적인 음식으로 여겨지지는 않는다.[94] 4가지는 대변(gūtha), 소변(mutta), 재(chārika), 진흙(mattikā)이다.[95]

율에서는 뱀에게 물린(ahinā daṭṭha) 사례가 두 번 나온다. 첫 번째 사례는 어느 승려가 물린 것으로 치료에 불(aggi)을 사용해야 했다.[96] 두 번째 사례는 뱀에 물린 승려가 죽었다. 이 사례에 대해 붓다는 그 승려가 뱀의 4왕족(ahirājakula)에게 자애심(mettā cittā)을 품지 않았기에 죽었다고 말했다. 4가지 뱀의 왕족은 비루빡까(Virūpakka), 에라빠타(Erāpatha),

차뱌뿟따(Chabyāputta), 깐하고따마까(Kaṇhāgotamaka)였다. 그래서 붓다는 승려들이 뱀에게 자애심을 보내고 다음과 같은 보호주(parittā)를 읊도록 했다.

> 비루빡까에게 자애심을 보내고, 에라빠타에게 자애심을 보내며, 차뱌뿟따에게 자애심을 보내고, 깐하고따마까에게 자애심을 보내며, 그리고 발 없는 짐승에게 자애심을, 그리고 두 발 짐승에게 자애심을 보내리라.
> 발 없는 짐승이 나를 해치지 않게 하고, 두 발 달린 짐승이 나를 해치지 않게 하며, 네 발 달린 짐승이 나를 해치지 않게 하고, 많은 발이 달린 짐승이 나를 해치지 않게 하소서. 감각 있는 모든 존재, 숨 쉬는 모든 존재, 살아있는 모든 존재가 온전히 모든 길상한 것을 보며, 어떤 악도 오지 않게(즉, 공격받지 않게) 하소서.
> 붓다는 무한하고 다르마는 무한하며 상가는 무한합니다. 기어다니는 생명체인 뱀, 전갈, 지네, 도마뱀, 쥐는 유한합니다.
> 나는 보호 조치를 취하고 주문을 외웠습니다. 살아있는 것들이 물러나기를. 나는 붓다께 분명히 귀의합니다. 나는 7인의 완전히 깨달은 분들(과거7불)께 귀의합니다.

이 주문에 더하여, 붓다는 사혈(lohitam mocetium)이라는 치료 절차를 허락하였다.[97]

의학서는 몇 장을 할애하여 다양한 독사를 식별하고 분류하며 물린 유형과 그 증상 및 치료를 설한다.[98] 짜라까는 뱀에 물린 증상에 대한 24가지 치료를 열거한다. 수슈루따의 치료도 전체적으로는 짜라까와 마찬가지이다.[99] 기본적인 치료법은 불교 승원의학과 마찬가지로 주술-종교적 의학과 경험-합리적 의학 둘 다를 포함한다. 전자에는 주문(mantra)

의 음송과 종교 의식의 거행, 후자에는 지혈대의 사용, 사혈, 지짐술, 독의 흡인(吸引), 난절(亂切), 해독제(agada)가 들어간 고약, 설사제, 구토제, 비강요법 등이 있다.

율에서 뱀에 물린 사례 중 하나에서 불을 사용한 것은 아마 지짐술이나 종교 의례에서의 불의 사용 혹은 2가지의 조합을 암시한다. 후자의 경우, 뱀은 불로 위협당하고 주술에 걸려 독을 다시 빨아들였을 수도 있다. 뱀에 물렸을 때 행하는 이러한 주술-종교적인 방식은 빨리 문헌의 다른 곳에서도 나타난다.[100]

4가지 뱀 왕족의 이름을 열거하고 주문을 음송하고 세 번째 사례에서처럼 사혈을 하는 것은 의학서에서 설명하는 치료의 기본 과정과 아주 비슷하다. 뱀에 물린 첫 치료 사례에 나오는 4가지 대오물은 아지비까(Ājīvika)처럼 불교의 라이벌이자 극단적인 고행주의를 실천하는 수행자들이 음식으로 섭취하는 것이기도 하다.[101] 이것들은 때때로 하나 혹은 그 이상이 의학서에서 중독에 대한 치료제로 언급된다. 그러나 '4가지 대오물'로 불리며 함께 나타나지는 않는다. 뱀에 물린 상처 치료에 불교도들이 이것들을 중요시한 것에 대해서는 초기 의학 전통에서 상응하는 것을 찾을 수 없다. 그러나 아지비까와 같은 슈라마나 전통과의 관련성은 고행자에게 친숙한 의학과 치료를 가리킨다. 게다가 앞에서 언급한 것처럼, 약으로 사용된 발효시킨 오줌(pūtimuttabhesajja, 陳棄藥)은 불교도의 4가지 필수품 중 하나였다. 소의 오줌과 똥을 약으로 쓰는 것은 고행전통에서 기인하는 것이며, 이는 초기불교 승원의학에 포함되었다.[102]

짜라까의 독(毒)에 관한 장 마지막쯤에 뱀에 물린 상처 치료에 대한 구절이 나타난다. 거기에서는 만약 뱀에게 물렸다면 "즉시 그 뱀이나 아니면 흙덩어리(loṣṭa)를 씹어야 한다."고 말한다. 그리고 지혈대를 붙이고 절개하거나 지져야 한다. 또 추가적인 치료로 다양한 돌이나 식물로 만든 부적을 몸에 지니고, 길상한 새를 두어야 한다.[103]

수슈루따는 복용할 만한 적절한 해독제가 없을 때는 흰 개미집에서 가져온 검은 진흙(kṛṣṇa valmīkamṛttikā)이 좋다고 한다.[104] 끄샤라가다(kṣārāgada)라는 부식성의 일반 해독제는 여러 가지 식물의 재(bhasman)를 소의 오줌(gavām mūtra)에 녹여 여러 분말약이나 그 외의 재료를 더해 끓인 것이다.[105] 다양한 동물의 오줌은 정화의 작용이 있다고 여겨져서 많은 질병에 사용되었으며 중독(viṣa)도 그중 하나였다.[106] 소의 분뇨(gomayarasa), 재(bhasman)나 흙(mṛda)은 특히 중독 치료제로 꼽혔다.[107]

초기 의학서에는 뱀에 물린 것을 치료하기 위해 똥, 오줌, 재, 진흙이나 흙을 함께 주된 처방으로 사용한다는 기술은 없다. 또한 '뱀', '똥', '재', 그리고 아마도 '진흙'이나 '흙'에 해당하는 빨리어 용어는 산스끄리뜨어와 다소 다르다. 뱀을 뜻하는 용어 '아히(ahi)'는 베다어에서 유래한 것인데, 고전 산스끄리뜨어에서는 일반적으로 '사르빠(sarpa)'로 대체되었다. 뱀에 물린 상처를 치료하는 불교의 전통은 초기 의학서에 있는 것과는 다소 다르지만, 주술-종교적 치료는 두 전통에 공통적으로 나타난다. 불교도의 치료법을 구성하는 재료들은 아마도 더 오래된 슈라마나 의학 전통에서 나온 것이며, 그 초기 형태가 빨리 문헌에 체계화되었을 것이다. 의학서가 최종 편찬에 이른 때에 특정한 독물학 전통이 포함되면서 다른 것들은 누락되거나 알려지지 않았을 것이다.

그러나 주문 음송과 사혈로 뱀에 물린 상처를 치료하는 것은 아유르베다의학 전통과의 밀접한 연관성을 반영한다. 주술-종교적 기법이 실패했을 때 경험-합리적 방법에 의존하는 것은 불교 승원의학과 아유르베다의학 전통에 공통된다.[108] 독물학의 전통은 인도에서는 매우 오래되었다. 그러나 주술의 시행(의례적 행위와 주문 음송)과 보다 경험적인 처치(사혈 등) 간에는 명확한 차이가 확인된다. 전자는 『아타르바베다』와의 유사성을 보건대 아마도 더 오래된 방법일 것이고, 후자는 초기 아유르베다 문헌에 그러한 처치가 구체적으로 처음 나타나는 것으로 보아 더 후대의 방법일 것이다. 두 접근 모두 초기 의학서와 빨리 문헌에 담겨 있어, 부분적으로 그들이 공통된 기원을 공유했을 가능성이 매우 높다.

유해한 음료의 작용

유해한 음료의 영향으로 고통을 겪은 승려의 사례 2가지가 기록되어 있다. 첫 번째 사례로 어떤 승려가 독을 마셨다(visaṃ pīta). 그 치료는 똥으로 만든 탕제를(gūthaṃ pāyetum) 마시는 것이었다.[109] 두 번째 사례는 어느 승려가 누군가 준 독을 먹고 병(gharadinnakābādha)에 걸린 것이다. 붓다고사는 '다른 사람이 마시게 한 음료로 생긴 병', 즉 주술이나 흑마술에 의한 것이라고 설명한다. 이 병의 치료에는 논두렁 진흙(의 탕제)를 마시는 것(sītāloḷiṃ pāyetum)이 필요했다.[110] 붓다고사에 의하면 물과 경작할 때 쟁기의 날에 붙는 진흙의 혼합물이다.

의학서는 독극물 복용에 각별한 주의를 기울이는데, 이는 왕이 특히 이런 암살의 표적이 되기 때문이다. 의학서에서는 독이 섭취되는 방법, 독의 유형에 따른 증상, 독이 든 음식물을 감지하는 방법을 자세히 고찰한다.[111] 수슈루따는 한 절을 할애해 왕궁 부엌에서 독이 첨가되는 것을 막는 데 필요한 조치를 설명한다. 또한 독극물을 복용한 사람의 치료도 아울러 논한다.[112] 어느 경우든 그 치료에 앞의 사례에 나오는 똥으로 만든 탕제는 처방되지 않는다. 앞에서 본 것처럼 뱀에 물려 중독된 경우에는 소똥의 즙이 특정 치료에 사용되었다. 그러나 똥은 초기 아유르베다에서는 초기 불교의학에서처럼 중요하진 않았던 것으로 보인다. 아마도 당시 다소 다른 전통의 독물학이 존재했고, 그중 일부만이 초기 의학서에 통합되었을 것이다.

두 번째 예는 주어진 독(ghara)을 섭취하고 발생한 중독이었다.[113] 짜라까는 독극물을 기원에 따라 3가지 기본형으로 분류한다. 동물성, 식물성, 그리고 가라(gara)이다.[114] 산스끄리뜨어 가라(gara, Pāli ghara)란 인공적이거나 제조된(kṛtrima) 독으로, 독성과 비독성 물질을 섞어 만든다.[115] 치명적인 작용이 오래 지속되므로, 음식에 가라 독을 넣어 적을 중독시키는 데 특히 효과적인 것으로 여겨졌다. 이런 방법으로 중독된 사람에게 가장 효과가 있는 방법은 구리 가루(tāmrarajas)를 꿀과 함께 구토제로 사용하고, 금가루(hemacūrṇa)를 투여하는 것이었다.[116] 구리 및 금의 한 형태를 포함한 치료법에 대한 언급은 금속에 대한 지식과 초기 형태의 의료 연금술을 보여주는 것 같다.

논두렁의 진흙 탕제를 먹인다는 불교의 치료는 초기 의학서에서는 발견되지 않는다. 불교도는 어떤 형태로든 금을 갖는 것은 허용되지 않았으니 치료에 금가루를 사용하는 것도 허용될 수 없었다. 구리는 금지되지 않았지만 쉽게 구할 수 없었다. 금이나 구리도 지하자원이니 어찌 보면 논두렁의 진흙 탕제는 그 적절한 대체물이었을지 모른다.

뱀에 물리거나 유해한 음료에 중독되었을 때의 불교도의 치료는 한 가지를 제외하고는 짜라까와 수슈루따에 보이는 초기 아유르베다의학과 꽤 다르다. 아마 율을 결집하던 시기의 인도에 여러 독물학의 전통이 있었을 것이다. 그중 특정한 어떤 치료법들이 의학서에 포함되었지만,

다른 것들은 편찬자가 몰랐기에 제외되었거나 브라흐만 사제의 지배하에 있던 의학전통에는 수치스럽거나 부적절한 것으로 여겨져 현존하는 의학서의 형태를 취하기 전에 조직적으로 제외되었을 것이다. 이 제외된 다른 치료법의 일부가 초기 불교의학의 기록에 남겨졌을 것이다. 그것은 어쩌면, 아지비까를 포함한 슈라마나의 한 그룹이 실천하고 유지하고 있던 전통의 흔적인지도 모른다. 또한 이것과 앞의 사례는 독을 다루며, 공통된 치료 요법을 공유하기 때문에 독물학을 포함한 원래의 원천에서 함께 그룹화되었을 가능성이 높다. 소화를 다루는 다음 사례는 논리적으로 독의 섭취와 연결된다.

소화불량

한 승려가 소화불량(duṭṭhagahaṇika)을 앓았다. 붓다고사에 의하면, 이것은 '소화부전, 즉 대변 배출의 곤란'이다. 치료는 생 알칼리의 복용(āmisakkāraṃ pāyetum)이었다. 붓다고사는 알칼리를 준비하는 절차에 대해 "마른 죽을 태우면 재에서 알칼리성 용액이 흘러나온다."라고 한다.[117]

초기 의학서에는 그라하니(grahaṇī)를 다룬 장 또는 절이 있다.[118] 그라하니는 빨리어 가하니까(gahaṇika)에 해당한다. 이것은 하나의 내장기관, '소화의 불'이 머무르는 곳이며, 같은 이름의 병이 유래한 부위이기도 하다.

> 그라하니(grahaṇī, 잡는 자)란 소화되지 않은 음식물을 잡기 때문에 소화의 불(agni)이 머무르는 곳으로 이해된다. 이는 배꼽 위쪽에 위치하며, 소화의 불의 힘에 의해 지지받고 또 강화된다. 그것은 소화되지 않은 음식물을 처

리하며 소화된 음식물을 옆으로 내보낸다. 그러나 소화의 불이 약하면, 부전(duṣṭa, duṭṭha)에 빠져 소화되지 않은 음식물을 배출하게 된다.[119]

이 질병은 붓다고사가 정확하게 설명했듯이 소화에 영향을 끼쳐 일종의 만성 설사를 유발하는 것으로 보인다.[120] 그러나 한편으로 붓다고사의 주석은 설사보다는 변비를 암시한다. 이러한 질병들은 불교 승려들이 일상적으로 행한 음식 제한, 단식, 과도한 여행 등에 의한 것인데, 도샤론(3가지 도샤와 복합 1가지)에 따라 4가지 유형으로 나누어진다.[121]

주된 치료 방법은 배설, 그리고 이어서 소화의 불을 증진시키는 약을 투여하는 것이다.[122] 소화 기능을 강화하는 주요 방법 중 하나는 알칼리 혼합물이나 용액을 마시는 것이다. 이것의 조제와 투여 방법은 짜라까에 상세하게 나타나고, 베라에는 이보다 간략하게 나타난다.[123] 알칼리는 이파리나 그 외의 것을 태워서 얻는다. 방법은 붓다고사가 말한 것과 유사하다.

흥미롭게도 수슈루따는 그라하니에 대해서 짜라까나 베라만큼 많은 관심을 기울이지 않는다. 수슈루따는 이 병을 설사(atisāra)의 장에서 다루는데, 설명 내용은 짜라까와 다르지 않다. 하지만 치료에 대해서는 더 간단하여 5구절에 그친다.[124] 그 구절들에서 저자는 환자가 배설하게 한 다음, 식욕을 증진시키고 소화를 돕기 위해 다양한 액체와 함께 약을 투여해야 한다고 말한다. 장내 기생충, 복부 내장의 종양(gulma), 복수(腹水), 치질 치료와 관련하여 언급된 치료법에는 알칼리제를 사용하는 것이 있는데, 이러한 방법이 그라하니 치료에도 사용된다.[125] 그라하니 질병에 대해서 핵심적인 사항은 수슈루따에도 언급되지만 간결하게 취급하고 있다. 이는 이 병과 그 치료에 대한 상세한 이해가 이론적이라기보다는 실용적이었던 수슈루따 전통이 아니라 짜라까의 초기 전통 쪽에서 유래했음을 시사한다.

불교 경전과 그 주석에서 나타나는 불교 승원의학은 초기 아유르베다의 그라하니 질병에 대한 이해와 잘 상응하며, 이는 의학 교리의 연속성을 반영한다. 그러나 치료에 관해서 알칼리 용액의 음용을 중시한 것은 수슈루따보다도 짜라까와 가깝다. 이 병과 그 치료에 관해서도 불교 승원과 아유르베다라는 2가지 의학 전통은 의학지식의 공통된 저장고를 원천으로 한다.

병적인 창백함 혹은 황달

한 승려가 병적인 창백함 또는 황달(paṇḍuroga)에 걸렸고, 오줌에 담근 황색 미로발란 액을 마시라고(mutthaharītakaṃ pāyetum) 처방받았다.[126] 붓다고사는 이것이 "소의 오줌에 황색 미로발란을 섞은 것"이라고 말한다.

초기 의학서는 병적 창백함(pāṇḍuroga)의 병증과 치료에 대해서 한 장 전체를 할애하는데, 주로 도샤에 따라서 병적 창백함이 4가지, 5가지 혹은 8가지 유형으로 분류된다.[127]

짜라까와 수슈루따는 모두 병적 창백함에 대한 최상의 가장 중요한 치료는 환자에게 배출시키는 약을 투여하는 것이라고 한다. 이 목적을 위한 주요한 치료법 2가지는 우선 정제버터(ghṛta, sarpis)를 기본으로 사용하는 것이고, 다른 하나는 소(go)나 물소(māhiṣa)의 오줌(mūtra)을 기본으로 사용하는 것이다.[128]

수슈루따는 오줌을 사용하는 치료법을 언급하는데, 다음과 같다. 얄랍 나무(nikumbha)를 소의 오줌(달하나에 의하면, 암물소의 오줌)으로 요리해서 마신다. 소의 오줌에 3가지 미로발란(triphalā) 가루와 철가루를 섞은 것을, 달하나에 따르면 몇 차례 핥아먹는다.[129] 병적인 창백함을 치료하기 위해 소의 오줌에 황색 미로발란 등 다양한 약재와 미네랄을 섞어 달인 것(pathyā)을 투여한다. 또한 산세베리아(mūrvā), 강황(haridrā), 암라열매(āmalaka)를 소의 오줌에 7일간 담군 것을 핥게 해야 한다.[130] 짜라까의 오줌 사용 요법은 유사하지만 더 많아서 전부 8가지이다.[131] 이 중에서 2가지는 구체적으로 황색 미로발란(harītakī)과 소의 오줌(gomūtra)을 마시는 것인데, 이는 수슈루따에는 없다.[132]

불교 승원의학에서 설하는 병적인 창백함의 치료법은 2가지의 초기 의학서와 공통된다. 그것은 의학설의 연결을 나타내며, 또한 짜라까와 수슈루따, 게다가 초기불교도의 의학 전통이 같은 원천에서 나왔음을 시사하고 있다. 우연일지도 모르지만 흥미롭게도 앞의 질병인 소화불량(gahaṇika)과 이 병적 창백함(paṇḍuroga)이 『마하박가』의 「의약의 장」(Bhesajjakkhandhaka, 藥犍度)과 『짜라까상히따』의 「치료편」(Cikitsāsthāna)에서 같은 순서로 배치되어 있다. 『수슈루따상히따』의 「웃따라딴뜨라」에서도 이 2가지 병이 다루어지고 있는데, 여기에서 순서는 다르다. 게다가 수슈루따가 철가루를 사용한 것은 야금술과 의학적 연금술에 대한 지식을 나타낸다.

피부질환

한 승려가 피부병(chavidosa)에 걸려 향이 좋은 연고(gandhālepaṃ kātum)를 발라 치료했다.[133] 차비도사(chavidoṣa)라는 산스끄리뜨어 표현은 초기 의학서에 등장하지 않는다. 이에 해당하는 용어로 뜨와그도사(tvagdoṣa, 피부질환)가 쓰이는데, 이것은 꾸슈타(kuṣṭha)로 알려진 광범위한 피부질환을 포함하는 모든 피부병을 나타낸다.[134] 짜라까, 베라, 수슈루따는 모두 피부질환(kuṣṭha)의 병인과 치료에 대해 각각 한 장씩 쓰고 있다. 여기에서 피부질환이란 3가지 도샤에 의해 발생한 피부의 오염(corruption)으로 이해된다.[135] 전부 18가지가 있고, 4가지의 대(mahant) 그룹과 11가지의 소(kṣudra) 그룹으로 분류된다.[136]

피부질환은 우선 환자의 배설을 유도하고, 필요하다면 이어서 사혈을 행하는 것으로 치료한다.[137] 일반적으로 다음에는 약용 연고(pralepa, lepa, ālepa, ālepana)를 도포한다. 짜라까와 수슈루따 모두 주요한 처방 유형을 상세히 설명한다.[138] 이들과 다른 의학서 저자들은 특별히 향이 좋다고 언급하지는 않는다. 그러나 각 연고의 성분을 조사해보면 그 대다수가 향기로운 성질이다.[139] 따라서 초기 불교의학과 아유르베다의학의 연관성이 암시된다.

빨리 문헌에 나오는 질병명은 중요한 의미를 가진다. 차비(chavi)는 '피부'를 나타내는 고대 산스끄리뜨어(베다어)이지만, 고전 산스끄리뜨어에서는 뜨왁(tvac)으로 대체되었다. 빨리어의 도사(dosa), 산스끄리뜨어의 도샤(doṣa)는 주요한 의미가 '오염'이며, 이 경우는 기본 요소(dhātu)의 오염을 의미한다. 예를 들어 빨리 경전에서 쓰이는 차비도사(chavidosa)라는 합성어는 산스끄리뜨어 뜨와그도샤(tvagdoṣa)와 동의어이며, 이는 주로 수슈루따에서 사용되는 꾸슈타(kuṣṭha)를 포함하는 표현이다.[140] 뜨와그도샤의 원인으로서 수슈루따가 든 것은 도샤와는 무관한 것이다.[141] 즉, 부적절한 음식 섭취, 자연스런 욕구의 억제, 약용 기름의 부적절한 사용, 나쁜 행위 등이 원인에 들어간다. 그러므로 합성어 뜨와그도샤(tvagdoṣa=chavidosa)는 꾸슈타를 포함하는 피부질환을 의미하는 더 오래되고 일반적인 표현인 것으로 보인다.[142] 피부병에 대한 치료는 두 전통 모두 민간의료의 공통된 원천에 기반해 있고, 이후에 의학자들에 의해 정교화된 것이다.

도샤로 채워진 몸

어떤 승려의 몸이 붓다고사에 따르면 도샤로 채워진(abhisannakāya) 상태가 되었다. 이 질병에 대한 치료는 우선 설사제를 마시고(virecanaṃ pātum) 다음의 것들을 섭취하는 것이다.

(1) 정제된 시큼한 쌀죽(acchakañjiya)

(2) 자연적인(조리하지 않은) 수프(akaṭayūsa): 붓다고사에 의하면 녹두(mugga, Skt. mudga)로 만든 기름기 없는 음료[143]

(3) 자연적이지 않은(조리한) 것과 자연적인(조리하지 않은) 수프(kaṭākaṭa): 붓다고사에 의하면 조금만 기름진 것

(4) 고깃국(paṭicchādaniya): 붓다고사에 의하면 고기 맛이 나는 것[144]

불교 승원의학에서 이 도사(dosa, doṣa) 개념은 의학서의 도샤에 해당하는 것이지만, 여기서는 특수한 의미가 담겨 있다.

짜라까는 빨리 문헌과 유사한 구절을 사용해서 일반적으로 도샤 질병에 대해 말하는데, "…그리고 도샤 질환을 앓는 사람(doṣair abhikhinnaś ca yo narāḥ)"[145]이라고 한다. 이를 다르게 표현한 문장이 이해를 도와줄지도 모른다. 즉 "doṣair abhiṣyaṇṇaś[abhiṣyannaś] ca yo namaḥ"로서, '도샤가 분비되는[혹은 축축한] 사람'이라는 의미이다.

수슈루따는 '구토제(vamana)와 설사제(virecana)로 치료되는 부수적인 질병의 치료'에 대한 장을 다음의 원칙으로 시작한다. "감소된 도샤는 증가시켜야 한다. 자극된 것은 진정되어야 한다. 증가한 것은 감소되어야 한다. 도샤는 균형을 유지해야 한다." 이어서 "구토제와 설사제는 주로 도샤를 제거하기 위해 쓰인다."라고 서술한다. 그리하여 실시한 방법의 요지는 다음과 같다. 구토제나 설사제를 받기 며칠 전 환자는 기름을 바르고 발한을 시도한다. 설사제가 주어지기 전날에 환자는 가벼운 식사를 하고 뜨거운 물과 신 과일을 섭취해야 한다. 그리고 다음날 그는 자신이 복용할 설사제를 건네받는다. 설사제가 잘 들으면 가볍고 미지근한 묽은 죽(peyā)을 마시도록 한다.[146] 이것은 대략적으로 불교 문헌에서 병든 승려에게 제공하는 치료 과정이기도 하다.

초기 의학서에서 구토제와 설사제를 다룬 장을 살펴보면 두 가지가 함께 설해지고 있고, 한쪽에 대한 약이나 치료는 약간만 변형되어 다른 쪽에도 쓰인다.[147] 처음의 기름 도포 및 발한, 가벼운 식사를 주는 치료법도 구토제와 설사제 둘 다에 동일하다. 수슈루따에서는 녹두(mudga) 수프(yūṣa)에 설사제 진액을 포화시키고, 정제버터와 돌 소금을 섞은 것이 좋은 설사제가 된다고 한다. 그 외의 콩류 수프도 동일한 방식으로 사용할 수 있고, 구토제도 수프 형태로 제공될 수 있다.[148] 즉 수프라는 매개물은 설사제나 구토제의 어느 쪽에나 일반적으로 사용되었다. 구토를 한 환자는 수프(yūṣa), 특히 녹두나 야생동물 고기로 만든 수프를 섭취해야 한다.[149] 이는 설사제를 사용해서 변을 본 이후의 미지근한 죽(peyā)과는 조금 다르며 오히려 불교도의 고깃국에 가깝다. 어쨌든 설사제나 구토제로 위나 장을 비운 후의 식단에는 차이가 있지만 미미한 것이며, 이는 설사제와 구토제의 치료 절차가 교환 가능함을 의미한다.

의학서에 기반하여, 불교 문헌에서 기술한 4가지 액체의 사용을 다음과 같이 잠정적으로 이해할 수 있다.

(1) 시큼한 죽은 설사제 이전의 음식이다.
(2) 주석가가 녹두로 만든 기름기 없는 음료라고 한 자연적인 수프, 그리고 주석가가 조금만 기름진 것이라고 한 자연적이거나 자연적이지 않은 수프는 설사 치료의 일부로서 설사제의 매개물이자 몸에 기름을 공급하는 수단이 된다.
(3) 고깃국은 설사제로 장을 비운 이후의 음식이다.

기름의 사용은 민감한 체질의 고행승에게 적절했을 것이다.

이상의 분석을 통해 보면, 율이 결집된 시기에는 도샤나 그것이 건강에 끼치는 영향에 대해 이미 모종의 관념이 세간에 통용되고 있었던 것으로 보인다. 또한 초기 불교의학과 초기 아유르베다의학 사이에는 도샤의 과잉을 배출로 치료한다는 방법에 있어서 분명한 연속성이 있다. 중요한 점은 두 치료에서 육류의 섭취가 눈에 띈다는 것이며, 이는 초기 불교도들이 치료 목적으로 육류 섭취가 필요할 때는 그것의 섭취를 반대하지 않았음을 보여준다. 구토제와 설사제의 투여 방법은 초기 의학 저술가들의 문헌에서 놀라울 정도로 유사하며, 이는 불교도들도 공통된 지식의 원천을 공유하고 있었음을 반영한다.

복부의 바람병

복부에 바람이 든 질병(udaravāta)은 율에서 2회 논해지고 있다. 첫 번째 사례에서는 어떤 승려가 떫은맛의 발효 음료(loṇasovīraka)에 소금을 섞어 마셔서 나았다. 이 치료는 환자(gilāna)에게는 허용되었지만, 환자가 아닌 자(agilāna)는 물을 섞어야(udakasambhinna) 음료(pāna)로 마시는 것이 허용되었다.[150]

같은 치료법이 율의 다른 곳에서도 논해지는데, 여기에서는 빨리어로 로나수비라까(loṇasuvīraka)라고 한다.[151] 붓다고사는 그것을 '모든 맛을 모아서 만든 약'으로 정의하고, 조합물을 상세하게 설명한다. 그것은 3가지 미로발란(triphalā), 온갖 곡물과 조리된 곡물, 죽, 바나나를 비롯한 온갖 과일, 향이 있는 아단나무(ketaka)나 야생 대추야자(?, khajjūtī)의 새싹 등 온갖 나뭇가지 끝의 새싹, 여러 생선 조각, 꿀, 당밀, 돌 소금, 쓴맛이 나는 약으로 구성된다. 가장자리를 기름칠한 냄비에 이것들을 담아서, 1년, 2년 혹은 3년간 보존한다. 익으면 블랙베리(jambura) 과즙의 색이 된다. 이것은 특히 바람(vāta), 기침(kāsa), 피부병(kuṭṭha), 병적인 창백함이나 황달(paṇḍu), 치루(bhagandala)에 좋은 약이다. 만약 환자라면 그대로 마시고, 환자가 아니면 물로 희석해서 마시게 한다.[152] 여기에서 이것은 다양한 질병 치료를 위해 제조된 일종의 발효 알코올 음료인 것으로 보인다.

두 번째 사례는 붓다이다. 붓다가 복부의 바람병(udaravāta)에 걸렸다.

그러나 그에 대한 치료는 달랐다. 붓다에게 3가지 자극제(tekaṭula)인 참깨(tila), 쌀알(taṇḍula), 녹두(mugga)가 들어간 쌀죽(yāgu)이 제공되었다. 참깨, 쌀알, 녹두는 미리 준비되고 정화 또는 저장(vāsetvā)되어[153] 조리된 것이다. 문헌에 따르면 이 치료는 전에도 같은 병을 앓았던 그에게 시행된 적이 있었다.[154] 이 약은 율의 다른 곳에서도 언급되는데, 붓다고사는 이것이 3가지인 참깨, 쌀알, 녹두로 구성된다고 말한다. 그러나 검은콩(māsa, Skt. māṣa), 말콩(kulattha), 또는 다른 어떤 조리한 곡물을 참깨와 쌀과 함께 조합하여 3가지로 해도 좋다. 이 3가지를 우유와 물을 1 : 4의 비율로 섞어서, 그것에 정제버터, 꿀, 과립 설탕을 더하여 준비한다.[155]

초기 의학서는 모두 한두 개의 장을 복부(udara) 질병의 원인과 치료에 할애하고 있다.[156] 8가지 복부 질환들은 도샤의 어느 하나 혹은 그 조합에 의해 야기된다. 단일하게 바람(vāta)에 의한 것을 바또다라(vātodara, 복부의 바따)라 하는데, 빨리어 우다라바따(udaravāta)에 해당한다. 그러나 이에 대한 치료는 빨리 문헌의 것과 다르다. 환자가 강건하면, 기름을 바르고 발한시키며 설사제를 처방한다. 바따가 증가하지 않도록 복부를 감싸야 한다. 환자는 계속해서 매일 설사제를 써서 장을 비우고 우유를 마신다. 만약 바따가 위로 이동하기 시작하면 조금 시고 짠맛이 나는 채소나 고기 수프(yūṣai rasair vā mandāmlalavaṇair)를 섭취하여 소화의 불을 활성화시킬 필요가 있다. 환자는 다시 기름을 바르고 발한을 하며, 기름기 없는 관장제를 투여받아야 한다. 만일 환자가 허약하거나 나이가 많거나 바따가 별로 쌓이지 않은 연약한 체질이라면, 의사는 그를 정제버터, 야채나 고기 수프, 쌀, 관장(vasti), 마사지(abhyaṅga), 기름 관장(anuvāsa)으로 구성된 진정 요법(śamana)으로 치료하고, 그 다음으로 우유를 섭취하게 한다.[157] 불교 문헌의 2가지 치료 사례와 이에 대한 붓다고사의 자세한 설명은 복부의 바람병에 관해 의학서가 제시한 치료와는 일치하지 않는다.

짜라까는 모든 종류의 복부 질환에서 도샤를 제거하는 한 가지 치료법을 제시한다. 이는 일종의 쌀죽(yavāgū, Pāli yāgu)으로, 붓다에게 주어진 것과 조금 비슷하다. 이 쌀죽은 야채나 고기 수프와 함께 섭취해야 하는데, 수프에 약간 시고 기름지고 자극적인(kaṭu) 성분을 넣고 5가지 약용 뿌리(pañcamūla)와 함께 조리한다.[158]

산스끄리뜨어 사우비라까(sauvīraka, Pāli sovīraka, suvīraka)는 일종의 발효 보리 음료로 정제버터나 다른 곡물, 식물과 섞은 것이다. 짜라까는 이것을 설사제라고 말하고 이에 대해 2가지 제조법을 제시한다. 즉 "꿀마사(kulmāṣa, 짜끄라빠니닷따는 '구운 보리과자'로 해석한다)를 검은 얄랍 나무(śyāmā), (붉은 뿌리의) 얄랍 나무(trivṛt) 탕제로 끓인 보리와 함께 곡물 더미에서 6일간 물과 함께 발효시킨다."[159] 또한 "양의 뿔(meṣaśṛṅgī), 황색 미로발란(abhya), 긴 후추(kṛṣṇā), 백화단(citraka)을 끓인 물 속에, 기름에 튀긴 보리가루(maruja)를 발효시킨다. 이렇게 하여 사우비라까(sauvīraka)가 만들어진다.…"[160] 수슈루따는 이것을 조제하는 방법에 대해 다음과 같이 더 상세하게 제시한다.

> [붉은 뿌리의] 얄랍 나무(trivṛt) 등의 첫 그룹의 뿌리,[161] 대그룹의 5가지 뿌리,[162] 산세베리아(mūrvā)와 홍두(?, śārṅgaṣṭa)[163]의 뿌리, 석화기린(sudhū), 창포(?)(haimavatī), 3가지 미로발란(triphalā), 인도산 아띠(ativiṣā), 창포(vacā)를 섞어서 그것을 이등분한다. 한 부분은 탕제(niḥkvātha), 다른 한 부분은 분말(cūrṇa)로 만든다. 빻은 보리를 종종 이 탕제에 넣어야 하는데, 달하나는 7일간 담그라고 한다. 또한 이 보리 부분은 말려서 살짝 구워두면

좋다. 그런 다음 여기 언급된 분말의 1/4을 준비된 보리와 섞어서 항아리(kalaśa)에 넣는다. 그리고 여기에 차갑게 식힌 탕제(달하나에 따르면 붉은 뿌리의 얄랍 나무 등의 약)를 섞어서 앞에서처럼 (발효 항아리에) 저장한 것을 사우비라까(sauvīraka)라고 부른다.[164]

붓다고사의 처방과 의학서는 꽤 다르지만 일치점도 있다. 붓다고사와 수슈루따는 3가지 미로발란(triphalā)을 사용하고 항아리에서 발효시키는 것이 공통된다. 고대 인도에는 발효 보리 음료를 만드는 여러 가지 방법이 있었을 것이다. 그러나 이에 대한 최초의 증거는 불교도들에게서 나타난다.

의학서의 다른 곳에서 사우비라까는 신맛의 애피타이저로 설명되고 다른 약들과 함께 여러 가지 병에 효과적인 치료약, 그리고 설사제라고 되어있다.[165] 그것은 알코올 성분이 있는 약으로서 매우 일상적인 것이었다.

소금(Skt. lavaṇa, Pāli loṇa)의 사용은 짜라까, 수슈루따에서 복부 질환에 대한 몇 가지 치료에 나온다. 수슈루따에서는 소금과 사우비라까는 다른 약과 함께 치루(bhagandara)를 완화시키기 위해서나 바람으로 생겨난 체내(복부)의 종양(gulma)을 치료하기 위해서 혹은 환자의 식욕을 북돋기 위해서 주어진다.[166] 짜라까의 저작에 따르면 사우비라(sauvīra) 지방의 주민은 소금(lavaṇa)을 많이 사용해서 몸이 상했다. 그러므로 과도한 소금 사용은 피해야 한다.[167] 사우비라 지방은 아마도 북인도에 위치한 곳인데, 사우비라(sauvīra)라고 하면 그 지역 사람들을 지칭하는 것이다. 아마도 그들이 자신들의 이름을 딴 발효 보리 음료를 개발하고 그것을 소금과 함께 복부 질환을 치료하는 데 사용했을 것이다. 유랑하는 고행수행자들은 그들에게서 기술을 배웠고 그것이 불교 승원의학에 포함되었을지 모른다. 이에 대한 제조법은 초기 아유르베다 저작에 잘 보존되어 있는데, 특히 수슈루따가 가장 상세한 방법을 제시한다.

복부에 바람이 든 병적 상태는 초기불교와 초기 아유르베다의학에서 유사하게 나타난다. 그러나 이에 대한 치료가 완전히 일치하지는 않는다. 초기불교의 치료와 붓다고사에 의한 후대의 설명 부분은 의학서에 관련 장이 있지만, 보존된 문헌의 목적과 형식 차이 때문에 정확히 대응하지는 않는다. 그러나 이렇게 유의미한 차이점이 있다는 것은 동일한 이름으로 다른 버전이 있었음을 시사한다. 바람으로 인한 복부 질환에 소금과 사우비라까를 사용하는 치료는 수슈루따 의학 전통에서 발견된다. 이는 초기불교와 수슈루따 의학 간의 일치를 의미하며, 또한 공통된 기원을 가리킨다. 그러나 유사성은 복부에 바람이 든 것과 같은 질환에 대한 특정 치료법보다는 복부 질환에 대한 일반적인 치료법에서 발견된다. 이는 초기불교 승원과 초기 아유르베다의 의학 전통이 각각 정보를 얻었던 복부 질환에 대한 공통된 민간의료의 저장고를 가리킨다. 특정 질환에 대한 치료법의 차이는 아마도 각 지역에서 입수 가능한 약으로 대체하거나 변경하는 지역적 관행의 결과일 것이다. 또한 발효된 사우비라까 음료를 약으로 널리 사용하는 것은 그 이름(사우비라 sauvīra)을 딴 지역 주민에서 비롯되었을 가능성이 있다. 소금과 함께 사용하는 것도 이 사람들이 개발한 특수한 치료법이었을 것이다. 유랑하는 고행수행자들이 이를 선택하고 받아들여서 불교 승원의 율에 보존된 것이다.

몸의 열감

승려 사리뿟따(Sariputta)는 몸에 열감이 있는 질환(kāyaḍāhābādha)에 시달렸다. 연(蓮)의 싹(bhisa)과 줄기(muḷālikā)로 치료받자 사리뿟따에게서 몸의 열감이 사라졌다.[168] 이 짧은 사례로 그가 앓은 질병을 정확히 판단하기는 어렵다. 그러나 의학서들에 유사한 내용들이 있어서 최소한의 그럴듯한 연관성을 알 수 있다.

초기 의학서에서 몸의 열감(dāla)은 일반적으로 열병(jvara) 증상이며,[169] 다양한 종류의 연과 그 부분들이 몸의 열을 내리는 치료에 사용된다.[170] 어떤 치료법은 환자를 차가운 연(puṣkara, padma, utpala) 새싹(dala), 바나나 잎, 그 외 차갑게 식히는 것들로 덮인 침대에 눕게 한다. 연꽃으로 부채질하고 전단을 우린 물을 뿌려서 환자의 열을 식혀야 하며, 환자는 연꽃과 깨끗한 물이 있는 강이나 연못, 호수에서 목욕해야 한다.[171]

수슈루따는 열병(jvara)에 관한 장에서[172] 이러한 치료법을 언급하지는 않는다. 그러나 몸의 열감을 제거하기 위해 목욕할 때 다양한 종류의 연(蓮)을 사용하도록 처방한다. 『수슈루따상히따』의 다른 곳에서는 높은 체열(dāha)이 열병(jvara)과 관련 없는 별개의 질병으로 나타난다. 이러한 병적 상태에 대한 치료법은 『짜라까상히따』에서 열병으로 몸에 열감이 있을 때의 치료법으로 서술한 것과 유사하다. 즉 환자는 젖은 연꽃과 연잎으로 된 침대에 누워 연의 모습, 촉감, 향기에 둘러싸여 몸을 식힌다. 이 치료법은 특히 알코올 중독(pāna) 때문에 담즙이 손상되어 열감이 있는 경우, 그리고 출혈성 질환(raktapitta)과 갈증(tṛṣ)으로 인해 열감이 있는 경우에 일반적으로 처방되었다.[173]

다양한 종류와 부위의 연을 사용하여 극심한 열로 괴로워하는 환자의 열을 식히는 것은 짜라까와 수슈루따의 초기 의학 전통의 일부를 형성한다.[174] 수슈루따가 열병과 상관없이 몸의 열감을 치료하는 데 연을 사용한 것은, 열병 증상이 개별 질병으로 분류된 후 이에 바탕하여 냉각 연 치료법을 열감 치료에도 응용해서 사용했음을 보여준다. 연은 주로 열병 치료에 사용되었으며, 초기 불교의학에서도 전신의 작열감으로 묘사된 발열 상태에 적용되었다. 서술되지는 않았지만, 사리뿟따에 대한 치료에는 의학서에 설명된 것처럼 아마도 연싹과 연줄기로 된 침대에 누워 몸을 식히는 것이 포함되었을 것이다. 그러므로 열병 치료에 연을 사용하는 것은 초기 불교의학과 짜라까 전통 모두에 그것이 유래한 공통의 원천이 있었던 것으로 보인다. 짜라까의 설명을 통해 불교도들이 이 방법을 어떻게 사용했는지 짐작할 수 있다.

치루

이것은 치료법 처방이라기보다는 금지한 사례로서, 다수의 치료법에 대한 지식이 있었음을 알려주는 것이다. 어떤 승려가 치루(bhagandala)를 앓았고, 라자가하의 의사(vejja) 아까사곳따(Ākāsagotta)가 칼로 치루를 절개했다(satthakamma). 벌어진 치루는 마치 큰 도마뱀의 입(godhāmukha)과도 비슷해 보였다. 이를 붓다에게 보여주자, 붓다는 이러한 치료 방법에 대해 반대하며 은밀한 부위의 피부는 너무 연약하고 상처가 낫기 어려우며 칼을 제대로 쓰기 어렵다고 했다. 6명의 승려 무리가 칼 사용 대신 관장 치료(vatthikamma)를 제안했지만, 붓다는 이 치료법도 거부했다. 그리고 은밀한 부위 두 손가락 너비 이내에 칼을 사용하거나 관장을 시행해서는 안 된다는 계율을 선언했다. 붓다고사는 이에 대해 다음과 같이 확장해서 설명한다. 칼을 사용하는 모든 치료, 즉 칼, 실, 가시 단검(?, santikā, var. sattikā), 돌 조각, 가시로 절개하고 째고 찌르고 긁는 모든 처치를 해서는 안 된다. 동물 가죽이나 천을 사용하고 방광에 상처를 입힐 가능성이 있는 어떠한 관장도 시행해서는 안 된다. 은밀한 부위 주변 두 손가락 너비 내에서 칼을 사용하는 치료를 해서는 안 되고, 관장 요법은 외음부에 금지된다. 약을 바른 일종의 좌약, 알칼리성 치료의 시행을 위한 대나무 줄기의 사용, 직장 내 기름 주입이 적절한 치료법이다.[175] 분명히 붓다고사 시대나 그 이전의 불교도들 사이에 다양한 치루 치료법이 알려져 있었다.

초기 의학서는 바간다라(bhagandara, Pāli bhagandala, 치루)에 대해서 언급한다. 수슈루따는 치루의 원인과 치료를 2개의 장에서 다룬다.[176] 그는 바간다라를 곪은 발진(piḍakā)으로 정의한다.[177] 짜라까도 비슷하게 정의하며, 다음의 치료 과정을 권장한다. 하제법, 탐침법(eṣaṇa), 절개법(pāṭana), 통로를 깨끗하게 한 후 (뜨거운?) 기름(tailadāha)을 사용한 지짐술, 잘 준비된(즉, 삶은) 부식용 실(kṣārasūtra)을 이용한 치료법이다. 수슈루따의 치료 과정도 짜라까의 것을 따르지만 외과적 처치에 더 중점을 둔다. 즉 탐침(eṣaṇī)을 시행해서 치루의 입구를 드러내고, 칼(śastra)을 사용해서 치루를 연다. 수슈루따는 또한 불(agni)이나 부식제(kṣāra)를 사용한 지짐술을 처방한다.[178] 치료 후에는 벌어진 상처를 정화하고 봉합하기 위해 다양한 약을 참기름과 혼합하여 치루에 바른다.[179] 수슈루따는 두 종류의 상처(dvivraṇa, 즉 내부 요인에 의한 상처와 외부 원인에 의한 상처)에 대한 처치가 치루 치료에도 적용되어야 한다고 서술한다.[180] 하제법, 탐침법, 절개법, 부식제의 사용, 사혈, 관장 치료(vastikarman)는 두

종류의 상처에 대하여 처방되는 치료법 중 일부이다.[181]

율에서 언급한 사례에서는 칼의 사용 혹은 대안으로 관장이 필요한데, 이는 초기 의학서에서 처방된 것에 가까우며 수슈루따가 선호하는 방법이다. 아마도 의사 아까사곳따는 수슈루따나 단반따리 전통과 밀접히 연관되었을 가능성이 높다. 그러한 치료법에 대한 금지는 의학서에서 볼 수 없다. 붓다고사의 주석은 기원후 5세기에는 의학서에서도 찾아볼 수 있는 효과적인 대체 요법이 불교 승원의학의 일부가 되었음을 보여준다.

이 사례는 고대 인도에서 곪은 치루를 치료하는 주요 수단으로 절개술이나 관장을 사용했다는 증거이다. 은밀한 부위 근처의 절개나 관장의 시행을 불교도가 금지한 것이 아마도 대나무 조각으로 (부식성의) 약을 바르는 대체 치료법을 탄생시켰을 것이며, 결국 이러한 치료법이 초기 의학서에도 포함되었을 것이다. 전통적인 외과와 내과의 두 의학 학파의 구분이 빨리 문헌에서 확인된다. 각 학파가 병존하며, 인도 고대 민간의료의 저장고를 형성하는 데 기여했다. 승원 내 의료인의 존재는 불교 승원과 의학의 밀접한 연관성을 드러낸다. 그리고 기존의 치루 치료법에 대한 불교도들의 금지는 의학 전통의 일부가 될 새로운 치료법을 도입하는 데 불교가 중요한 역할을 했음을 보여준다.

결론

ASCETICISM & HEALING IN ANCIENT INDIA:
MEDICINE in the BUDDHIST MONASTERY

conclusion

결론

이 책의 목적은 고대 인도 의학사를 기존보다 더 포괄적이고 설득력 있게 설명해내기 위해, 그 중요성에도 불구하고 그동안 소홀히 취급되어온 기원전 800년부터 기원전 100년까지의 인도 의학을 연구하는 것이었다. 여기에서는 이 시기 동안 고대 인도 의학의 개념적 기반을 변화시킨 사회종교적 역동성을 규명하는 데 중점을 두었다. 이 시기에는 주술-종교적 이데올로기에 뿌리를 둔 베다의학에서 경험-합리적 인식론이 지배하는 아유르베다로의 전환이 일어났다. 이는 정통 브라흐만교 전통에 의해서가 아니라, 그러한 정통 사회종교적 이데올로기에서 자유로웠던 비정통 출가자의 지적 전통에 의해 이루어진, 일종의 패러다임 전환으로 이해될 수 있다. 이러한 인도 의학의 전환 사례가 토마스 쿤의 패러다임 이론에 딱 들어맞는 것은 아니다. 이전의 주술-종교적 치유술이 질병과 치유에 대해 경험-합리적으로 접근하는 완전히 새로운 의술에도 통합되어 있어 과거와의 연속성이 이어지기 때문이다. 그럼에도 불구하고, 다른 모든 면에서 의학의 개념 틀 차원에서 일어났던 이 근본적인 변화는 토마스 쿤의 모델과 아주 유사하며, 쿤의 모델은 질병과 치유에 대한 이 중요한 사고의 전환을 강조하는 데 유용하다. 연구방법론은 다양한 인도 및 인도 외의 자료를 역사적, 언어학적으로 검토하는 것이었다. 특별히 여기에서는 이 주제와 관련하여 귀중한 정보를 담고 있음에도 아직 발굴되지 않은 광산과도 같은 불교문헌 자료에 주목했다.

이 책의 연구 결과는 다소 파격적이어서 전통주의자들은 불편하게 느낄 수도 있다. 여기에서 제시하는 고대 인도 의학 계보의 발전은 전통적으로 인도 의학을 그 기원부터 브라흐만교의 학문으로 간주하는 아유르베다의 스승이나 저자들이 묘사한 것과는 매우 다르다. 자료들을 비판적으로 분석하면, 이러한 견해가 기본적으로 비정통적인 학문을 정통의 것으로 만들고자 한 힌두 지식인들에게서 비롯된 것임을 알수 있다. 초기 베다 시대부터 의술과 치유자는 정통 브라흐만교의 사회종교적 계층의 중심부에서 배제되었던 것으로 보인다. 그들을 받아들인 것은 비정통의 탁발 고행자들, 즉 슈라마나(śramaṇa)들이었다. 이 슈라마나들이 방대한 의학 지식의 보고(寶庫)가 되었다. 이 치유자들의 의료는 실용적인 치료법과 처방에 기반한 것이었다. 도사(dosa, Skt. doṣa)에 대한 언급은 초기불교 승원의학에 어떤 형태로든 아유르베다 도샤 이론이 존재했다는 것을 의미한다. 붓다의 핵심 가르침인 중도(中道)와 잘 부합하면서, 일련의 치료법들이 초기불교 승원의 계율로 체계화되었다. 이 과정에서 치유의 이론적인 면보다는 실용적인 면이 강조되었고, 창시자인 붓다의 사후 수 세기에 걸쳐 불교 승원의학의 전통으로 발전하게 되었다.

아직 답해야 할 중요한 질문이 남아있다. 3도샤설의 기원인데, 이 이론은 『짜라까상히따』를 필두로 하는 고전 문헌에서 처음으로 완전한 형태로 설명되어 있다. 빨리어 초기불교 문헌은 분명하게 이 도샤설에 대한 기본적인 이해를 보여주긴 하지만, 실제로 이 이론이 어떻게 작동하는지에 관해서는 설명하지 않는다. 따라서 초기불교 문헌이 편찬되던 시점에 이미 3도샤설의 기본 관념은 친숙한 의학설이었을 것으로 보인다.[1]

불교 승원에서 의학을 제도화함으로써 불교는 인도 의학의 발전에 중요한 역할을 했다. 승원의 계율로 체계화된 의학설은 이후의 임상의학 교본 저술의 본보기가 되었고, 의승이 등장하고 승원 여행자 숙소(hospice)와 진료소가 설립되게 하였다. 이러한 것들이 아쇼까왕 시대와 그 이후 인도 전역에 불교가 전파되는 데 유익한 자산이 되었다. 치유와 불교 승원제가 밀접하게 연결됨으로써 굽타 시기에 이르러 대규모 승원(vihāra)에서는 5가지 학문의 하나로 의학을 교육하게 되었다. 게다가 치유술은 아시아의 다른 지역으로 확산될 때 각 지역의 사회적, 문화적 상황에 맞게 조정되어 불교와 함께 전파되었다. 힌두이즘은 아마도 굽타 시대 이전부터 유사한 의학의 보고(寶庫)를 자신들의 사회종교적, 지적 전통에 통합하였으며, 브라흐만교 전통으로 가공하여 정통 힌두 학문(vaidyaśāstra)으로 만들었다. 현존하는 가장 오래된 의학서인 『짜라까상히따』와 『수슈루따상히따』는 이러한 힌두화 과정을 증명한다. 힌두 승원제도 역시 불교의 모델을 따라 진료소와 여행자 숙소를 설립했으며 마침내는 승원에 병원도 설립했다.

불교가 의학을 그 종교적 교리와 실천에 통합시키는 과정을 아는 것은 인도 의학사에 대한 이해를 심화시킬 뿐만 아니라 수 세기에 걸친 불교 사회사에 대해서도 풍부한 통찰을 제공한다. 의학과 종교의 이상적인 융합은 현대에도 불교 전통의 필수적인 측면으로 남아있다.

관련 자료를 비판적으로 검토함으로써 인도 의학의 발전이 명료하게 나타나긴 하지만, 여전히 해결되지 않은 중요한 퍼즐 조각이 후속 연구의 주요 과제로 남아있다. 아유르베다의 핵심에는 3가지 도샤, 즉 바람, 담즙, 점액에 기반한 병인론이 있다. 이 이론을 이해하고 있음을 보여주는 증거를 불교 빨리 문헌에서 찾을 수 있는데, 거기에서는 3도샤와 이들의 조합이 질병의 원인으로 언급된다. 이 이론의 기원을 베다 전통의 『상히따』와 『브라흐마나』에서 찾으려는 시도는 설득력이 없는데, 이는 짜라까와 수슈루따 같은 고전 문헌 이외에 이런 병인론을 언급하는 가장 초기의 것이 불교 문헌임을 시사한다. 경험주의에 기반한 인도의 의학 인식론은 슈라마나의 전통으로 거슬러 올라가지만, 경험 자료에서 끌어낸 병인론의 발전에 대한 정확한 증거는 여전히 부족하다. 경험적 관찰과 이론 사이의 중요한 연결 고리가 누락되어 있다. 이 이론이 어디에서 유래했으며, 어떻게, 그리고 언제 그것이 의학 전통의 일부가 되었는지를 결정하기 위해서는 후속 연구가 필요하다. 많은 학자들이 이 이론과 헬레니즘 의학의 4체액설이 어떻게든 연관된다고 보는 경향이 있지만, 여전히 설득력이 부족하다. 갈레노스의 체액설은 그 이전의 히포크라테스의 체액설에 기반하는데, 4체액은 점액, 흑담즙, 황담즙, 혈액이다. 완전한 인도 도샤설 체계에서는 이른바 도샤, 즉 결함(defect)이 3가지만 존재하는데, 점액, 한 종류의 담즙, 바람이 그것들이다. 4번째는 3도샤의 조합이다. 바람이 혈액을 대체했을 수 있는데, 혈액은 초기 아유르베다 문헌에서 도샤와 밀접하게 연관된다. 실용적 지식의 교환이 이루어졌던 것이라면, 담즙이 하나의 형태로 축소된 것과 혈액이 불교 문헌에서 질병 유형에 주로 나타나는 바람으로 대체된 것을 설명해야 한다. 도샤를 4유형으로 나눈 초기 이론은 빨리 문헌과 산스끄리뜨 수슈루따 문헌에 모두 보인다. 고대의 체액과 도샤의 병인론의 관계는 아직 불완전하여 더 깊은 연구가 필요하다.

도샤의 개수가 일치하지는 않더라도, 신체 기본 요소들이 손상되어 질병이 발생한다는 근본적인 개념은 헬레니즘, 인도, 중국의 의학 이론에 공통된다. 의사들의 유랑하는 생활방식과 경험 지향적인 성격을 고려하면, 의학 지식을 갖고 먼 나라에서 온 여행자들과 접촉했을 가능성이 분명히 있다. 의학 지식이 교환되고, 나중에 인도 의사들의 채택과 수정을 거쳐 아유르베다의 특징적인 3도샤 병인론이 형성되었을 수 있다. 그렇지만 인도 의학 사상에서의 이러한 지적 발전을 입증하는 결정적 증거는 더 철저한 연구와 재검토를 기다리고 있다.

이 책에서 제시한 인도 슈라마나 의학의 유산을 배경으로 헬레니즘, 중국, 그리고 자이나 슈라마나 문헌을 포함하는 인도 자료를 비판적으로 검토하면, 고대 인도 의학사에 대한 우리의 이해가 더욱 깊어질 것이다. 아마도 잃어버린 이론적 연결 고리를 찾아내고, 아유르베다와 불교 승원의학의 공통 원천인 의학 지식의 보고에 대하여 풍부하면서도 새로운 정보를 추가해줄 수 있을 것이다. 마찬가지로, 요가와 의학 전통의 연관성에 대한 연구는 고대 인도의 고행주의와 치유에 대해 추가적인 측면을 밝히는 데 도움을 줄 것이다.

부록

ASCETICISM & HEALING IN ANCIENT INDIA:
MEDICINE in the BUDDHIST MONASTERY

부록 1

지바까의 치료

의사 지바까 꼬마라밧짜가 행한 치료는 불교 승원의학의 일부는 아니지만, 이를 통해 기원전 수 세기에 걸쳐 존재했던 의학과 의술을 엿볼 수 있는 한편, 초기불교 승원과 치료술의 밀접한 관계를 알 수 있다. 4장에서 서술했듯이 인기 있는 불교 설화인 지바까의 생애 이야기는 적당한 변형을 거치며 인도 바깥의 아시아 여러 문화권에 불교와 함께 전파되었고 의학을 종교 전통의 중요한 부분으로 자리매김하는 데 도움을 주었다.

나는 1982년에 발표한 논문에서 지바까의 치료를 짜라까와 수슈루따의 초기 의학서에 나오는 해당 치료법과 비교하며 분석했다.[1] 그리고 후속 연구를 통해 고대 인도의 민간의료 동향, 그리고 불교와 의학 전통의 연관성을 한층 더 분명히 밝혀냈다. 이 부록에서는 지바까의 치료를 개관하겠다.

머리 질병

2가지 머리 질병 사례가 승원 규율에 기술되어 있는데, 모두 의사 지바까 꼬마라밧짜가 등장한다. 첫 번째는 7년간이나 머리 질환(sīsābādha)에 시달린 사께따의 어느 상인의 아내 사례이다. 지바까가 시행한 치료는 비강요법(natthukamma)이었다. 한 줌의 정제버터(sappi)를 여러 약(nānābhesajja)과 함께 달여 침상에 똑바로 누운 여자의 코에 넣었다. 그렇게 해서 입으로 나온 정제버터를 용기에 뱉게 했다.[2]

두 번째는 라자가하 출신 상인의 사례인데, 역시 7년 동안 머리 질환을 앓고 있었다. 이 병이 두개골 안에 있는 2마리 생물(dve pāṇke) 때문이라고 판단한 지바까는 이 환자를 외과적으로 치료했다. 그는 상인을 침상에 똑바로 눕혀 고정시키고 두피를 절개했다. 이어서 두개골의 봉합선을 풀고 크고 작은 2마리 생물을 꺼냈다. 그런 후에 봉합선을 닫고 피부를 다시 꿰매고 연고(ālepa)를 발랐다.[3]

이 두 사례는 불교의 의학 지식과 그 원천을 초기 아유르베다의학 전통과 연관해서 살펴보는 데 중요한 단서가 된다. 우선 상인의 아내에게 행한 비강요법은 짜라까와 수슈루따 의학서에 나오는 머리 질병(śiroroga)에 대한 비강요법(nastakarman)과 아주 유사하다.[4] 그렇지만 상인에 대해 시행한 일종의 천공술은 이에 해당하는 것이 초기 의학 문헌에 없다. 초기 빨리 문헌과 고고학 유적에서 발견된 증거는 인도 북서부 지역에 어떤 형태의 천공술이 알려져 있었을 수도 있음을 시사한다.[5]

2가지 머리 질환 사례는 불교 승원의학 전통을 전하는 「베삿자칸다까」(Bhesajjakkhandhaka, 약건도)가 아니라 율장의 다른 부분에 나오지만, 이것은 고대 인도에 존재했던 다양한 치료 전통을 보여주는 분명한 증거이다. 불교의학에 대한 앞에서의 논의에 비추어 보면, 이 사례들은 초기 고행수행자들, 특히 불교도들이 활용할 수 있었던 의학 지식의 원천이 적어도 두 가지였다는 주장에 설득력을 더해준다. 하나는 초기 산스끄리뜨 아유르베다에 속하는 것이고, 다른 하나는 지역의 민간 치유 전통에 속하는 것인데, 두 가지가 항상 꼭 배타적이었던 것은 아니다. 따라서 이러한 설화는 고대 인도의 민간의료가 복수의 전통으로 구성되었다는 것을 분명히 해준다.

치루

지바까는 마가다의 세니야 빔비사라(Seniya Bimbisāra) 왕의 치루(bhagandala)를 손톱으로 연고를 발라서 치료했다.[6] 의학서에는 치루(bhagandara)의 원인이나 치료에 대해 여러 가지가 쓰여 있다. 그 치료법에는 설사제 사용, 탐침, 절개, 불 또는 부식제를 사용한 지짐술, 절개술, 사혈, 관장 요법이 있다.[7] 지바까가 시행했던 것과 똑같은 절차와 치료는 의학서에 안 나오지만 유사한 것들이 보인다. 특히 부식제를 사용한 치료법은 공통 접점이다. 아유르베다 문헌에서 탐침(eṣaṇī), 즉 후기 문헌에서 때로 샤라까(śalākā)로 불리는 것은 자주 종기와 상처에 부식제를 바르는 데 사용되었다. 샤라까는 3종류였는데, 각각 소지, 약지, 중지의 손톱과 비슷하게 생겼다. 불교의학에서 샤라까(śalākā, Pāli salākā)는 부식제를 묻혀서 종기와 상처를 치료하는 데 사용하는 대나무 조각으로 규정되었다. 유추해보면 아마도 손톱은 치루 치료에 있어서 샤라까 역할을 했을 것이다.[8] 치루 치료에 대나무 조각을 사용해서 부식제를 바르는 방법은 기원후 5세기에 붓다고사가 절개술이나 관장법을 대체하는 효과적인 방법으로 그것을 소개하기 전까지는 불교 승원의학에 알려지지 않았다.[9] 대나무 조각 또는 이와 유사하게 생긴 손톱으로 약을 바르는 치료법은 지바까의 치료 설화와 초기 아유르베다의 치료술에 모두 나오는데, 이는 불교계에 알려진 치료법의 공통 출처를 시사한다.

장 꼬임

바라나시 출신 어느 상인의 아들이 막대기를 가지고 공중제비를 하다가 장 꼬임(antagaṇṭhābādha, var. antagaṇḍābādha, 창자가 부어오르는 질환)을 앓게 되었다. 그 청년은 음식을 소화하지 못하고 대소변도 볼 수 없었다. 의사 지바까는 치료를 위해 일종의 개복술을 실시했다. 먼저 환자를 기둥에 고정시켰고 복부를 절개하여 꼬인 창자를 꺼내 엉킨 것을 풀고, 잘 정리된 창자를 제자리로 넣은 후 절개 부위를 봉합하고 연고(ālepa)를 발랐다. 이렇게 해서 상인의 아들은 완전히 회복되었다.[10]

빨리어 안따간타(antagaṇṭha, var. antagaṇḍa)에 정확히 해당하는 용어가 초기 의학 문헌에는 없다. 그러나 창자(antra, Pāli anta)의 손상과 관련된 두 질환이 수슈루따 문헌에 보인다. 창자의 확장(antravṛiddhi)에 대해 수슈루따는 다음과 같이 기술한다.

> 무거운 짐을 나르거나 힘센 자와 격투하거나 나무에서 떨어지는 등의 여러 신체 활동으로 바람 도샤가 증가하고 자극되면 창자의 한 부위가 둘로 나뉜다(가야다사(Gayadāsa)의 해석).[11] 그리고 바람 도샤가 서혜부의 연접 부위(즉 음낭)로 내려가 거기서 매듭 형태(granthi)로 자리를 잡는다. 치료

가 불가능한 유형에서, 바람 도샤는 음낭으로 들어가며 시간이 흐른 후 통증을 유발한다. 바람 도샤가 있는 부위는 크게 확장되고 주머니처럼 부풀어 오르며 통증이 있다. 위쪽과 아래쪽을 누르면 동일한 소리가 나고,[12] 놓아주면 다시 부풀어 오른다.[13]

수슈루따에 기술된 것은 불교 문헌에서 청년이 했던 곡예와 유사한 신체 활동으로 생긴 일종의 탈장(hernia)으로 보인다. 수슈루따가 창자의 확장을 일으킨 것이 바람 도샤(vāyu)라 하고, 이것이 창자(antra)를 분리시키고 매듭처럼 되어 음낭에 자리 잡는다고 설명한 것은, 어쩌면 상인의 아들이 앓았던 질환을 더 구체적, 기술적으로 설명한 것이라 할 수 있다. 그러나 불교 문헌에서는 이러한 세부 사항에 대한 어떠한 힌트도 나오지 않는다.

또한 수슈루따는 안뜨라브릿디(antravṛiddhi)의 치료에 대해 상술하는데, 매듭진 것이 음낭까지 이르면 불치병이니 치료를 포기해야 한다고 설명한다. 하지만 아직 음낭에 이르지 않았다면 바따브릿디(vātavṛddhi)[14] 방법으로 치료해야 하며 지지기도 해야 한다. 사혈도 치료 일부로 권해진다.[15] 이러한 조치는 불교 문헌에서 찾을 수 없다.

창자와 관련된 두 번째 질환이 수슈루따에 다시 보이며, 다소 변형된 형태의 것이 짜라까에도 나온다. 그것은 일종의 외상으로, 손상되지 않은 창자(antra)가 돌출된 것이다. 이에 대한 치료는 환부를 우유로 씻어내고 정제버터로 매끄럽게 하여 원위치로 부드럽게 되돌려 놓는 것이다. 외부의 상처 부위가 커서 원래대로 되돌리기가 어려울 때는 수술을 한다. 어떤 경우라도 상처나 절개 부위를 봉합해야 하며 치유 효과를 높이기 위해 나무껍질이나 뿌리로 만든 약용 기름을 상처에 바르도록 한다. 이런 상태를 서술하면서 수슈루따는 특별히 병명을 붙이지는 않았다. 거기에서는 복부의 상처에서 창자 일부가 돌출된 것, 즉 일종의 탈장을 서술하고 있는데, 원인에 대해서도 말하지 않는다. 치료를 위해 돌출된 창자를 원래대로 되돌려야 하며, 필요에 따라 수술을 하고 벌어진 상처에는 약용 연고를 바른다.[16] 처치의 전 과정은 지바까의 치료와 약간만 비슷할 뿐이다.

수슈루따의 이 두 질환은 불교 문헌에서 설명하는 상인 아들의 장 꼬임과 정확하게 대응하지는 않는다. 산스끄리뜨어 안뜨라브릿디(antravṛddhi, 창자의 확장)는 빨리어 안따간타(antagaṇṭha)에 가깝다. 그러나 이 상태에 대한 수슈루따의 치료 방법은 지바까가 행한 그것과 전혀 유사하지 않다. 죠띠르 미뜨라는 이 질환이 짜라까가 안뜨라삼무릇차나(antrasammūrcchana, 창자의 부어오름)라고 설명한 장폐색(baddhagudodara) 증상과 비교될 수 있다고 제안한다. 주석가 짜끄라빠니닷따(Cakrapāṇidatta)는 이 합성어를 '창자의 회전(antraparivartana)'이라고 해석했는데, 미뜨라는 이를 '장의 엉킴'으로 번역했다.[17] 이 장폐색 증상에는 상인의 아들이 앓은 증상도 포함된다. 이런 상태에 대한 치료는 복부를 개복하여 창자의 폐색이나 천공을 확인하고 폐색을 없애거나 개미를 사용해서 천공을 고치고 창자를 원위치로 되돌리고 복벽의 상처를 봉합하는 것이다. 율의 기록과 짜라까의 서술이 일치하는 것으로 보아, 미뜨라는 그 소년이 장폐색을 앓은 것이라고 결론내렸다.[18]

수슈루따에 나오는 두 가지 상태와 이에 대한 치료와 마찬가지로 미뜨라가 언급하는 짜라까의 내용도 빨리어 안따간타(antagaṇṭha)와 언어적으로 일치하지는 않는다. 짜끄라빠니닷따의 해석으로 어느 정도 가까워지긴 하지만 여전히 거리가 좀 있다. 위에서 제시한 3가지 가능한 설명 중 짜라까가 빨리 문헌에 가장 가까워 보인다. 그러므로 만약 이 상태가 장폐색의 일종으로 창자가 돌출된 것이라면 빨리어의 변형인 안따간다(antagaṇḍa, 창자 내 부어오름)가 타당할 수 있다.

불교 문헌에서는 창자의 이 부상이 곡예를 하다가 일어났으며 수술로 치료했다고 서술한다. 현존하는 초기 의학서에 이에 정확하게 대응하는 질환은 없지만, 유사한 병이 자세하게 쓰여 있으며 이에 대한 치료는 의사 지바까가 행한 것과 유사하다. 그러므로 이는 의학 지식의 공통의 원천, 그리고 의학설의 연속성을 보여준다 할 수 있다.

병적인 창백함 혹은 황달

웃제니의 빳조따(Pajjota) 왕이 병적으로 창백한 질환(paṇḍuroga)을 앓았다. 지바까는 왕을 구토시키려고 정제버터를 여러 약과 함께 달여 탕제(kasāva)를 만들었다. 그는 내용물을 모른 채 왕이 그것을 마시도록 하여 치료했다.[19]

『짜라까상히따』와 『수슈루따상히따』에서는 병적인 창백함(Skt. pāṇḍuroga)을 앓는 환자에 대한 주요 처방으로 모두 다른 약들과 함께 정제버터를 달여서 만든 배출제 투여를 권한다.[20] 짜라까는 특히 빠티야그리따(pathyāghṛta, 정제버터와 함께 끓인 황색 미로발란(harītakī)) 탕제의 사용을 언급한다.[21]

수슈루따는 황색 미로발란, 3가지 미로발란(triphalā), 로드흐 나무(tilvaka) 등의 약재와 함께 정제버터를 투여하는 치료에 대해 상세히 설명한다.

병적인 창백함을 앓는 사람을 주의 깊게 진찰해서 치료가 가능하다고 판단되면 의사는 정제버터(ghṛta)로 환자를 기름칠한다. 그리고 하리따끼(harītakī) 분말에 꿀과 정제버터 섞은 것을 사용해서 환자를 위에서 아래까지 정화시킨다(즉 배출시킨다). 환자는 강황(rajanī) 혹은 뜨리팔라(triphalā)나 띨바까(tilvaka)로 조리한 정제버터를 마시거나,[22] 설사제로 만든 음료나 정제버터와 섞은 설사제를 마셔야 한다.[23]

병적 창백함에 대해 지바까가 한 치료와 초기 의학서의 주요 치료법은 분명히 공통 원천에서 유래한 것이다.

도샤로 채워진 몸

붓다는 몸이 도샤로 채워진(kāya dosābhisanna) 상태가 되었다. 지바까가 붓다를 돌보며 부드러운 설사제를 투여했다. 먼저 며칠간 몸에 기름을 바르고(kāyaṃ katipāhaṃ sinehetham), 여러 약을 섞은 연꽃 세 줌의 향기를 맡도록 하고(upasiṅghatu), 마지막으로 목욕하게(nahāta) 했다. 이런 방식으로 지바까는 붓다가 30회 설사하도록 했다. 붓다는 몸이 정상으로 돌아올 때까지 수프(yūsa)만 먹으라는 지시를 받았다.[24]

다른 사례에서 승려들이 호화로운 식사를 한 후(paṇitāni bhojanāni) 도샤로 몸이 가득 차서(abhis annakāya) 심하게 앓았다(bahvābādha). 이 경우에 지바까는 과도한 방종에서 온 결과인 병을 걷기를 통해 없애도록 권했다.[25]

두 경우 모두 환자들이 앓은 특정 병은 도샤로 몸이 채워진 것이었으며, 적어도 하나의 사례는 과식 때문인 것으로 알려졌다. 일반적인 치료는 설사제로 장을 비운 후 가벼운 식사를 하는 것이다. 때로는 운동도 권장되는데, 특히 과식했을 경우에 그렇다.

짜라까는 '도샤로 채워진 몸'을 빨리 문헌과 유사한 표현인 '도샤로 인해 괴로워하는 사람(doṣair abhikhinnaś ca yo naraḥ)'[26]으로 정의한다. 수슈루따는 치료의 기본적인 절차를 다음과 같이 서술한다. 즉 배출제를 투여받기 전에, 환자 몸에 기름을 바르고 땀을 내게 한다. 그리고 치료 전날 가벼운 음식, 따뜻한 물, 신맛 나는 과일을 먹게 한다. 설사제로 장을 비운 후에, 환자는 가볍고 미지근하며 묽은 죽을 먹어서 몸의 체질이 스스로 정상화되게 해야 한다.[27] 이것은 지바까가 붓다에게 행한 치료와 대체로 일치한다.

매우 민감하거나(즉, 민감한 체질인 사람) 약을 싫어하는 환자를 위해 의학서는 특별한 구토제를 처방한다. 구토를 일으키는 열매(madana)의 분말이나 각수세미(kṛtavedhana) 씨의 분말을 반복해서 구토 유발 열매 등의 구토제를 달인 물에 담근 후, 커다란 연꽃(짜라까: bṛhatsaroruha, 수슈루따: utpalādi, '크고 푸른 연꽃과 같은 것') 위에 뿌린다. 환자는 꽃향기를 맡고 가루를 흡입하여 구토해야 한다. 수슈루따는 "마찬가지로, 의사는 이 요법을 도샤가 교란된(anavabaddhadoṣa) 사람이나 보리죽을 목구멍까지(즉, 한계에 달하도록) 먹은 사람들에게 시행한다."라고 덧붙인다.[28] 이 의학서에 상세히 기술된 내용은 지바까가 붓다에게 준 설사제와 놀라울 정도로 흡사하다.

특수한 치료가 수슈루따의 비레짜나(virecana, 설사제) 부분에 나온다.

> 황금 클레오메(cleome, saptalā), 칸스코라(canscora, śaṅkhinī), 야생 파두(dantī), (뿌리가 빨간) 얄랍(trivṛt), 퍼징 카시아(purging cassia, āragvadha) 분

말을 일주일간 소의 오줌과 우유나무(snuhī)의 희뿌연 수액에 담근 후에 꽃 화환에 뿌려서 냄새를 맡는다. 혹은 이 분말을 뿌린 옷을 입는다. 이렇게 하면 민감한 체질(mṛdukoṣṭha)의 사람에게 설사 유도 효과가 있다.[29]

짜라까는 같은 분량의 이 약을 소의 소변에 하룻밤 담갔다가 다음날 태양에 말리라고 처방한다. 일주일간 이렇게 한 후에, 약을 우유나무의 희뿌연 수액에 일주일간 담근다. 그리고 이것으로 만든 분말을 화환이나 옷에 뿌린다. 이 분말을 흡입하면 민감한 체질을 가진 왕도 설사를 수월하게 할 수 있다.[30]

이런 종류의 하제법에 연꽃의 사용을 언급하지는 않지만 민감한 체질의 환자에게 약을 투여하는 방법은 구토제의 경우와 매우 흡사하다. 양쪽 치료 모두 붓다에게 적합할 것인데, 붓다도 소식(小食)에 익숙한 탁발 수행자로서 부드러운 체질의 소유자였다.[31] 구토제로 사용하든 설사제로 사용하든 이 치료 기법은 지바까의 치료와 초기 아유르베다의 연속성을 보여준다.

이 치료에 대한 아유르베다의 설명, 그리고 지바까의 치유에 대한 불교의 설명 사이의 주된 차이는 전문 용어에 있다. 빨리 문헌에서는 이 처치를 비레짜나(virecana)라 하지만 의학서에서는 이것을 바마나(vamana)라 칭한다. 두 가지 배출 요법에 대한 짜라까의 정의가 이해를 도와줄 것이다. 즉 “상반신에서 도샤를 제거하는 것을 구토제(vamana)라 부르고, 하반신에서 세서하는 것을 설사제(virecana)라 부른다. 또는 두 가지 다 비레짜나라 할 수 있는데 몸에서 불순물을 제거한다는 의미에서이다.”[32] 빨리 문헌의 ‘비레짜나’ 사용은 짜라까에서 쓰인 그 포괄적인 의미를 정확히 나타낸다. 그리하여 이 배출 요법에서도 초기 아유르베다 전통, 그리고 재가 불교도 의사 지바까에 대한 불교 기록 사이의 밀접한 유사성을 확인할 수 있다.

지바까가 붓다를 치료한 이야기는 산스끄리뜨어, 티베트어 근본설일체유부 율에도 나오고 한역 설일체유부 율과 화지부 율에도 나온다. 산스끄리뜨-티베트본에서는 산들의 왕 히마반뜨(himavant)는 눈과 접촉해서 항상 춥기 때문에, 붓다에게 콧물(?, abhiṣyanda)을 흘리는 병(glāna)이 났다. 지바까는 32송이 연꽃(utpala)에 설사제(sraṃsaṇīya drvya)를 주입해서 붓다에게 냄새 맡게 했다. 그렇게 해서 붓다는 32번의 설사로 도샤를 완전히 배출해냈다. 즉 풀렸지만(cyuta, 다른 위치로 움직이지만) 흐르지는 않는(na sruta, 액화하거나 용해되지는 않는) 것, 흐르지만 풀리지 않는 것, 풀렸고 흐르는 것, 풀리지도 않고 흐르지도 않는 것들을 완전히 배출시켰다. 그러고 나서 지바까는 붓다에게 황색 미로발란(harītakī)과 당밀(guḍa)만 먹고, 규칙적으로 크림(maṇḍa)을 섭취하라고 지시했다. 붓다는 그대로 실행해서 건강을 되찾았다.[33]

한역본에 의하면 붓다는 식은땀이 나서[34] 설사제가 필요했다. 지바까를 데려오려고 간 아난다가 붓다의 병환을 알리자 지바까는 속으로 "위덕이 크신 붓다께 여느 사람들에게 처방하는 약초(즉, 3가지 약)나 진통제를 처방할 수는 없다. 특별한 약용 가루가 푸른 연꽃에서 떨어지게 해서 붓다에게 드려야겠다."[35]라고 생각했다. 약이 다 마련되자 지바까는 연꽃(uppala, Skt. utpala) 가루로 만든 설사제를 가지고 붓다에게 다가가 3번 그것을 흡입하여 30회 설사하도록 했다.[36] 붓다는 설사제를 흡입하고 29회 설사를 했다. 지바까는 따뜻한 물을 마시라고 말했고, 이렇게 해서 붓다가 30번째의 설사를 하게 했다. 지바까는 부드러운 쌀, 죽, 국으로 구성된 약용 음식과 음료를 조제해서 붓다가 특정량을 섭취하도록

했다. 음식을 든 후 붓다는 완전히 회복해서 기력을 되찾았고 안색도 좋아졌다.[37]

이 판본들의 기술은 빨리 율과 상당히 일치한다. 다만 산스끄리뜨-티베트본은 붓다가 앓은 질환의 본질을 좀 더 명확하게 설명하고 있는데, 이는 초기 의학 문헌을 반영한 것이다. 콧물(abhiṣyanda) 증상은 『짜라까 상히따』에 나오는 '도샤로 인해 콧물을 흘리는 사람(doṣair abhiṣyannas yo naraḥ)'이라는 질환에 상응한다.[38] 도샤의 4가지 분류는 도샤 이론을 기반한 잘 발달된 병인론을 시사한다. 한역본은 붓다의 독특한 신체적 특징을 강조하며, 보통 사람들과 다르기 때문에 붓다에게는 특별한 치료가 필요하다고 한다. 한역본의 설명도 인도 의학의 원리와 실천에 대해서는 지식이 불완전하다는 것을 보여준다.

또한 수슈루따는 운동(vyāma)이 도샤를 자극하지 않고도 부적합한 음식이나 소화된 혹은 소화되지 않은 음식의 소화를 촉진시킨다고 한다. 건강한 사람이라도 기름진 음식(snigdhabhojana)을 섭취한 경우에는 운동이 항상 바람직하며, 특히 봄과 가을에 그러하다.[39] 지바까가 치료한 도샤 관련 두 가지 사례 모두 초기 의학서의 내용과 잘 상응하는데, 이것은 의학 지식과 실천의 공통 원천을 시사한다.

지바까의 처방에 대한 고찰은 불교의학 기록의 몇몇 측면을 추가적으로 드러낸다. 첫째, 다양한 종류의 질병 치료법이 빨리어, 산스끄리뜨어, 티베트어, 한문 등 주요 언어로 기록된 불교 문헌에서 뚜렷한 한 부분을 형성했다. 둘째, 이야기는 전승되는 문화에 적합하게 변형되었다. 셋째, 세부적인 사항들은 산스끄리뜨 아유르베다 초기 의학서에 나오는 것과 일치하는 것도 있지만, 그와 동시에 아유르베다와 일치하지 않는 것도 있다. 인도 바깥의 언어로 남아 있는 판본들에서 유사성은 약화된다. 넷째, 산스끄리뜨본의 이야기는 어떤 측면에서 아마도 같은 시대에 인도 북서부의 동일한 일반 지역에서 출현한 『짜라까상히따』와 친연성이 있다. 그러므로 지바까에 관한 이야기는 초기 아유르베다와 많은 공통점을 공유하는 실용적인 형태의 치유 전통에 불교가 지속적으로 관여해왔음을 보여준다. 그러나 이 기록은 천공술처럼 초기 아유르베다에서는 볼 수 없으나 다른 출처를 통해서는 알려진 치료법도 포함하고 있다.

부록 2

빨리어 및 산스끄리뜨어 식물명 용어집

이 용어집은 본서에서 활용한 다양한 빨리 및 산스끄리뜨 자료에 나오는 식물명 목록이다. 식물명은 산스끄리뜨 알파벳 순서로 배열되었고, 각 항목은 일반명과 린네식 명명법으로 구성된다. 빨리어 용어에는 산스끄리뜨어 용어를 대응시키고, 산스끄리뜨 용어는 빨리 용어를 참조하게 했다. 고대 인도 문헌에 나오는 식물명에 대해서는 단지 이 용어집뿐만 아니라 어떤 용어집이라도 주의해야 할 점이 있다. 고대 인도에서는 정밀한 과학으로서 식물학이 있었던 것은 아니다. 따라서 고대 빨리어나 산스끄리뜨어 용어에 현대적 식물명을 대응시킨 것은 단지 근사치를 제시한 것에 불과하다. 이것은 최근의 인도 약전(藥典, nighaṇṭu), 그리고 인도의 약물과 근대 식물 분류학 양쪽을 잘 아는 식물학자의 노력에 바탕한 것이다. 과학자들과 산스끄리뜨 학자들은 식물의 더 나은 동정(同定)을 위해 계속해서 협력하고 있다. 이 공동 연구가 결실을 맺으면 고대 인도 식물학에 대한 지식은 더욱 확실한 것이 될 것이다.

agnimatha headache tree; *Premna latifolia* Roxb., var. *mucronata* Clarke.

ativiṣā → ativisa.

ativisa (Skt. ativiṣā) Indian atees; *Aconitum heterophyllum* Wall., or A. *palmatum* D. Don.

abhayā → harītaka.

aśvattha sacred fig tree; *Ficus religiosa* Linn.

āmalaka (Skt. āmalakī) emblic myrobalan, Indian gooseberry; *Phyllanthus emlica* Linn.

āmalakī → āmalaka.

āragvadha drumstick or purging cassia; *Cassia fistula* Linn.

ārdraka → siṅgivera.

utpala blue lotus; *Nymphaea stellata* Wild.

udumbara cluster fig; *Ficus glomerata* Roxb.

uśīra → usīra.

usīra (Skt. uśīra) vetiver; *Vetiveria zizanloides* (Linn.) Nash = *Andropogon muricatus* Retz.

eraṇḍa castor; *Ricinus communis* Linn.

kaṭuka → kaṭukarohiṇi.

kaṭukarohiṇi (Skt. katukarohiṇī = kaṭuka) black hellebore; *Picrorrhiza hurroa* Royle ex Benth.

kaṭukarohiṇī → kaṭukarohiṇi.

kaṇḍala? white mangrove; *Avicennia officinalis* Linn.

kappāsikā (Skt. kārpāsikā or kārpāsī) cotton tree; *Gossypium herbaceum* Linn.

karañja → nauamāla.

kalāya wild pea; *Lathryus sativus* Linn.

kǎrpāsikā → kappāsikā.

kǎpāsī → kappāsikā.

kāśmarī white teak; *Gmelina arborea* Linn.

kiṃśuka → kiṃsuka.

kiṃsuka (Skt. kiṃśuka) = palāśa dhak tree; *Butea monosperma* (Lam.) Taub. = *B frondosa* Roxb.

kuṭaja kurchi tree; *Holarrhena antidysenterica* Wall.

kulattha horse gram; *Dolichos biflorus* Linn.

kuśa kuśa grass; *Desmostachya bipinnata* Stapf, or *Poa cynosuroides* Retz.

kuṣṭha costus, *Saussurea lappa* C. B. Clarke.

kusumbha safflower; *Carthamus tinctorius* Linn.

kṛtavedhana ribbed luffa, ridged grourd; *Luffa acutangula* (Linn.) Roxb.

kṛṣṇasārivā black creeper, *Cryptolepis buchanani* Roem. et Schutt.

kṛṣṇā → pippala.

ketaka fragrant screwpine; *Pandanus odoratissimus* Roxb.

kodrava kodra; *Paspalum scrobiculatum* Linn.

khajjūtǐ (=? Skt. kharjūrǐ) wild date; *Phoenix sylvestris* Roxb.

khadira catechu tree; *Acacia catechu* Wild. = *Mimosa catechu* Linn.

canada sandalwood; *Santalum album* Linn.

citraka leadwort; *Plumbago zeylanica* Linn.

jambura blackberry; *Eugenia jambolana* Linn.

ṭiṇṭuka = ṭiṇṭǔka = śyonāka Indian calosanthes; *Oroxylum indicum* Vent.

ṭiṇṭǔka = ṭiṇṭuka.

tagara ? East India rosebay; *Ervatamia divaricata* Burkill = *Tabernaemontana coronaria* Wild.

taṇḍula rice; *Oryza sativa* Linn.

tālīsa silver fir; *Abies webbiana* Lindl.

tila sesame; *Sesamum indicum* Linn.

tilvaka → lodda.

tuṅgahara ? thorny tree with yellow exudation.

tulasī → sulasī.

triphalā three myrobalans, i.e., harītakī, āmalaka, vibhītaka.

trivṛt (red-rooted) turpeth tree; *Operulina turpethum* (Linn.) Silva Manso.

dantinī → dantī.

dantī = dantinī wild croton; *Croton tiglium* Linn.

dāruharidrā Indian barberry; *Berberis aristata* DC.

dhāmārgava large acute-angled cucumber; *Luffa cylindrica* (Linn.) M. Roem.

naktamāla → nattamāla.

nattamāla (Skt. naktamāla = karañja) Indian beech; *Pongamia pinnata* (Linn.) Merr.

nāḍīhiṅgu → hiṅgusipāṭikā.

nikumbhā turpeth tree; *Baliospermum montanum* Meul.-Arg.

nimba Indian lilac, neem; *Azadirachta indica* A. Juss. = *Melia azadirachta* Linn.

pakkava = ? latā → priyṅgu.

paṭola wild snake ground; *Trichosanthes dioca* Roxb., or *T. cucumerina* Linn.

pathyā → harītaka.

palāśa → kiṃsuka.

pāṭalā trumpet flower tree; *Stereospermum suaveolens* DC.

pippala (var. pippali) (Skt. pippalī) = kṛṣṇā long pepper; *piper longum* Linn.

pippalī → pippala.

priyaṅgu = latā (Ḍalhaṇa to SuUtt 60.48) perfumed cherry; *Callicarpa macrophylla* Vahl; or a type of grass, *Setaria italica* Beauv.

balvajā balvaja grass; *Pollinidium angustifolium* Comb. Nov.

bilva Bengal quince; *Aegle marmelos* Corr.

bhaddamuttaka (Skt. bhadramusta = mustaka) nutgrass; *Cyperuss rotundus* Linn. = *C. scariosus* R. Br.

bhadramusta → bhaddamuttaka.

bhūnimba → yavatiktā.

madana emetic nut; *Randia dumetorum* Linn.

madhuka (Skt. madhūka) mahua; *Bassia longifolia* Linn., or *B latifolia* Roxb.

madhūka → madhuka.

marica black pepper; *Pipper nigrum* Linn.

māṣa → māsa.

māsa (Skt. māṣa) black gram; *Phaseolus mungo* Linn.

mugga (Skt. mudga) green gram; *Phaseolus aureus* Roxb.

muñja muñja grass; *Saccharum munja* Roxb.

mudga → mugga.

mustaka → bhaddamuttaka.

mūrvā bowstring hemp; *Sansevieria roxburghiana* Schult. f. = *S. zeylanica* Roxb.

meṣaśṛṅgi "ram's horn"; *Dolichandrone falcata* Seem.

yavatiktā = ? bhūnimba kalmegha; *Andrograhis paniculata* Nees (cf. śaṅkhinī).

rajanī = → haliddā.

rajā ral tree; *Mimosa rubicaulis* Linn.

latā → priyaṅgu.

lodda (Skt. lodhra) = tilvaka lodh tree; *Symplocos racemosa* Roxb.

lodhra → lodda.

vaca (Skt. vacā) sweet flag, orris root; *Acorus calamus* Linn.

vacattha (var. vacatta) = ? sesavaca (var. setavaca) (Skt. śvetavacā) ? white sweet flag; perhaps a variety of *Acorus calamus* Linn.

vacā = śvetavacā = śveta = haimavatī (Ḍalhaṇa) → vaca.

vaṃśa bamboo; *Bambusa arundinacea* Willd.

viḍaṅga → vilaṅga.

vibhītaka (Skt. v[b]ibhītaka) beleric myrobalan; *Terminalia bellerica* Roxb.

v(b)ibhitaka → vibhītaka.

vilaṅga (Skt. viḍaṅga) embelia; *Embelia ribes* Burn., var. *E. robusta* Roxb.

śaṅkhinī canscora; *Euphorbia dracunculoides* Lam.; or = a type of yavatiktā (Ḍalhaṇa) → yavatiktā

śaṇa śaṇa hemp, Bombay hemp; *Crotalaria juncea* Linn.

śārṅgaṣṭā jequirity *Abrus prectatorium* Linn.; or a species of karañja → karañja ; or *Dregea volubilis* Benth (see Sharma, *Ḍalhaṇa and his Comments on Drugs*. 174).

śāla sal tree; *Shorea robusta* Gaertn.

śṛṅgavera → siṅgivera.

śyāmā black turpeth; a variety of trivṛt → trivṛt

śyonāka → ṭiṇṭuka.

śveta → vacā, vacattha.

śvetavaca → vacā, vacattha.

saptalā golden cleome; *Euphorbia pilosa* Linn.; or = a type of scheuṇḍa (snuhī) → scheuṇḍa

sarja Indian copal tree; *Vateria indica* Linn.

sarṣapa → sāsapa.

sāsapa (Skt. sarṣapa) mustard; *Bissia campestris* Linn, var, *sarson* Prain.

sudhā → sehuṇḍa.

surasī(ā) → sulasī.

sulasī (var. sulasā) (Skt. surasī[ā] = tulasī) holy basil; *Ocimum sanctum* Linn.

siṅgivera (Skt. śṛṇgavera = ārdraka) ginger; *Zingiber officinale* Roscoe.

sehuṇḍa = snuhī = sughā common milk hedge; *Euphorbia neriifolia* Linn (cf. saptalā).

setavaca → vacā, vacattha.

sesavaca → vacā, vacattha.

snuhī → sehuṇḍa.

harītaka (Skt. harītakī = pathyā = abhayā) cherbulic or yellow myrobalan, Indian gall nut; *Terminalia chebula* Retz.

harītakī → harītaka.

haridrā → haliddā.

haliddā (Skt. haridrā = rajanī) turmeric; *Curcuma longa* Linn.

hiṅgu asafoetida; *Ferula foetida* Regel = *F. asafoetida* Linn.

hiṅguparṇī → hiṅgusipāṭikā.

hiṅguśvāṭika → hiṅgusipāṭikā.

hiṅgusipāṭikā (? Skt. hiṅguśivāṭika = hiṅguparṇī = nāḍīhiṅgu) *Gardenia gummifer* Linn.

haimavatī → vacā.

약어표

AB	*Aitareyabrāhmaṇa*
AH	*Aṣṭāṅgahṛdayasaṃhitā*
AN	*Aṅguttaranikāya*
Ap	*Apadāna*
AV	*Atharvaveda* (Śaunaka recension)
BD	*The Book of the Discipline* (*Vinayapiṭaka*)
BH	*Bhelasaṃhitā*
BKS	*The Book of Kindred Sayings* (*Saṃyuttanikāya*)
Ca	*Carakasaṃhitā*
Ci	*Cikitsāsthāna*
CV	*Cullavagga*
DB	*Dialogues of the Buddha* (*Dīghanikāya*)
DhNi	*Dhanvantarinighaṇṭu*
DN	*Dīghanikāya*
GS	*The Book of Gradual Saying* (*Aṅguttaranikāya*)
In	*Indriyasthāna*
Jā	*Jātaka*
Ka	*Kalpasthāna*
KaiNi	*Kaiyadevanighaṇṭu*
KB	*Kausītaki Brāhmaṇa*
Khp	*Khuddaka-pāṭha*
KS	*Kāṭhakasaṃihitā*
Miln	*Milindapañha*
MLS	*Middle Length Sayings* (*Majjhimanikāya*)
MN	*Majjhimanikāya*
MQ	*Milinda's Questions* (*Milindapañha*)

MS	*Maitrāyṇīsaṃhitā*
MV	*Mahāvagga*
Nadk	*Nadkarni's Indian Materia Medica*, 2 vols.
Ni	*Nidānasthāna*
Nidd I	*Mahāniddesa*
Nidd II	*Cullaniddesa*
PED	*The Pāli Text Society's Pāli-English Dictionary*
Ps	*Buddhaghosa's Papañcasūdanī*
PTC	*Pāli Tipiṭakam Concordance*
RV	*Ṛgveda*
Śa	*Śārīrasthāna*
SB	*Śatapathabrāhmaṇa*
Si	*Siddhisthāna*
SN	*Saṃyuttanikāya*
Sn	*Suttanipāta*
SoNi	*Soḍhalanighaṇṭu*
Spk	*Sāratthappakāsinī*
Su	*Suśrutasaṃhitā*
Sū	*Sūtrasthāna*
Sv	*Buddhaghosa's Sumaṇgalavilāsinī*
T	*Taisho Tripiṭaka* (The Chinese Tripiṭaka)
Tha	*Theragāthā*
Thī	*Therīgīthā*
Toḍ	Toḍarānanda's *Āyurveda Saukhyaṃ*
TS	*Taittirīyasaṃhitā*
Utt	*Uttarasthāna, Uttaratantra*
VA	Buddhaghosa's *Samantapāsādikā*
Vi	*Vimānasthāna*
Vin	Oldenberg's *Vinaya Piṭaka*, 5 Vols.

미주

개정판 머리말

1 고대 그리스 전통에서의 호흡과 바람의 기능, 그리고 이것이 의학 병인론의 바람 또는 호흡 개념과 어떠한 관계에 있는지에 대해서는 상세한 연구가 필요하다.

2 Kenneth Zysk, "Greek and Indian Physiognomics," *Journal of the American Oriental Society*, 138.2(2018): 313-325.

3 Hartmut Scharfe, "The Doctrine of the Three Humors in Traditional Indian Medicine and the Alleged Antiquity of Tamil Siddha Medicine," *Journal of the American Oriental Society* 119.4(1999): 609-629.

4 최근의 논문에서 나는 아유르베다의 3도샤 질병 분류학(nosology)의 기원을 다루었는데, 특히 초기불교의 공식화, 그리고 특정 병원체에 대한 초기 아유르베다와 고대 그리스의 숫자 체계를 비교했다. ("Doṣas by the Numbers: Buddhist Contributions to the Origins of the Tridoṣa-theory in Early Indian Medical Literature with Comparisons to Early Greek Theories of the Humours, *History of Science in South Asia* 9, 2021.)

서론

1 몇몇 현대 학자들의 연구로 인도 자연과학사를 더 잘 이해할 수 있게 되었다. 데이비드 핑그리(David Pingree)의 연구는 고·중세의 인도 정밀과학이 전적으로 브라흐만교 영역 안에서 이루어진 것이긴 하지만, 고대 서양과학으로부터도 지식을 많이 도입했다는 것을 보여준다. 특히 그의 다음 논문들을 참고하라. "Astronomy and Astrology in India and Iran," *Isis* 54(1963), 229-246; "The Mesopotamian Origin of Early Indian Mathematical Astronomy," *Journal for the History of Astronomy* 4(1973), 1-12;

"The Recovery of Early Greek Astronomy from India," *Journal for the History of Astronomy* 7(1976), 109-123; "History of Mathematical Astronomy in India," in Charles C. Gillispie, ed., *Dictionary of Scientific Biography*(New York: Scribner, 1978), 15, 533-633. 그리고 그의 다음 편역서를 참고하라. *The Yavanajātaka of Sphujidhvaja*, 2 vols.(Cambridge, Mass.: Harvard University Press, 1978). 프리츠 스탈(J. Frits Staal)의 여러 책과 논문은 인도 과학을 브라흐만교 의례와 언어의 지적 전통과 밀접히 결부시키는 독특한 이해를 보여준다. 특히 다음을 참고하라. *Science of Ritual*(Puṇe: Bhandarkar Oriental Research Institute, 1982); *The Fidelity of Oral Tradition and the Origins of Science*(Amsterdam: North Holland, 1986); *Universals: Studies in Indian Logic and Linguistics*(Chicago and London: University of Chicago Press, 1988). 데비쁘라사드 찻또빠드야야(Debiprasad Chattopadhyaya)의 *History of Science and Technology in Ancient India. The Beginnings*(Calcutta: Firma KLM, 1986)는 불확실한 자료에 근거하여 지나치게 사변적이고 이론적인 방식으로 고대 인도의 도시화 시기와 인도 과학 발달의 단계를 연결시키긴 하지만, 수학 및 천문학의 발달과 베다 희생제의의 밀접한 연관성을 보여주었다. 다음 책이 개관에 유용하다. D. M. Bose, ed., *A Concise History of Science in India*(New Delhi: Indian National Science Academy, 1971).

2 Jean Filliozat, *La Doctrine classique de la médecine indienne, ses origines et ses paralléles grecs*(Paris: Imprimerie Nationale, 1949), 2-20(영어판, 2-25). 셸던 폴락(Sheldon Pollock)은 신적 계보를 설정하는 브라흐만교적인 기법이 힌두의 교육 전통 혹은 샤스뜨라(śāstra) 문헌 전통에 나타나는 일반적 특징이라고 한다("The Theory of Practice and the Practice of Theory in Indian Intellectual History," *Journal of the American Oriental Society* 105[1985]: 499-519).

3 Thomas S. Kuhn, *The Structure of Scientific Revolutions*(Chicago: University of Chicago Press, 1962).

4 리처드 곰브리치(Richard Gombrich)가 설득력 있게 논했던 것처럼, 불교 승원은 초창기부터 불교 경전의 체계화와 보존에 필요한 체제를 갖추고 있었다. 이런 체제로 인해 인도 의학의 지식이 불교 문헌의 일부로

체계화되고 전승될 수 있었다("How the Mahāyāna Began," *Journal of Pāli and Buddhist Studies* 1[1988], 29-46).

5 Debiprasad Chattopadhyaya, *Science and Society in Ancient India*(Calcutta: Research India Publications, 1977).

6 Jyotir Mitra, *A Critical Appraisal of Āyurvedic Material in Buddhist Literature, with Special Reference to Tripiṭaka*(Varanasi: The Jyotiralok Prakashan, 1985).

7 Mari Jyväsjärvi Stuart, "Mendicants and Medicine: Āyurveda in Jain Monastic Texts," *History of Science in South Asia*, 2(2014), 63-100.

8 인도, 헬레니즘, 중국의 의학 체계를 비교한 연구로는 인도와 그리스 의학 인식론의 유사성과 차이점을 분석한 프란시스 짐머만(Francis Zimmermann)의 저술이 중요하다(*The Jungle and the Aroma of Meats*[Berkeley: University of California Press, 1987], 31-39, 79, 129-133, 196-198[프랑스어판 44-46, 114, 145-149, 216-218]). 그리고 네이선 시빈(Nathan Sivin)의 논문은 과거부터 현재까지 고대 중국의 과학과 의학 연구 현황을 알려주는 유익한 자료이다. 중국 의학과 인도 의학의 비교 연구를 위해 가능한 방법을 보여주며 참고문헌도 훌륭하다("Science and Medicine in Imperial China－The State of the Field," *The Journal of Asian Studies* 47[1988], 41-90). 논의의 출발점은 초기 의학 문헌에 나타나는 임박한 죽음 징후에 대한 아유르베다의학설과 『가르기야즈요띠샤』(Gārgīyajyotiṣa)의 초기 즈요띠샤(Jyotiṣa) 문헌에 보이는 인간의 외적 특징(human mark)에 대한 인도 예언 체계의 연관성인데, 후자는 초기 그리스 관상학과 관련이 있다(K. G. Zysk, "Greek and Indian Physiognomics," *Journal of the Americas Oriental Society*, 138.2[2018], 313-325; *The Indian System of Human Marks*, 2 Vols. Leiden: E. J. Brill, 2016. 참고). 헬레니즘과 인도 의학의 유사성을 다룬 초기 논의의 배경에 대해서는 다음 책을 참고하라. Kenneth Zysk, *Medicine in the Veda*(1985; rpt. Delhi: Motilal Banarsidass, 2009), 265-276.

제1장 인도 의학의 시작: 주술-종교적 치유

1 현재 하랍빠 문명에 대한 최고의 자료는 의심할 것도 없이 다음의 책이다. Jane R. McIntosh, *The Ancient Indus Valley*, New Perspectives(Santa Barbara, California: ABC-CLIO, 2008)

2 북인더스의 계곡인 깔리방간(Kālibangan)에서 불을 사용한 의례가 행해졌다는 증거가 발견되었다(Allchin and Allchin, *Rise of Civilization in India and Pakistan*, 216-217; Agrawal, *Archaeology of India*, 156).

3 모헨조다로의 발굴자 존 마셜 경(Sir John Marshall)은 여러 동물에 둘러싸인 세 개의 얼굴(하나는 정면, 두 개는 측면을 향한) 상을 보고, 쉬바(Śiva) 신－나중에 '동물의 주인(빠슈빠띠, paśupati)'으로 불려짐－의 초기 형태라고 추정했다(Marshall, *Mohenjo-Dāro and the Indus Civilization*, 1: 52-56). 마셜의 주장이 그럴듯하긴 하지만, 지지하기는 어렵다. 쉬바는 베다 종교 밖에서 들어온 신이 아니라 베다 신격에서 주류를 이루는 루드라(Rudra)에서 발전한 신이기 때문이다. 구체적으로는 도리스 M. 스리니바산(Doris M. Srinivasan)의 두 논문을 참고하라. "Vedic Rudra-Śiva," *Journal of the American Oriental Society* 103[1983]: 543-556 그리고 "Unhinging Śiva from the Indus Civilization," *Journal of the Royal Asiatic Society of Great Britain and Ireland*[1984]: 77-89).

4 커비(E. T. Kirby)는 샤먼을 '영혼의 주인이며, 주로 의례를 통해 병자를 치료하려는 목적으로 트랜스 상태에 들어가는 자'로 정의한다(*Urdrama: The Origins of Theatre*[New York: New York University Press, 1975], 1). 그리고 Mircea Eliade, *Shamanism: Archaic Techniques of Ecstasy*, trans. Willard R. Trask(Princeton, N. J.: Princeton University Press, 1972), 4 등을 참고하라.

5 특히 다음을 참고하라. Herman Grapow, *Grundriss der Medizin der alten Ägypter*, vols. 1-4(Berlin: Akademie Verlag, 1954, 1956, 1958, 1959). B. Ebbell, trans., *The Papyrus Ebers*(Copenhagen: Levin & Munksgaard, 1937). George Contenau, *La Médecine en Assyrie et en Babylone*(Paris: Libraire Maloine, 1938). René Labat, ed. and trans., *Traité akkadien de diagnostics et pronostics*

médicaux, vols. 1, 2(Paris: Academie Internationale d'Histoire des Sciences; Leiden: Brill, 1951). Henry E. Sigerist, *A History of Medicine: Primitive and Archaic Medicine*(New York: Oxford University Press, 1955), 1:217-497.

6 K. G. Zysk, *Medicine in the Veda*, 13-14(Philadelphia: American Philosophical Society, 1985), 3-4 참고.

7 주요 『리그베다』 교정본은 F. Max Müller, ed., *The Hymns of the Rig-Veda with Sāyaṇa's Commentary*, 2d ed., 4 vols.(1890-1892; reprint, Varanasi: The Chowkhamba Sanskrit Series Office, 1966)와 로마나이즈된 Theodor Aufrecht, ed., *Die Hymnen des Rigveda*, 2 vols.(1887; reprint, Wiesbaden: Otto Harrassowitz, 1968)이다. 『리그베다』의 새로운 번역은 Stephanie W. Jamison and Joel P. Brereton, trans. *The Rigveda. The Earliest Religious Poetry of India*, 3 Vols.(New York: Oxford University Press, 2014)이지만, 다음의 번역도 여전히 참고할 만하다. Karl F. Geldner, *Der Rig-Veda*, 3 pts.(Cambridge, Mass.: Harvard University Press, 1951). 아리아인의 인도 아대륙 침입, 인도 유럽 어족의 기원지와 관련된 여러 문제들은 오늘날에도 계속 비판적 재검토의 대상이다. Colin Renfrew, *Archaeology and Language: The Puzzle of Indo-European Origins*[Harmondsworth: Penguin Books, 1989], 특히 178-210 참고.

8 RV 10.97.

9 현존하는 『아타르바베다』 문헌에는 샤우나까(Śaunaka)본과 빠입빨라다(Paippalāda)본 2가지가 있다. 샤우나까본은 14세기 사야나(Sāyaṇa)의 산스끄리뜨 주석과 함께 편집되어 있다. 영어로 완역되었고 그 외 유럽어로도 부분적으로 번역되었다. 빠입빨라다본에는 불완전한 상태의 까슈미르(Kaśmīr) 교정본과 새롭게 편집한 오릿사(Orissā) 교정본이 있다. 『아타르바베다』 판본들 연구를 개관하려면 다음 책들을 참고하라. Zysk, *Medicine in the Veda*, bibliography; Arlo Griffiths, ed, *The Paippalādasaṃhitā* of the *Atharvaveda. Kāṇḍas* 6 and 7. *A New Edition with Translation and Commentary*(Groningen: Egbert Forsten, 2009): bibliography; Arlo Griffiths and Annette Schmiedchen, ed., *The Atharvaveda and its Paippalādaśākhā. Historical and Philological Papers on a Vedic Tradition*(Aix-la-Chapelle: Shaker-Verlag,

2007): bibliography; Dipak Bhattacharya, ed. *The Paippalāda-Saṃhitā of the Atharvaveda: critically edited from palmleaf manuscripts in the Oriya script discovered by Durgamohan Bhattacharyya and one Śāradā manuscript.* Kāṇḍas 1-20(Kolkata: Asiatic Society, 1997-2016); Jeong-Soo Kim, *Die Paippalāda-saṃhitā des Atharvaveda, Kāṇḍa 8 und 9: eine neue Edition mit Übersetzung und Kommentar*(Dettelbach: J. H. Röll, 2014).

10 Maurice Bloomfield, ed., *The Kauśika Sūtra of Atharvaveda*(1889; reprint, Delhi: Motilal Banarsidass, 1972). 부분 번역은 다음과 같다. Willem Caland, *Altindisches Zauberritual*(1900; reprint, Wiesbaden: Martin Sändig, 1967); Bloomfield, *Hymns of the Atharvaveda*, 233-692; J. Gonda, The *Savayajñas* (*Kauśikasūtra* 60-68)(Amsterdam: N. V. Noord-Hollandsche Uitgevers Maatschappij, 1965).

11 Zysk, *Medicine in the Veda*, 1-11.

12 특히 Arrian, *Indica*(15.11-12) 참고할 것. 다음 논문에 영역 및 관련 고찰이 있다. K. G. Zysk, "The Evolution of Anatomical Knowledge in Ancient India, with Special Reference to Cross-cultural Influences," *Journal of the American Oriental Society*, 106(1986): 695. 고대 인도의 독물학에 대해서는 베다부터 아유르베다까지 발전사를 추적하여 전체상을 상세히 조사할 필요가 있다.

13 K. G. Zysk, "Towards the Notion of Health in the Vedic Phase of Indian Medicine," *Zeitschrift der Deutschen Morgenländischen Gesellschaft* 135(1985): 312-318 참고.

14 Zysk, "Evolution of Anatomical Knowledge in Ancient India," 687-705 참고.

15 Zysk, *Medicine in the Veda*, 73.

16 U. C. Dutt and George King, *The Materia Medica of the Hindus*, rev. ed.(Calcutta: Mandan Gopal Dass, 1922), 277-278.

17 Ibid., 181-182.

18 Zysk, *Medicine in the Veda*, 40, 72-74, 97-98 등 참고.

19 A. A. Macdonell, *Vedic Mythology*(1898; reprint, Delhi: Motilal Banarsidass, 1974), 104-115.

20 Zysk, *Medicine in the Veda*, 39-70 참고.

21 특히 RV 10.97과 AV 8.7을 볼 것. 거기에서는 지역의 식물에 대한 깊은

지식과 여신 (내지 여신들)으로서의 식물에 대한 숭배가 나타난다. 또한 Zysk, *Religious Healing in the Veda*, 99-102, 238-256 참고.

22 RV 10.97은 『리그베다』 내에서는 아주 후기에 속하는 찬가로, 『아타르바베다』의 특징을 갖추고 있다. 신성한 소마 식물은 주로 그것의 종교적인 가치와 베다 의례에서의 역할 때문에 중시된다. 약으로 언급되는 것은 4번뿐이다(RV 8.72.17, 8.79.2와 최후기의 찬가 RV 10.25.11, 10.97.18).

23 K. G. Zysk, "Mantra in *Āyurveda*: A Study of the Use of Magico-Religious Speech in Ancient Indian Medicine," in Harvey Alper, ed., *Mantra*(Albany: State University of New York Press, 1989), 123-143 참고.

24 제6장의 비인간병(빙의) 참고.

25 제4장의 특정 승단에 속하지 않는 불전에 나타난 의학 지식 참고.

제2장 비정통 고행주의와 경험-합리적 의학의 발흥

1 RV 9.112.1.

2 RV 10.97.6, 22.

3 Chattopadhyaya, *Science and Society in Ancient India*, 235.

4 바히슈빠바마나는 신성한 사다스(Sadas)의 경내에 들어가기 전에 희생자를 정화하기 위해 소마 희생제의에서 불렀던 스또마(Stoma) 또는 스또뜨라(Stotra)의 이름이다. Julius Eggeling, trans., *The Śatapatha Brāhmaṇa*, pt. 2(1885; reprint, Delhi: Motilal Banarsidass, 1972), 310 n.; cf. TS 3.1.10; AB 3.1(=11.1); KB 8.7; cf. AB 3.14(=11.3) 참고. 또한 A. B. Keith, trans., *The Veda of the Black Yajus School Entitled Taitirīya Sanhitā*, pt. 1(1914; reprint, Delhi: Motilal Banarsidass, 1967), cviii, cxv 참고. 그런데 여기에서는 특히 의사를 정화하기 위해 사용된 것으로 보인다.

5 TS 6.4.9.1-3. 변형은 KapS 42.5; KS 27.4; MS 4.6.2; SB 4.1.5.13-16; 14.1.1.13-26에서 찾을 수 있다. 이 중 어디에서도 브라흐만 사제가 의료를 행해서는 안 된다고 특별히 명시한 곳은 없다. 이러한 금지 규정은 TS에만 있고, KapS와 KS는 매우 유사하며, 아슈빈이 치유의 작용(tanu)을 세 군

데에 두었다고 한다. MS는 다른 것들과 가장 다른데, 누가 그랬는지에 대한 언급은 없고 단순히 세 군데에 의료를 두었다고만 한다. KapS, KS, MS는 비우호적인 사람은 바히슈빠바마나에서 제외된다고 덧붙인다. 의례 전체의 규칙과 해석에 대해서는 『리그베다』 신화를 언급할 필요가 있는데, 거기에서는 아슈빈이 아타르반의 아들 다드양쯔(Dadhyañc)에게 말의 머리를 줄 때 소마(즉, madhu)를 마셨다고 한다(RV 1.116.12, 117.22, 119.9, etc.). 신화의 이야기 전체는 M. Witzel, "On the Origin of the Literary Device of the 'Frame Story' in Old Indian Literature," in Harry Falk, ed., *Hinduismus und Buddhismus*(Freiburg: Hedwig Falk, 1987), 380-414 참고.

6 KapS 4.25, KS 27.4, MS 4.62. KapS와 KS에 기술된 변형에 의하면 물은 다음의 주문으로 마력이 생기게 해야 한다. "누구든지 병든 사람이 원한다면 그를 살린다(yaṃ kāmayet āmayāvinaṃ jīved)." RV 10.125.5(AV 4.30.30)과 비교할 것. 여기에서는 언어의 여신(Vāc)이 "내가 원하는 사람은 누구든지, 나는 그를 최고로, 사제로, 예언자로, 현자로 만들겠노라(yám kāmāye táṃtam ugrám kṛṇomi tám brahmā́ṇaṃ tam ṛṣim táṃ sumedhā́m)."고 한다. TS 1.7.1.3-4 참고.

7 SB 4.1.5.14.

8 *Manusmṛiti* 3.108, 152; 4.212, 220. 찻또빠드야야는 약간 다른 각도에서 이것을 다룬다(*Science and Society in Ancient India*, 212-251).

9 Bloomfield, *Hymṇs of the Atharvaveda*, xxxix-xl.

10 Filliozat, *La Doctrine classique de la médecine indienne*, 15-17(영어판, 19-21).

11 Chattopadhyaya, *Science and Society in Ancient India*, 270-306.

12 Ibid., 29.

13 CaVi 8.13, 20 참고.

14 CaSū 1.1-40; SuSū 1.1-6, 17, 41 참고. 또한 Pollock, "Theory of Practice and the Practice of Theory in Indian Intellectual History," 513 참고.

15 이 버전은 『마하바라따』(Mahābhārata)와 『바루나뿌라나』(Varuṇapurāṇa)에 나오는 다끄샤(Dakṣa)의 희생을 언급한다. 그러나 『마하바라따』 서사와 『바루나뿌라나』에서는 아슈빈을 언급하지 않는데, 의학서의 저

자가 베다와 후기 힌두교 버전을 모두 염두에 두고 있음을 시사한다. A. F. R. Hoernle, trans., *The Suśruta Saṃhitā*, fasc. 1[Calcutta: Asiatic Society, 1897], 5-6 n. 13; G. D. Singhal et al., trans., *Fundamentals and Plastic Surgery Considerations in Ancient Indian Surgery*[Varanasi: Singhal Publications, 1981], 25 n. 2 참고.

16 SuSū 1.17-20. 번역은 달하나의 주석을 따랐는데, 그는 쁘라자빠띠가 다끄샤라고 설명한다.

17 CaSū 30.21; cf. SuSū 1.6.

18 Chattopadhyaya, *Science and Society in Ancient India*, 2, 18, 35-36, 40-44, 365-424.

19 R. H. Robinson and W. L. Johnson, *The Buddhist Religion: A Historical Introduction*, 3d ed.(Belmont, Calif.: Wadsworth, 1982), 7; A. L. Basham, "The Background to the Rise of Buddhism," in A. K. Narain, ed., *Studies in History of Buddhism*(Delhi: B. R. Publishing, 1980), 13-17; A. K. Warder, *Indian Buddhism*(Delhi: Motilal Banarsidass, 1970), 33-36; G. C. Pande, *Studies in the Origins of Buddhism* (Allahabad: University of Allahabad, 1957) 참고. 또한 E. J. Thomas, *The History of Buddhist Thought*(London: Routledge & Kegan Paul, 1959), 77 ff., L. de la Vallée-Poussin, *Histoire du monde*, Vol. 3: *Indo-européens et Indo-iraniens; L'Inde jusque vers 300 av. J.-C.*(Paris: Editions de Boccard, 1924), 301, 304-314 참고.

20 Warder, *Indian Buddhism*, 33-35. 또한 A.K. Warder, "On the Relationship Between Early Buddhism and Other Contemporary Systems," *Bulletin of the School of Oriental and African Studies* 17(1956): 43-63 참고.

21 하인즈 베헤르트(Heinz Bechert)는 붓다의 죽음을 기원전 4세기의 2/4분기로 보는 설득력 있는 증거를 제시한다("The Date of the Buddha Reconsidered," *Indologica Taurinensia* 19[1982]: 29-36). Gananath Obeyesekere, "Myth, History and Numerology in the Buddhist Chronicles" in Heinz Bechert, ed. *The Dating of the Historical Buddha*(Göttingen: Vanderhoeck and Ruprecht, 1989), 152-182; Heinz Bechert, "A Remark on the Problem of the Data of

Mahāvīra, *Indologica Taurinensia* 112 (1983): 287-290도 참고.

22 *Bhagavatī Sūtra* 15. 539, 658-669.

23 A. L. Basham, *History and Doctrines of the Ājīvikas*(London: Luzac, 1951), 56-58. Warder, "On the Relationship Between Early Buddhism and Other Contemporary Systems," 51도 참고.

24 DN 1.2.27(1, 12): …vossakammaṇ...vamanaṃ virecanaṃ uddhavirecanaṃ adhovirecanaṃ sīsavirecanaṃ kaṇṇatelaṃ nettatappanaṃ natthukammaṃ añjanaṃ paccañjanaṃ sālākiyaṃ sallakattikaṃ dārakatikicchā mūlabhesajjānaṃ anuppādānaṃ (?, anuppāyanaṃ) osadhīnaṃ paṭimokkho… 붓다고사(Buddhaghosa)는 'osadhīnaṃ paṭimokkho'를 알칼리성 약을 투여한 후 적정 시간이 지난 뒤에 배출시키는 것(khārādīni datvā tadanurūpe khaṇe gate tesaṃ apanayanam, Sv 1, 98)으로 설명한다. 리즈 데이비스(T.W. Rhys Davids)는 "약을 차례대로 투여하는 것"으로 해석하고 "예를 들어 설사제를 먼저 투여한 후 이에 대항하는 강장제를 투여해서 상쇄시킨다."고 하는데, 이는 잘못된 설명이다(DB I, 26과 n.1 참고). 『디가니까야』의 「떼빗자숫따」(DN 1, Tevijjasutta, 250-252)에서 이러한 처방들이 반복되는 것을 비교하라. 사실 『디가니까야』의 초반 13개의 장들에 이 처방 목록들이 반복된다. 마찬가지로 MN 1, 510-511(Māgandiyasutta)에서 눈병을 치료하면서 의사(bhisakka, Skt. bhiṣaj)와 외과의(sallakata, Skt. śalyakarttṛ)는 상체와 하체의 정화(uddhavirecana, adhovirecana), 안약(añjana), 연고(paccaiijana), 비강요법(natthukamma)에 사용되는 약(bhesajja)을 조제한다(Buddhaghosa: uddhavirecanaṃ adhovirecanaṃ añjanaṃ paccañj[?] anādibhesajjaṃ kareyya; at Ps 3, 219). 눈병에 대한 다양한 의학적 처치의 언급은 불교 공동체에 의사와 외과의가 모두 존재했음을 알려준다.

25 5장과 6장 참고.

26 *Geography* 15.1.60. Augustus Meineke, ed., *Strabonis Geographica*(1877; reprint, Graz; Akademische Drucku. Verlagsanstalt, 1969), 3: 993-994. H. L. Jones, ed. and trans., *The Geography of Strabo*, Vol. 7(London: Heinemann, 1930), 102-105(Loeb edition); H. C. Hamilton, trans., *The Geography of Strabo*(London:

Henry G. Bohn, 1857), 3: 110-111; J.W. McCrindlc, trans., *Ancient India as Described in Classical Literature*(1901; reprint, New Delhi: Oriental Books Reprint, 1979), 67-68도 참고.

27 Christopher I. Beckwith, *Greek Buddha: Pyrrho's Encounter with Early Buddhism in Central Asia*(Princeton and Oxford: Princeton University Press), 100 n133 참고.

28 CaSū 11.54.

29 CaSū 11.55; 16.34-36; 27.3, 349-350 참고.

30 특히 CaSū 27-28과 SaSū 46 참고.

31 CaŚā 4.13; 5.3.

32 이 접근방식은 고대 그리스 의학의 접근방식과 다르지 않다(Chattopadhyaya, *Science and Society in Ancient India*, 51-52, 60-80 참고).

33 CaSū 27.3; Vi 3.36; CaSū 10.6 참고.

34 Chattopadhyaya, *Science and Society in Ancient India*, 84.

35 Zimmermann, *The Jungle and the Aroma of Meats*, 133(프랑스어판, 149).

36 SN 4, 230-231; BKS 4, 154-156 참고. 이 공식은 AN 2, 87과 AN 3, 131에도 반복되는데, 거기에서는 질병이 없는 사람(appābādha)은 이 8가지가 없다고 한다. Nidd I, 370 참고. Miln 134-138도 참고할 것. 여기에서 나가세나(Nagasena)는 붓다에게는 죄가 없다는 맥락에서 고통의 8가지 원인을 논의한다.

37 4장 참고.

38 이것은 「띠끼차까숫따」(Tikicchakasutta)와 「바마나숫따」(Vamanasutta)에도 보인다(AN 5, 218-219). AN 4, 320과 비교할 것. 여기에서는 담즙과 점액과 매서운 바람이 죽음의 원인들로 거론된다. DN 2, 14, 293-294; MN 1, 57-59, 3.90; AN 3, 23-24. Khp 2에서는 담즙 그리고/또는 점액이 언급된다.

39 계절(ṛtu)에 대해서는 특히 CaSū 6; Ni 1.12, 28; Vi 1.111, 3.4; Śā 2.45, Ci 8.179; SuSū 6 참고. 불규칙한 행동(viṣama)에 대해서는 CaNi 1.19, 22, 28; Vi 6.12; Śā 1.109, 8.30; Ci 3.295-96a, 15.50, 25.20; SuSū 19.20, 31.30; Utt 39.63-74 참고. 업에 대해서는 CaSū 1.49, 52, 25.18-19; Ni 7.19-20; Śā 1.16-17, 2.21, 44; Ci 9.16; SuUtt 40.163b-66a; SuSū 31.30 참고.

40 CaSū 20.3-4; SuSū 1.24-25.

41 Chattopadhyaya, *Science and Society in Ancient India*, 13, 179-188, 400-404.

42 CaSū 25.18-19. 업보(業報, karmavipāka), 즉 과거의 행동에 의해 야기된 질병과 속죄(prāyaścitta)를 통한 치료를 전하는 남아있는 몇 안 되는 문헌 중 하나는 *Madanamahārṇava of Śrī Viśveśvara Bhaṭṭa*, ed. Embar Krishnamacharya and M.R. Nambiyar(Baroda: Oriental Institute, 1953)이다.

43 Mitchell G. Weiss, "Caraka Saṃhitā on the Doctrine of Karma," in Wendy D.O' Flaherty, ed., *Karma and Rebirth in Classical Indian Traditions*(Berkeley: University of California Press, 1980), 90-115. 수슈루따는 병인론의 범주에서 업을 논하지만, 짜라까처럼 어디까지나 이론적 수준에서다(SuUtt 40.163b-166a).

44 K. R. Norman, *Pāli Literature*(Wiesbaden: Otto Harrassowitz, 1983), 110-111 참고.

45 Miln 134-138.

46 P. C. Bagchi, "A Fragment of the Kasyapa Samhita in Chinese," *Indian Culture* 9 (1942-1943): 53-65. 4장의 특정 승단에 속하지 않는 불전에 나타난 의학 지식-한문 자료 참고.

47 SuŚā 2, 특히 vv. 24-43.

48 *Geography* 15.1.70. Meineke, *Strabonis Geographica*, 3: 1001; Jones, *Geography of Strabo*, 7: 122-125; Hamilton, *Geography of Strabo*, 3: 117-118; McCrindle, *Ancient India as Described in Classical Literature*, 76.

49 6장의 치료 부분과 Zysk, "Mantra in Ayurveda," 123-143 참고.

50 CaSū 11.54.

51 CaSū 30.21.

52 특히 G. J. Meulenbeld, *The Mādhavanidāna and Its Chief Commentary*, 1-10장 (Leiden: Brill, 1974), 403-406; Filliozat, *La Doctrine classique de la midicine indienne*, 13-14(영어판, 16-17) 참고.

*역주: 『잡보장경』 7권 94경, "時月氏國有王名栴檀罽尼吒, 與三智人以爲親友, 第一名馬鳴菩薩, 第二大臣字摩吒羅, 第三良醫字遮羅迦."

53 Chattopadhyaya, *Science and Society in Ancient India*, 29-30, 172, 260-261, 323.

54 특히 CaSū 25와 Vi 8.3, 27 참고.

55 DN 22.4-5(2, 293-294)에서 확인되는 빨리 해부학 용어들(과 이에 해당하는

산스끄리뜨)은 순서대로 다음과 같다. kesa(keśa), loma(roman), nakha(nakha), danta(danta), taca(o)(tvac), maṃsa(māṃsa), nahāru(var. nhāru)(snāyu), aṭṭhi(asthi), aṭṭhimiñja(asthimajjan), vakka(vṛkka), hadaya(hṛdaya), yakana(yakṛt), kilomaka (kloman), pihaka(plihaka, plihaṇaka), papphāsa (pupphusa), anta(antra), antaguṇa (antraguda), udariya(udara로부터), karīsa(karāṣa), pitta (pitta), semha(cf. śleṣman), pubba(pūya), lohita(lohita), seda(sveda), meda(medas), aśru(asru), vasā(vasā), kheḷa(kheṭa), singhāṇika(siṅghāṇaka), lasikā(lasīkā), mutta(mūtra), paṭhavīdhātu(var. pathavīdhātu)(pṛthividhātu), āpodhātu(āpodhātu), tejodhātu(tejodhātu), vāyudhātu (vāyudhātu). 이 목록은 산스끄리뜨어와 빨리어의 일관되고 표준화된 해부학 명명법을 보여준다. 이것은 MN 1, 57-59(*Satipaṭṭhānasutta*)와 Khp 3 (*Dvattsākāra*)에도 나온다. MN 3, 90(Kāyagatāsatisutta)과 Sn 193-206 참고. 이 구절에서 신체 부위를 열거하면서 상향식 표현과 하향식 표현을 모두 쓰고 있다는 점은 주목할 만하다. 붓다의 상호(相好)를 포함해서 인도에서 인간의 신체적 특징을 열거하는 주된 방식은 항상 발에서 머리 쪽으로였다. 그러나 『랄리따비스따라』(Lalitavistara, 方廣大莊嚴經) 등 초기 대승 산스끄리뜨 문헌에서는 머리에서 발 쪽으로 열거하는 사례가 몇 군데 있다. 이런 방식은 메소포타미아와 폴레몬(Polemon) 이후의 그리스 인상학(人相學, physiognomy)의 주된 방식이다(Zysk, *Indian System of Human Marks*, Vol 1: Introduction and appendix to chapter 5; "Greek and Indian Physiognomies," 313-325).

56 Khp 3(matthaluṅga는 산스끄리뜨어로 mastuluṅga). 어떤 문헌에서는 matthaluṅga가 karīsa와 pitta 사이에 있다. 그리고 다른 문헌에서는 mutta 다음에 나온다. mutta: matthake matthaluṅgam.

57 DN 9.2.6(2, 294) 등.

58 DN 9.2.7-10(2, 295-297) 등. 『숫따니빠따』(Suttanipata) 958에서는 무덤가에서 휴식을 취하는 비구를 찬탄하고 『바이카나사스마르따수뜨라』(Vaikhana-sasmartasutra) 8.9에서는 빠라마함사(Paramahaṃsa) 고행승을 화장터(śmaśāna)에 사는 사람으로 규정한다.

59 Zysk, "Evolution of Anatomical Knowledge in Ancient India," 687-705 참고.

Chattopadhyaya, *Science and Society in Ancient India*, 94-100 참고.

60 SuŚā 5.47-51.

61 「쭐라박가」(Cullavagga)의 한 구절에 따르면, 큰 바다에 던져진 시체가 해안으로 떠밀려오는 경우들이 많다. 그 구절 다음에 큰 바다와 주요 강을 비교하는 내용들이 나온다(CV 9.1.3). 이것은 Miln 4.3.39(187)와 4.6.33(250)에서도 반복된다. 이는 호수와 강에서 시체를 처리하는 것이 인도에서 일찍부터 행해졌음을 시사한다. 그러나 불교도들이 이러한 행위에 참여했다는 증거는 없다.

62 Samuel Beal, trans., Si-Yu-Ki: *Buddhist Records of the Western World*(1884; reprint, Delhi: Motilal Banarsidass, 1981), 2: 86; Thomas Watters, trans., *On Yuan Chwang's Travels in India*(A.D. 629-647)(1904-1905; reprint, New Delhi: Munshiram Manoharlal, 1973), 174.

*역주: 현장(玄奘), 『대당서역기』(大唐西域記), "一曰火葬, 積薪焚燎, 二曰水葬, 沈流漂散, 三曰野葬, 棄林飤獸."

63 Edward C. Sachau, trans., *Alberuni's India*(1910; reprint, New Delhi: Orientai Books Reprint, 1983), 2: 169.

제3장 의학과 불교 승원 제도

1 S. B. Deo, *History of Jaina Monachism: From Inscriptions and Literature*(Pune: Deccan College Postgraduate and Research Institute, 1956), 209-210, 326-328, 437; Haripprada Chakraborti, *Asceticism in Ancient India*(Calcutta: Punthi Pustak, 1973), 378, 384-401, 425.

2 CaSū 9.19. 이 이론을 처음으로 제시한 사람은 헨드릭 컨(Hendrik Kern)이다. 그는 4성제(āryasatyāni)가 "인도 의학의 4가지 기본 항목을 인류의 영적 치유에 적용한 것에 지나지 않는다."라고 했다. 컨은 『요가수뜨라』(Yogasūtra) 2.15에 대한 베다비야사(Vedavyāsa)의 주석(기원후 7~9세기)을 증거로 인용했다(*Manual of Indian Buddhism*[reprint, Varanasi: Indological Book House, 1986], 46-47). 그는 『랄리따비스따라』(Lalitavistara)

의 두 부분(22와 23.6, 바이드야(Vaidya) 판에서는 254, 258)도 인용하는데, 여기에서는 붓다가 대의왕(大醫王, vaidyarājan)으로 나타나며, 4성제를 설하여서 모든 고통(duḥkha)과 질병(vyādhi)을 치유했다고 한다. 이렇게 얼마 안 되는 전거로 컨은 4성제와 인도 의학을 연관시켰다. 그가 인용한 것은 모두 후대의 것으로서, 초기 의학이나 불교 자료에 대한 언급은 없다. 『랄리따비스따라』의 구절도 4성제와 의학의 연관성을 언급한 것은 아니다. 그보다 '대의왕(vaidyarāja)'은 약사보살(bodhisattva Bhaiṣajyaguru)을 연상시키는데, 이는 『삿다르마뿐다리까』(Saddharmapuṇḍarīka, 묘법연화경, 기원후 2세기)에서는 약왕(藥王, Bhaiṣajyarāja)으로 알려져 있다. 약사 신앙은 중앙아시아, 티베트, 중국에서 유행했다. 게다가 베다비야사의 주석은 불교가 아니라 요가 문헌에 대한 것이며, 짜라까(Caraka)와 수슈루따(Suśruta)의 고전 문헌에 명시된 의학 분류에 근거한 것도 아니다. 또한 알브레히트 베즐러(Albrecht Wezler)는 요가, 의학, 불교 4분설(四分說)의 상호관계를 비판적으로 논했다(Albrecht Wezler, "On the Quadruple Division of the Yogaśāstra, the Caturvyūhatva of the Cikitsāśāstra and the 'Four Noble Truths' of the Buddha," *Indologica Taurinensia* 12(1984): 290-337). 그에 의하면, 불교도가 의학의 4분설을 사용한 가장 오래된 사례는 4세기 대승문헌 『요가짜라부미』(*Yogācārabhūmi*, 瑜伽師地論)에서이다. 이는 짜라까에 있는 구절과 비슷하며 아마도 의학 전통에서 가져왔을 것이다. 그는 몇몇 소승불교도들도 의학의 4분설을 알고 있었고 이를 사성제와 비교했지만, 의학과의 유비를 붓다 시대까지 거슬러 올라갈 수는 없다고 단언한다. 결론적으로 그는 붓다가 의학에서 차용해서 4성제를 정식화한 것은 아니며, 의학과의 유비는 후대의 불교도가 설명 편의를 위해 사용한 것이라고 한다. 이러한 여러 난점에도 불구하고, 학자들은 컨의 주장을 맹목적으로 따랐으며 그들 중에는 에리히 프라우발너도 있다(Erich Frauwallner, *History of Indian Philosophy* (New York: Humanities Press, 1974), 1: 146). 최근에는 리처드 곰브리치도 있다(*Theravada Buddhism*(London and New York: Routledge & Kegan Paul,

1988), 59). 베츨러는 의문 없이 이 유비를 받아들인 다른 저명한 학자들도 여러 명 거론한다.

3 불교 상가의 역사와 발전에 대해 추천하고 싶은 문헌은 다음과 같다. Mohan Wijayaratna, *Le Moine bouddhiste selon les textes du Theravâda*(Paris: Les Editions du Cerf, 1983); Sukumar Dutt, *Buddhist Monks and Monasteries of India*(London: George Allen and Unwin, 1962). 이러한 저작들과 함께 불교 승원 제도와 승원의 진화와 발전을 다루는 주요 2차 문헌은 다음과 같다. S. Dutt, *Early Buddhist Monachism*, rev. ed.(New Delhi: Munshiram Manoharlal, 1964). 그리고 다음 문헌들 참고할 것. Patrick Olivelle, *The Origin and the Early Development of Buddhist Monachism*(Colombo: M. D. Gunasena, 1974); Nalinaksha Dutt, *Early Monastic Buddhism*, 2d ed.(Calcutta: Firma K. L. Mukhopadhyay, 1971); Dipak Kumar Barua, *Vihāras in Ancient India: A Survey of Buddhist Monasteries*, Indian Publications Monograph Series, no. 10(Calcutta: Indian Publications, 1969); Rabindra Bijay Barua, *The Theravāda Saṅgha*, The Asiatic Society of Bangladesh Publications, no. 32(Dacca: Asiatic Society of Bangladesh, 1978); Gombrich, *Theravāda Buddhism*; James Heitzman, *The Origin and Spread of Buddhist Monastic Institutions in South Asia 500 B.C.-300 A.D.*, South Asia Regional Studies Seminar Student Papers, no. 1(Philadelphia: Department of South Asia Regional Studies, University of Pennsylvania, 1980); R. Spence Hardy, *Eastern Monachism: An Account of the Origins, Laws, Discipline, Sacred Writings, Mysterious Rites, Religious Ceremonies, and Present Circumstances, of the Order of Mendicants Founded by Gotama Budha*[sic](London: Partridge and Oakey, 1850). 마지막 저작은 오래된 것이며 기독교 수도원 제도의 영향을 많이 받았다. 붓다의 생몰 연대에 대한 새로운 연구는 2장을 참고하라.

4 Gombrich, *Theravāda Buddhism*, 18-19.

5 Heinz Bechert and Richard Gombrich, eds., *The World of Buddhism: Buddhist Monks and Nuns in Society and Culture*(London: Thames and Hudson, 1984), 81.

6 CaVi 8.13, 20.

7 MV 1.30.4, 77. 『바이카나사스마르따수뜨라』(Vaikhānasasmārtasūtra) 8.9에서 함사(Haṃsa) 고행자(비구)는 소의 오줌과 똥으로 근근이 살아가는 사람(gomūtragomayāhāriṇa), 빠라마함사(Paramahaṃsa) 고행자는 뿌리가 하나인 나무 아래에서 살아가는 사람(vṛkṣaikamūla)으로 묘사된다.

8 CV 10.17.8; 23.3. I. B. Homer, *Women Under Primitive Buddhism*(1930; reprint, Delhi: Motilal Banarsidass, 1975), 154-155 참고.

9 MV 6.14.6.

10 CaSū 1.69; 14.4; Ci 10.41; SuSū 15.5, 11; 45.217-226.

11 Vin 3, 89-90, 99, 132, 211; 4, 154f; *Saṅgītisuttanta* 3.3(DN 3, 268); SN 41.3, 4(SN 4, 288, 291); Nidd II, 523. Olivelle, *Origin and Early Development of Buddhist Monachism*, 60 참고.

12 *Sabbāsava Sutta* 27(MN 1, 10).

13 5장과 MV 1.30.4.

14 MV 6.17.1-6과 (특히) 6.33.

15 CV 6.21.1-2(Vin 5, 204); Vin 4, 38-39, 155.

16 CV 6.21.3. R. B. Barua, *Theravāda Saṅgha*, 60 참고.

17 5장과 6장 참고. 문헌과 고고학 증거 모두 필요 물품을 시주받았음을 보여준다. 특히 MV 1.39.3에서는 승려들이 공공연하게 재가신도에게 음식물과 치료약을 달라고 조른다. 「아깐케야숫따」(Ākaṅkheyyasutta) 4-5(MN 1, 33)는 승려들이 병자에게 필요한 의류, 식품, 숙소, 약 등을 받았다고 기록한다. 다라세나(Dharasena) 1세(기원후 588년)의 바라비(Valabhī) 동판 비문에 의하면 각지에서 온 승려 모두를 위하여 상가에 의류, 식품, 숙소, 병이 났을 때의 약이 제공되었다고 한다(D. B. Diskalkar, *Selections from Sanskrit Inscriptions*[2nd cent, to 8th cent, A.D.][New Delhi: Classical Publishers, 1977], 110, 112).

18 MV 8.26.3.

19 이런 것들은 AN 3, 143-144에도 보인다. 여기에서는 자질(aṅga) 대신 덕목(dhamma)으로 쓴다. GS 3, 110-111 참고.

20 MV 8.26.6. Cf. BD 4, 432, n.3.

21 MV 8.26.5.

22 MV 8.26.8.

23 MV 8.26.7. BD 4, 433, nn.1, 2 참고.

24 MV 8.27. Paul Demiéville, "Byô," *Hôbôgirin*, Troisième Fascicule(Paris: Adrien Maisonneuve, 1937), 236-238 참고. 영역은 Mark Tatz, *Buddhism and Healing* (Boston: University Press of America, 1985), 31-35인데, 여기에서는 대응하는 한역 경전에 대한 정보도 제공한다.

25 Chattopadhyaya, *Science and Society in Ancient India*, 325 참고.

26 CaSū 9.6. 또한 CaSū 1.126-133에 의하면, 의사란 약을 사용하는 이치를 아는 사람이고 돌팔이 의사는 그것을 모르는 사람이다. 그리고 CaSū 29.6-13에서는 좋은 의사와 나쁜 의사의 특징을 거론한다.

27 CaSū 9.8.

28 CaSū 9.9.

29 SuSū 34.19-20.

30 SuSū 34.21b-22a.

31 SuSū 34.24.

32 Horner, *Women Under Primitive Buddhism*, 333-334.

33 MV 6.23.1-3; AN 1.14.7(1.26). Horner, *Women Under Primitive Buddhism*, 334 참고.

34 6장 치루 참고.

35 특히 MV 1.39 참고. 여기에서는 사람들이 특별히 지바까에게 치료받으려고 상가에 입문했고, 결국 병자를 승려로 받아들이는 것이 금지되었다는 내용이 나온다. 지바까의 치유에 대한 분석은 부록 1을 참고하라. Chattopadhyaya, *Science and Society in Ancient India*, 327-328; Demiéville, "Byô," 238(영어판, 36) 참고.

36 Sarvatta vijitamhi … dve cikīcha katā manussacikīchā ca pasucikīchā ca osuḍhāni ca yāni manussopagāni ca pasopagāni ca yatta yatta nāsti sarvatrā hārāpitāni ca ropāpitāni ca mūlāni ca phalāni ca yatta yatta nāsti sarvatta hārāpitāni ca ropāpitāni ca paṃthesū kūpā ca khānāpitā vracchā ca ropāpitā paribhogāya pasumanussānam. 기르나르(Girṇar) 암석 비문은 다음 판에 의거한다. Jules Bloch, ed. and trans., *Les Inscriptions d'Aśoka*(Paris: *Société*

d'Edition "Les Belles Lettres," 1950), 94, 95. 번역과 유용한 주석은 93, 94, 95 참고.

*역주: "왕국 어디에서나 … 2가지 종류의 의료 진료소를 설립하였다. 사람을 위한 의료 진료소와 동물을 위한 의료 진료소이다. 사람과 동물에게 적합한 약초를 구할 수 없는 곳은 어디든지 약초를 가져다가 심도록 하였다. 어디든지 약초 뿌리나 약초 열매를 구할 수 없는 곳은 그것들을 가져다가 심도록 하였다. 사람과 동물들의 이익을 위해 길을 따라 우물을 파고 나무를 심게 하였다."(번역은 일아 스님, 『아소까』, 민족사, 2009, 27 참고.)

37 Julius Jolly, *Medicin*(Strassburg: Verlag von Karl J. Trübner, 1901), 16(영어판, 19) 및 Demiéville, "Byô," 246(영어판, 56) 참고.

38 James Heitzman, *Origin and Spread of Buddhist Monastic Institutions in South Asia* 참고. 이 연구는 승원이 교역로에 인접한 위치에 있었음을 명료하게 보여준다.

39 D. K. Barua, *Vihāras in Ancient India*, 62 참고.

40 SN 4, 210-213(BKS 4, 142-145; AN 3, 142[또한 3, 109-113] 참고), Demiéville, "Byô," 245(영어판, 54) 참고.

41 시르카(D. C. Sircar)는 이 비문에 대해 편집하고 주석을 달았다. 그는 '비가따즈바라(vigatajvara)'가 불교 승려 혹은 승려 중에서 최고인 붓다(Buddha)를 가리킨다고 보았다. '비가따즈바라라야(vigatajvarālaya)'는 최고의 승원(vihāramukkhya)을 변형시킨 것으로, 불교 승려들의 거주처, 그중에서도 붓다의 성소(聖所, ālaya)를 의미한다("More Inscriptions from Nāgārju-nikoṇḍa," *Epigraphia Indica* 35[1963-1964]: 17-18). 시르카의 해석은 비가따즈바라를 붓다 또는 비구를 지칭한 것으로 이해한 데 기반한다. 문자적으로 비가따즈바라는 '열이 사라진, 즉 열이 없는 자'를 의미하는데, 2차적인 의미에 '번뇌가 없음', 즉 '정신적, 영적으로 온전함'이 있다. 불교 문헌에 비가따즈바라가 '붓다'의 별칭이라는 것을 지지할 수 있는 대목도 있다. 『마하바스뚜』(Mahāvastu, 大事)의 사슴왕 쉬리쁘라바(Śiriprabha)에 대한 자따까(Jātaka) 이야기에서 붓다는 승려들에게 자신

이 비가따즈바라(vigatajvara, 열 없음), 비가따바야(vigatabhaya, 두려움 없음), 아소까(aśoka, 비탄 없음)였을 때에 대하여 말한다(Emile Senart, ed., *Le Mahāvastu*[1890; reprint, Tokyo: Meicho-Fukyu-Kai, 1977], 2: 237; 1. 14-15 참고). 이 문맥에서 비가따즈바라는 '번뇌 없음'을 의미할 가능성이 높다. '늙음 없음'이라고 본 존스(Jones)의 의견은 고려할 만하지 않다(J. J. Jones, trans., *The Mahāvastu*[London: Luzac, 1952], 2: 224). 이것이 내가 불교 문헌에서 이 합성어의 존재를 확인할 수 있었던 유일한 대목이다(John Brough, ed., *The Gāndhārī Dharmapada*[London: Oxford University Press, 1962], 185-186 참고). 그러나 『짜라까상히따』의 열병의 원인을 다루는 장에서 비가따즈바라는 아뜨레야 뿌나르바수(Ātreya Punarvasu)의 별칭으로 나온다(vigatajvaraḥ bhagavān … punarvasuḥ(CaNi 1.44). 이 보기 드문 합성어가 의학서에서 반전설적인 의학의 스승인 아뜨레야를 지칭하는 것으로 나오고 있는 것이다. 불교 전통에 의하면 아뜨레야는 저 유명한 의사 지바까 꾸마라브릿따(Jīvaka Kumārabhṛta)에게 의학, 특히 천공술을 가르친 딱실라의 저명한 치유자이다(4장 참고). 비가따즈바라와 관련된 이 3개의 자료는 불교 승원 제도와 의학 전통의 관련성을 보여주는 강력한 근거이다. 『짜라까상히따』의 구절에 근거하면, 비문의 내용은 "승원의 훌륭한 본채, 스승 아뜨레야의 거처, 또는 스승 아뜨레야의 성소에서"라고 해석할 수 있을 것이다. '스승 아뜨레야의 거처'는 아뜨레야의 전통에 따라 의료가 행해진 장소를 시사한다. 한편, '스승 아뜨레야의 성소'는 치유의 현자에게 봉헌된 사원을 가리킨다(CaSū. 1.6-14; 30-33 참고). 여기에서 아뜨레야 전통의 치유에 관여한 승려들이 그를 찬미했을 것이며, 아마 환자들도 치료했을 것이다. 어쨌든 이 세 곳에서 사용된 단어 '비가따즈바라'는 붓다와 아뜨레야를 묘사하는 특징으로 일치한다. 나가르주나꼰다의 성소 개념에 대해서는 다음 문헌을 참고하라. Gregory Schopen, "On the Buddha and His Bones: The Conception of a Relic in the Inscriptions of Nāgārjunikoṇḍa," *Journal of the American Oriental Society* 108(1988): 527-537.

42 James Legge, trans., *The Travels of Fa-hien*(1886; reprint, New Delhi: Master Publishers, 1981), 79 참고. Beal, *Si-Yu-Ki*, 1: lvii 참고.
*역주: 법현(法顯), 『고승법현전(高僧法顯傳)』 1권, "其國長者·居士, 各於城內立福德醫藥舍. 凡國中貧窮·孤獨·殘跛·一切病人, 皆詣此舍, 種種供給. 醫師看病, 隨宜飮食及湯藥, 皆令得安, 差者自去."

43 A. S. Altekar and Vijayakanta Misra, *Report on Kumrahār Excavations 1951-1955*(Patna: K. P. Jayaswal Research Institute, 1959), 11, 41, 52-53, 103, 107과 그림 XXXII, no.5; XXXIV B, no.2; XXXV, nos. 4, 5와 권두 삽화 참고.

44 D. R. Regmi, *Inscriptions of Ancient Nepāl*, 3 vols.(New Delhi: Abhinav Publications, 1983), 1: 66; 2: 40 참고.

45 D. K. Barua, *Vihāras in Ancient India*, 120 참고. CaSū 15.6에서는 상서로운 집(praśasta gṛha, 아마도 약을 조제하고 치유를 행하는 장소)에는 무엇보다도 막자사발(udūkhala, Pāli udukkhala)과 막자(musala)가 갖춰져 있어야 한다고 말한다. CaCi 1.16-24에서는 실내 치료(kuṭīprāveśika)에 적절한 장소에 대한 기술이 있다.

46 D. C. Sircar, *Epigraphical Discoveries in East Pakistan*(Calcutta: Sanskrit College, 1974), 35, 38 참고.

47 K. V. Subrahmanya Ayyar, "The Tirumukkūḍal Inscription of Vīrarājendra," *Epigraphia Indica* 21(1931-1932): 220-250 참고. 남인도의 사원에 의료 시설이 설립된 것은 분명 드문 일이 아니었다(S. Guramurthy, "Medical Science and Dispensaries in Ancient South India as Gleaned from Epigraphy," *Indian Journal of History of Medicine* 5[1970]: 76-79 참고).

48 A. S. Ramanath Ayyar, "Śrīrangam Inscription of Garuḍavāhana-Bhaṭṭa: Śaka 1415," *Epigraphia Indica* 24(1937-1938): 90-101 참고. 요양소(ārogyaśālā)와 단반따리 싱소의 건축물은 15세기 말 또는 16세기 초의 바이슈나바 알바르(Vaiṣṇava Ālvār)와 아짜르야(Ācārya)에 관한 역사서인 『디브야수리짜리따』(Divyasūricarita)의 17.86절에 언급되어 있다(T. A. Sampatkumarācārya and K. K. A. Veṅkatācāryi, eds., *Divyasūricaritam by Garuḍavāhana Paṇḍita* [Bombay: Ananthacarya Research Institute, 1978] 참고). 이 자료를 알려준

하버드대학교의 토마스 버크(Thomas Burke)에게 감사드린다.

49 4장 지바까 전설의 판본 비교-원형 및 후대의 추가 참고. Radha Kumud Mookerji, *Ancient Indian Education*(1947; reprint, Delhi: Motilal Banarsidass, 1960), 468-470 참고.

50 Jā 4.171-175. Mookerji, *Ancient Indian Education*, 472 참고.

51 Mookerji, *Ancient Indian Education*, 332, 470, 477-491 참고.

52 S. Dutt, *Buddhist Monks and Monasteries*, 211-213. Mookerji, *Ancient Indian Education*, 510 참고.

53 S. Dutt, *Buddhist Monks and Monasteries*, 132-134.

54 Waters, *On Yuan Chwang's Travels in India*, 2: 164-169. 그리고 Beal, *Si-Yu-Ki*, 2: 170-172와 S. Dutt, *Buddhist Monks and Monasteries*, 328-348 참고.

*역주: 현장(玄奘), 『대당서역기』(大唐西域記) 9권, "僧徒數千, 竝俊才高學也, 德重當時, 聲馳異域者, 數百餘矣. …… 殊方異域欲入談議, 門者詰難, 多屈而還, 學深今古, 乃得入焉."

55 Samuel Beal, trans., *The Life of Hiuen Tsang by Shaman Hwui Li*(London: Kegan Paul, Trench, Trubner, 1914), 112; S. Dutt, *Buddhist Monks and Monasteries*, 332-333 참고.

56 Watters, *On Yuan Chwang's Travels*, 1: 155; Beal, *Si-Yu-Ki*, 1: 78.

*역주: 현장, 『대당서역기』 2권, "七歲之後, 漸授五明大論, 一曰聲明, 釋詁訓字, 詮目疏別. 二工巧明, 伎術機關, 陰陽曆數. 三醫方明, 禁呪閑邪, 藥石鍼艾. 四謂因明, 考定正邪, 研覈眞僞. 五曰內明, 究暢五乘因果妙理."

57 Watters, *On Yuan Chwang's Travels*, 1: 159-60; Beal, *Si-Yu-Ki*, 1: 79.

*역주: 현장, 『대당서역기』 2권, "其婆羅門學四吠陁論, 一曰壽, 謂養生繕性. 二曰祠, 謂享祭祈禱. 三曰平, 謂禮儀·占卜·兵法·軍陣, 四曰術, 謂異能·伎數·禁呪·醫方."

58 J. Takakusu, trans., *A Record of the Buddhist Religion as Practised in India and the Malay Archipelago(A.D. 671-695) by I-Tsing*(1896; reprint, New Delhi: Munshiram Manoharlal, 1982), 127-128.

*역주: 의정, 『남해기귀내법전』 3권, 27. 先體病源, "言八醫者, 一論所有諸瘡,

二論鍼刺首疾, 三論身患, 四論鬼瘴, 五論惡揭陁藥, 六論童子病, 七論長年方, 八論足身力."

59 Ibid., 128-140. (*역주: 의정,『남해기귀내법전』3권, 27.「先體病源」) 언어학(śabdavidyā, 聲明)과 논리학(hetuvidyā, 因明)에 대해서는 167-185 참고. *역주: 의정,『남해기귀내법전』4권, 34.「西方學法」) 짜라까는 아유르베다의 8과목(aṣṭāṅga)을 다음과 같이 제시한다. 일반의학(kāyacikitsā), 쇄골 위 질병학(śālākya), 화살 제거 등 주요 수술(śalyāpahartṛka), 해독(viṣagaravairodhikapraśmana), 악령학(bhūtavidyā), 산부인과 및 소아과(kaumārabhṛtyaka), 회춘(rasāyana), 정력강화(vājīkaraṇa). (Sū 30.28) 목록에서 첫 번째 항목인 일반의학은 짜라까의 의학에 대한 접근방식이 강조되었음을 나타낸다. 수슈루따도 동일한 항목을 열거하지만, 주요 수술(śalya)에서 시작한다. 이것은 의학 수련에 대한 강조를 보여주며, 이어지는 순서는 쇄골 위 질병학(śālākya), 일반의학(kāyacikitsā), 악령학(bhūtavidyā), 산부인과 및 소아과(kaumārabhṛtya), 일반 독물학(agadatantra), 회춘 일반(rasāyanatantra), 정력강화술(vājīkaraṇatantra)이다(Sū 1.7; cf. 1.8, 여기에 각 과목의 정의가 나온다). 드미에빌(Demiéville)이 의정의 인도 의학 지식에 대해 다음과 같이 혹독하게 비판한 것을 참고하라. "그 순례자는 자신의 의학 지식에 대해 자부심을 가지고 있었다. 그는 말하기를, 최근에 의학을 공부했지만 승려에게 '올바른' 직업이 아니기 때문에 포기했다고 한다. 그가 추천하는 치료법이 인도의 것인지 중국의 것인지 정확히 알 수 없다."("Byô," 255)[영어판 76 참고]; 260[영어판, 89도 참고].

60 Claus Vogel, "On Bu-ston's View of the Eight Parts of Indian Medicine," *Indo-Iranian journal* 6(1962): 290-291(티베트어 번역). 보겔(Vogel)은 AhSū 1.5cd-6ab을 인용하는데, 여기에서는 8가지를 다음과 같이 열거한다. 신체, 소아(小兒), 악령, 상반신, 화살, (짐승) 어금니, 노년, 정력남(ibid). 그러므로 부뙨이 '신체'를 두 번 쓴 것은 실수이다. E. Obermiller, trans, *History of Buddhism(Chos-hbyung)* by Bu-ston, 2 pts.(Heidelberg: Otto Harrassowitz, 1931, 1932), pt. 1ş 48; C. S. Dutt. *Buddhist Monks and Monasteries*, 323 참고.

제4장 불교와 함께 아시아 전역으로 전파된 인도 의학

1 인도 밖으로 불교가 전파된 것에 대해서는 특히 다음을 참고할 것. David Snellgrove, *Indo-Tibetan Buddhism*, 2 vols.(Boston: Shambhala, 1987), 44, 324, 389, 409-445, 485; Robinson and Johnson, *Buddhist Religion*, 107-213.

2 Snellgrove, *Indo-Tibetan Buddhism*, 118-148, 235, 360, 452-459.

3 Erich Frauwallner, *The Earliest Vinaya and the Beginnings of Buddhist Literature*, trans. L. Petech(Rome: Is. M.E.O., 1956); Hajime Nakamura, *Indian Buddhism: A Survey with Bibliographical Notes*(Osaka: KUFS Publications, 1980), 315-318; Akira Yuyama, *Vinaya-Texte, in Heinz Bechert*, ed., *Systematische Ubersicht über die Buddhistische Sanskrit-Literatur(A Systematic Survey of Sanskrit Buddhist Literature)*, pt. 1(Wiesbaden: Franz Steiner Verlag, 1979).

4 Frauwallner, *Earliest Vinaya*, 4. 특히 설일체유부, 법장부, 화지부, 상좌부 율은 서로 아주 유사하며 공통의 원천에서 유래한다. 근본설일체유부와 대중부 율은 대부분 다른 것들과 일치하지만, 전자에는 전설이 더 자세하게 많이 포함되어 있으며 후자는 내적 구조가 완전히 달라서 나중에 재작업이 이루어진 것일 수 있다(ibid., 23-24, 42).

5 Ibid., 67.

6 「의약의 장」은 상좌부(Pali), 설일체유부, 근본설일체유부에서는 6장, 법장부에서는 7장, 화지부에서는 7장과 8장이다. 그리고 단편적인 형태로 대중부 율에 나온다(ibid., 3, 91, 178, 180, 183, 185, 195, 200).

7 Ibid., 91-99. 화지부와 상좌부 율에 있는 치료법 항목을 검토한 얀 야보르스키(Jan Jaworski)의 연구도 참고하라. 그는 두 부파가 일반적으로 일치하지만, 전체 항목 구조에는 근본적인 차이가 있다는 것을 발견했다("La Section des remedes dans le Vinaya des Malūśasaka [sic] et dans le Vinaya pāli," *Rocznik Orjentalistyczny* 5(1927): 92-101). 또한 그는 화지부의 음식 관련 항목을 분석하고 번역하면서 치료법에 대한 항목의 경우처럼 빨리본과 한문본이 밀접하게 일치한다는 것을 발견했다("La Section de la nourriture dans le Vinaya des Mahīśāsaka," *Rocznik Orjentalistyczny* 7

(1929-1930): 53-124). 그리고 치료제와 음식의 구분이 모호하다는 것을 지적했다. 산스끄리뜨로 남아있는 근본설일체유부의 「바이사즈야바스뚜」(Bhaiṣajyavastu)에 대하여 나리나끄샤 둣뜨(Nalinaksha Dutt)는 "안타깝게도 약의 사용 및 이와 관련된 종교 계율을 다루는 가장 중요한 부분은 유실되었고, 우리에게는 대부분 아바다나(Avadāna) 유형의 이야기만 남아있다. 처음 14페이지에는 약에 관한 정보들이 있고 221-240페이지에는 승려들이 당밀, 고기, 과일, 조리되지 않은 음식을 받는 것과 관련된 몇 가지 율의 규칙들이 있다(*Gilgit Manuscripts*[Calcutta: Calcutta Oriental Press, 1947], 3.1:1)."

8 지바까 전설은 붓다지바(Buddhajīva, 佛陀什)가 423년 혹은 424년 번역한 화지부의 『오분율』(五分律, T1421), 붓다야사(Buddhayasa)와 축불념(竺佛念)이 405년 혹은 408년에 번역한 법장부의 『사분율』(四分律, T1428), 뿐야따라(Punyatara, 弗若多羅)와 꾸마라지바(Kumārajīva, 鳩摩羅什)가 399년부터 413년까지 번역한 설일체유부의 『십송율』(十誦律, T1435)에 나타난다. Frauwallner, *Earliest Vinaya*, 3, 97-98, 178, 183, 185, 195, 200 참고.

9 지바까 전설의 출처는 다음과 같다. 빨리본: Hermann Oldenberg, ed., *The Vinaya Piṭakam*, Vol. 1: The Mahāvagga(1897; reprint, London: Luzac, 1964), 268-289; I. B. Horner, trans., *The Book of the Discipline*(Mahāvagga)(London: Luzac, 1962), 4: 379-397; T. W. Rhys Davids and Hermann Oldenberg, trans., *Vinaya Texts*, pt. 2(1882; reprint, Delhi: Motilal Banarsidass, 1974), 171-195; R. Spence Hardy, trans., *A Manual of Buddhism in Its Modern Development*(1853; reprint, Varanasi: The Chowkhamba Sanskrit Series Office, 1967), 237-249. 산스끄리뜨-티베트본: Nalinaksha Dutt, ed., *Gilgit Manuscripts*(Calcutta: Calcutta Oriental Press, 1942), 3.2: 23-52; S. Bagchi, ed., *Mūlasarvāstivādavinayavastu* (Darbhanga, India: The Mithila Institute, 1967), 1: 182-197; D. T. Suzuki, ed., *The Tibetan Tripiṭaka: Peking Edition*(Tokyo and Kyoto: Tibetan Tripiṭaka Research Institute, 1957), 41: 260-267; F. Anton von Schiefner, trans., 'Der Prinz Dshīvaka als König der Ärzte," *Mélanges Asiatiques tirés du Bulletin de*

l'Académie Impériale des Sciences de St.-Pétersbourg 8(1879): 472-514; W. R. S. Ralston, trans., *Tibetan Tales Derived from Indian Sources, Translated from the Tibetan of the Kah-gyur by F. Anton von Schiefner*(London: Kegan Paul, Trench, Trübner, 1906), 75-109. 그리고 그레고리 쇼펜(Gregory Schopen)이 산스끄리뜨본을 번역한 것은 다음과 같다. "The Training and Treatment of an Indian Doctor in a Buddhist Text: A Sanskrit Biography of Jīvaka," in C. Pierce Salguero, ed. Buddhism *and Medicine*(New York: Columbia University Press, 2017), 184-204. 한문본: Edouard Chavannes, trans., "Sutra pronouncé par le Buddha au sujet de l'Avadāna concernant Fille-de-Manguier(Āmrāpali) et K'i-yu (Jīvaka)"(no. 499), in *Cing cents contes et apologues du Tripiṭaka chinois*, Vol. 3 (Paris: Ernest Leroux, 1911); Vol. 2 (1911): 55-56, Vol. 4(1934), 246-247. 샤반느(Chavannes)는 『불설내녀기역인연경』(佛說㮈女祇域因緣經, T553, 896-902)을 번역했다. 한문대장경에는 이 경전 바로 다음에 다른 한문본인 『불설내녀기바경(佛說柰女耆婆經)』(T554, 902-906)이 나온다. 『불설온실세욕중승경』(佛說温室洗浴衆僧經, T701, 802c-803)과 『대지도론』(大智度論, T1509)도 참고하라. Étienne Lamotte, trans., *Le Traité de a grande vertu de sagesse de Nāgārjuna*(Mahāprajñāpāramitāśāstra) (Louvain: Bureaux du Muséon, 1949), 2: 990-991 n.; James Losang Panglung, *Die Erzählstoffe des Mūlasarvāstivāda-Vinaya: Analysiert auf Grund der Tibetischen Übersetzung* (Tokyo: The Reiyukai Library, 1981), 65. 한문 대장경의 율에는 지바까 전설의 온전한 버전이 보이지 않는데, 이 유명한 의사의 이야기가 그 대중적 인기 때문에 승원의 율에서 따로 분리되었던 것으로 보인다. Demieville, "Byô," 261-262(영어판, 92-93) 참고.

10 Paul U. Unschuld, *Medicine in China: A History of Ideas*(Berkeley: University of California Press, 1985), 92-96 참고. 침술 사용은 기원전 5세기까지 거슬러 올라가는 듯하다. 이때 의사 편작(扁鵲)이 귀신과 관련된 질병 치료를 위해 침술 사용을 권장했다고 전해진다(ibid., 45).

11 G. P. Malalasekara, *Dictionary of Pāli Proper Names*(1937; reprint, New Delhi:

Munshiram Manoharlal, 1983), 1: 957과 각주 참고. Jolly, *Medicin*, 68(영어판 84)도 참고.

12 Chattopadhyaya, *Science and Society in Ancient India*, 338-341 참고.

13 Filliozat, *La Doctrine classique de la médecine indienne*, 8-9(영어판, 10-11) 참고.

14 CaSū 1.9; 25.24.

15 Zysk, *Religious Healing in the Veda*, 67-68 참고.

16 Zysk, *The Indian System of Human Marks*, 서론 참고.

17 Demieville, "Byô," 242-243(영어판, 47-48); Raoul Birnbaum, *The Healing Buddha*(Boulder, Colo.: Shambhala, 1979), 117, 121, 125-126, 129, 136 참고.

18 이 사례는 티베트본에는 보이지만 쉬프너(Schiefner)와 랄스톤(Ralston)의 번역에는 없다.

19 F. Anton von Schiefner, "Mahākātjājana und König Tshaṇḍa-Pradjota," *Mémoires de l'Académie Impériale des Sciences de St.-Pétersbourg*, 7th series, Vol. 22(1875): 7-11; Panglung, *Die Erzählstoffe des Mūlasarvāstivāda-Vinaya*, 182-183 참고.

20 *역주: 『불설내녀기역인연경』에서는 "왕의 어머니가 낮잠을 자다가 꿈결에 뱀과 관계를 가져 왕을 임신하게 되었다"고 한다.

21 지바까가 붓다를 치료한 이야기는 설일체유부의 『십송율』(T1435: 23. 194b9-cl1)과 화지부의 『오분율』(T1421: 22. 134a17-b20)에 나온다. 이것은 샤반느(Chavannes)의 번역에는 없다.

22 Demiéville, "Byô," 228-229, 249-257(영어판, 9-12, 65-82).

23 C. Pierce Salguero, ed., *Buddhism and Medicine*.

24 *역주: 담무참의 한역은 『금광명경』(金光明經, T663), 의정의 한역은 『금광명최승왕경』(金光明最勝王經, T665)이다.

25 Johannes Nobel, "Ein alter medizinischer Sanskrit-text und seine Deutung," *Supplement to the Journal of the American Oriental Society*, No. 11(July-September 1951); R. E. Emmerick, trans., *The Sūtra of Golden Light*(London: Luzac, 1970).

26 *역주: 의정 역 『금광명최승왕경』 제15 「대변재천녀품」(大辯才天女品)

27 *역주: 의정 역 『금광명최승왕경』 제24 「제병품」(除病品)

28 A. F. Rudolf Hoernle, ed. and trans., *The Bower Manuscript*, facsimile leaves, Nāgarī transcript, romanized transliteration and English translation with notes

(Calcutta: Office of the Superintendent of Government Printing, India, 1893-1912).

29 P. L. Vaidya, ed., *Saddharmapuṇḍarīkasūtra*(Darbhanga, India: Mithila Institute, 1960); H. Kern, trans., *Saddharmapuṇḍarīka, the Lotus of the True Law*(1884; reprint, New York: Dover, 1963) 참조. 또한 Snellgrove, *Indo-Tibetan Buddhism*, 60; Nakamura, *Indian Buddhism*, 181, 186, 189도 참조.

30 *역주: 구마라집 역, 『묘법연화경』, 제23품 「약왕보살본사품」(藥王菩薩本事品)

31 Birnbaum, *Healing Buddha*, 17-77 참고.

32 Nalinaksha Dutt, ed., *Bhaiṣajyagurusūtra in Gilgit Manuscripts*(Calcutta: Calcutta Oriental Press, 1939), 1:54 참조. Birnbaum, Healing Buddha, 62 참조. 그레고리 쇼펜(Gregory Schopen)은 '경험' 의학을 길기뜨(Gilgit) 지역의 불교도 집단이 알고 있긴 했지만, 실제 의료는 '업보 의학(karmic medicine)', 즉 질병은 전생의 악행에 따른 결과라고 하는 것에 초점이 맞춰진 듯하다고 단언한다. 그는 약사불의 중요 기능이 의술과 치유만은 아니었다고 본다. 업보 의학은 밀교 딴뜨라의 영향이었을 것이다("Bhaiṣajyagurusūtra and the Buddhism of Gilgit" [Ph.D. diss., Australian National University, 1979], 210-222).

33 Snellgrove, *Indo-Tibetan Buddhism*, 340.

34 Ronald E. Emmerick, *A Guide to the Literature of Khotan*(Tokyo: The Reiyukai Library, 1979), 46-49 참조. 장 필리오자가 몇몇 단편을 분석하고 프랑스어로 번역했다. *Fragments de texts koutchéens de médecine et de magie*(Paris: Librairie d'Amérique et d'Orient, Adrien-Maisonneuve, 1948).

35 Ronald E. Emmerick, ed. and trans., *The Siddhasāra of Ravigupta*, Vol. 1: The Sanskrit Text; Vol. 2: The Tibetan Version with Facing English Translation (Wiesbaden: Franz Steiner Verlag, 1980, 1982) 참조. 코탄어본, 위그르어본의 편집과 번역은 출간된 적이 없다.

36 Sten Konow, ed. and trans., "A Medical Text in Khotanese: Ch II 003 of the India Office Library," *Avhandlinger Utgitt av det Norske Videnskaps-Akademi* I(Oslo). II. Hist.-Filos. Klasse, 1940-1941, no.4, 49-104; Emmerick, *Guide to the Literature of Khotan*, 48-49 참고.

37 Snellgrove, *Indo-Tibetan Buddhism*, 446-450 참고.

38 이들 문헌의 목록은 깐주르(Kanjur, Bkaḥ-ḥgyur)와 딴주르(Tanjur, Bstan-ḥgyur)에 있다. 아래 문헌들이 포함된다.

1. Klu-sgrub shabs(Nāgārjunapāda) 저, Jetakarṇa, Buddhaśrījñāna, Ñi-ma rgyal-mtshan bzaṅ-po. 역, *Sbyor-ba-brgya-pa*(Skt. *Yogaśataka*)
2. Klu-sgrub sñiṅ-po(Nāgārjunagarbha) 저, *Sman-ḥtsho-baḥi mdo*(Skt. *Jīvasūtra*)
3. Klu-sgrub(Nāgārjuna) 저, *Slob-dpon klu-sgrub-kyis bśad-pa sman a-baḥi cho-ga*(Skt. *Ācāryanāgārjunabhāṣitāvabheṣajakalpa*)
4. Zla-ba-la dgaḥ-ba(Candranandana) 저, *Sman-dpyuad yan-log brgyad-paḥi sñiṅ-poḥi ḥgrel-pa-las sman-gyi miṅ-gi rnam-graṅs shes-bya-ba*(Skt. *Vaidyakāṣṭāṅgahṛdayavṛttau bheṣajanāmaparyāyanāman*)
5. Zla-ba-la dgaḥ-ba(Candranandana) 저, Jārandhāra, Rin-chen-bzaṅ-po(Ratnabhadra) 역, *Yan-lag brgyad-paḥi sñin-poḥi rnam-par ḥgrel-pa tshig-gi don-gyi zla-zer shes-bya-ba* (Skt. *Padārthacandrikāprabhāsanam aṣṭāṅgahṛdayavivṛti*)
6. Sman-pa chen-po Pha-khol(Mahāvaidya Vāgbhaṭa) 저, Jārandhāra, Rin-chen-bzaṅ-po (Ratnabhadra) 역, *Yan-lag brgyad-paḥi sñiṅ-po bsdus-pa shes-bya-pa*(Skt. *Aṣṭāṅgahṛdaya-saṃhitānāman*)
7. Pha-khol(Vāgbhata) 저, Dharmaśrīvarman, Śākya blo-gros 역, Rig-pa gshon-nu, Dbyig-gi rin-chen 개정, *Yan-lag brgyad-paḥi sñiṅ-po shes-bya-baḥi sman-dpyad-kyi bśad-pa*(Skt. *Aṣṭāṅgahṛdayanāmavaiḍūryakabhāṣya*)

이 목록은 다음 2권의 티베트 대장경 목록에서 수집했다. D. T. Suzuki, ed., *The Tibetan Tripiṭaka: Peking Edition*(Tokyo and Kyoto: Tibetan Tripiṭaka Research Institute, 1961), 167: 818-820; Hakuju Ui et al., eds., *A Complete Catalogue of the Tibetan Buddhist Canons*(Sendai, Japan: Tôhoku Imperial University, 1934), 659-660.

Fernand Meyer, *Gso-ba rig-pa, le système médical tibétain*(Paris: Editions du Centre National de la Recherche Scientifique, 1981); Manfred Taube, *Beiträge zur Geschichte der medizinischen Literature Tibets*(Sankt Augustin: VGH Wissens-chaftsverlag, 1981), 10-25; Claus Vogel, ed. and trans., *Vābhaṭa's Aṣṭāṅgahṛdaya-saṃhitā, The First Five Chapters of Its Tibetan Version*(Wiesbaden: Kommissionsverlag

Franz Steiner, 1965), 18-36도 참고.

39 Zimmermann, *The Jungle and the Aroma of Meats*, 213(프랑스어판, 232) 참조.

40 Bhagawan Dash, ed. and trans., *Tibetan Medicine with Special Reference to Yoga Śataka*(Dharamasala: Library of Tibetan Works and Archives, 1976); Michael Schmidt, ed. and trans., *Das Yogaśata: Ein Zeugnis altindischer Medizir* [sic] in Sanskrit und Tibetisch(Inaugural-dissertation zur Erlangung der doktorwurde vorgelegt der Philosophischen Fakultät der Rheinischen Friedrich-Wilhelms Universität zu Bonn, 1978); Jean Filliozat, ed. and trans., *Yogaśataka, text médical attribué à Nāgārjuna*(Pondichéry: Institut Français d'Indologie, 1979); K. G. Zysk, "Review of Jean Filliozat, *Yogaśataka*," *Indo-lranian Journal* 23(1981): 309-313 참고. 필리오자는 『요가샤따까』 또는 이에 대한 산스끄리뜨 주석의 번역에 기반하여 코탄어 단편들을 확인하고 연구했다(*Fragments de texts koutchéens de médicine et de magie*, 31-48).

41 Ronald E. Emmerick, "Sources of the *Rgyud-bźi*," *Zeitschrift der Deutschen Morgenländischen Gesellschaft*, suppl. III.2(1977), 1135-1142 참고. 또한 그의 다음 논문들을 참고하라. "Some Lexical Items from the *Rgyud-bźi*," in Louis Ligeti, ed., *Proceedings of the Csoma de Körös Memorial Symposium* (Budapest: Akadémiai Kiadó, 1978), 101-108; "A Chapter from the *Rgyud-bźi*," *Asia Major* 19(1975): 141-162; "Tibetan *nor-ra-re*," *Bulletin of the School of Oriental and African Studies* 51(1988): 537-539; "Epilepsy According to the *Rgyud-bźi*," in G. J. Meulenbeld and Dominik Wujastyk, eds., *Studies on Indian Medical History*(Groningen: Egbert Forsten, 1987), 63-90; K. G. Zysk, review of G. J. Meulenbeld and Dominik Wujastyk, eds., *Studies on Indian Medical History*, *Indo-lranian Journal* 32(1989): 322-327; Meyer, *Gso-ba rig-pa*, 33-36, 80-101; Taube, *Beiträge zur Geschichte der medizinischen Literatur Tibets*, 26-38; Rechung Rinpoche, *Tibetan Medicine*(Berkeley: University of California Press, 1976), 특히 마리안 윈더(Marianne Winder)의 서문, 1-28; Jean Filliozat, "Un Chapitre du *Rgyud-bźi* sur les bases de la santé et des maladies," in Jean Filliozat, *Laghu-Prabandhāḥ: Choix d'articles d'indologie*(Leiden: Brill, 1974), 233-242;

Demiéville, "Byô," 243(영어판, 50); Vogel. On Bu-ston's Views of the Eight Parts of Indian Medicine," 290-295 참고.

42 Demiéville, "Byô," 225-265(영어판, 1-101). Supplément au Troisième Fascicule du Hôbôgirin, IV 참고. Jean Filliozat, "La Médicine indienne et l'expansion bouddhique en Extrême-orient," *Journal Asiatique* 224(1934): 301-307 참고. 이 글은 티베트와 동아시아를 모두 언급한다.

43 2장 참고.

44 Demiéville, "Byô," 228-229, 249-257(영어판, 9-12, 65-82).

45 Unschuld, *Medicine in China*, 144-148 참고.

46 6장의 눈병 참고.

47 P. C. Bagchi, "New Materials for the Study of the Kumāratantra of Rāvaṇa," *Indian Culture* 7(1941): 269-286; Jean Filliozat, "La Kumāratantra de Rāvaṇa," *Journal Asiatique* 226(1935): 1-66.

48 Meulenbeld, *Mādhavanidāna and Its Chief Commentary*, 395 참고. 산스끄리뜨본은 편집, 출판되었다: Hemarāja Śarmā and Śrī Satyapāla Bhiṣagācārya, *The Kāśyapa Saṃhitā(또는 Vṛddhajīvakīya Tantra) by Vṛddha Jīvaka, Revised by Vātsya*(Varanasi: The Chaukhambha Sanskrit Sansthan, 1953, 1976).

49 Bagchi, "Fragment of the Kaśyapa-Saṃhitā in Chinese", 53-64; Demiéville, "Byô," 257-262(영어판, 82-92); Nakamura, *Indian Buddhism*, 320.

50 2장 참고.

51 이것들 중 일부의 대장경 목록은 다음과 같다. 『치선병비요법』(治禪病秘要法, *The Secret Method of Treating Maladies of Meditation*, T620), 『불설주치경』(佛說呪齒經, *Sūtra to Enchant Tooth[ache]*, T1327), 『불설주목경』(佛說呪目經, *Sūtra to Enchant [Maladies of] the Eye*, T1328), 『불설주소아경』(佛說呪小兒經, *Sūtra to Enchant [Maladies of] Infants*, T1329), 『불설요치병경』(佛說療痔病經, *Sūtra of Healing Hemorrhoids*, T1325), 『제일체질병다라니경』(除一切疾病陀羅尼經, *Sūtra of the Incantation That Destroys All Maladies*, T1323), 『능정일체안질병다라니경』(能淨一切眼疾病陀羅尼經, *Sūtra of the Incantation That Purifies All Eye Ailments*, T1324), 『호신명경』(護身命經,

Sūtra for Deliverance from Illness, T2865), 『구질경』(救疾經, *Sūtra for the Protection of Life and Deliverance of Men from Illness, Suffering, and Danger*, T2878). 마지막 두 경전은 중국이나 한국 기원이다. 다른 토착(도교) 기원의 경전은 『불설정주경』(佛說停厨經, *Sūtra Spoken by the Buddha on Interrupted Cuisine*)』이다. Demiéville, "Byô," 259-260[영어판, 87-89] 참고.

52 Birnbaum, *Healing Buddha*, 77-124 참고.

제5장 의약물

1 Vin 4, 85-86.

2 MV 6.1.1-5. 이 사례 일부는 Vin 3, 248f.에도 나타난다.

3 VA 5, 1089.

4 마두까는 남인도의 나무로, 그 종자는 약 40퍼센트의 지방유(油)를 포함하고, 그 기름은 '밧시아(bassia)' 기름이라고 불린다(Nadk l, 181). 호너는 각주에서 이 식물을 언급하며 꿀을 함유한 기름이라 번역했는데, 적절한 번역이라 할 수는 없다.

5 Vin 3, 251.

6 SuSū 45.97; CaSū 13.18; 27.231. CaSū 25.40 참조.

7 SuSū 45.92-93; CaSū 27.230.

8 SuSū 45.112-113; CaSū 27.286-294. CaSū 13.13; 25.40 참조.

9 SuSū 45.128-130; CaSū 27.286-287.

10 SuSū 45.132; CaSū 27.245. CaSū 25.40 참조.

11 SuSū 45.159; CaSū 27.239. P. V. Sharma, *Ḍalhaṇa and His Comments on Drugs* (New Delhi: Munshiram Manoharlal, 1982), 208; Meulenbeld, *Mādhavanidāna and Its Chief Commentary*, 507 참조.

12 CaSū 6.41-44; SuSū 6.11, 35-36; SuUtt 64.13b-21a. CaSū 13.18, 20-21; AHSū 3.49 참조.

13 MV 6.2.2을 보라. 정시(正時)에 지방을 조리하는 것에 대한 규칙이 기술되어 있다.

14 MV 6.2.1-2.

15 VA 3, 714.

16 CaSū 13.11; 27.295; Ci 28.128. BhSi 8.27 참조.

17 SuSū 45.131. BhVi 1.15; Si 8.27 참조.

18 Zimmermann, *Jungle and the Aroma of Meats(La Jungle et le fumet des viandes)*, 서문과 그 외 여러 곳을 보라.

19 특히 CaCi 28.128 참고.

20 바짯따(vacatta)라고 하는 형태도 있다. 붓다고사(VA 5, 1090)는 동의어로 세사바짜(sesavaca, 나머지 바짜) 혹은 세따바짜(setavaca, 산스끄리뜨형은 śvetavacā, 하얀 vacā)를 거론한다. 달하나(SuSū 39. 3)에 의하면, 슈베따바짜(śvetavacā)=슈베따(śveta)이고, 그것은 또한 바짜(vacā)와 동일하다. 빨리어의 세따바짜(setavaca)가 바른 표기일 것이며, 아마도 주로 흰색을 띠는 바짜(vacā)의 한 변종을 가리킬 것이다.

21 MV 6.3.1. 동일한 목록이 Vin 4, 34에 나타나고, 붓다고사가 VA 4, 833에서도 반복한다. 여기에서는 고형식(khādaniya)과 연식(bhojaniya)에 대한 정의가 있다. 고형식은 5가지 식사(pañcabhojana), 야간 경계 중 섭취하는 음식(yāmakālika, 예를 들어 몇몇 과일 등), 7일 동안 섭취할 수 있는 7일약(sattāhakālika, 예를 들어 5가지 약용 식품), 평생 복용할 수 있는 진형수약(盡形壽藥, yāvajīvika, 예를 들어 순수 약과 약초)을 제외한 모든 음식이다. 연식은 5가지 식사; 즉 밥(odana), 죽(kummāsa), 보릿가루(sattu), 생선(maccha), 고기(maṃsa)이다(BD 2, 330 및 각주 참고). 붓다고사는 뿌리(mūla), 구근(kanda), 연근(muḷāla), 싹(matthaka), 잎(patta), 꽃(puppha), 과일 씨(aṭṭhi), 밀가루 등 갈아 만든 식품(piṭṭa), 고무나 수지(niyyāsa)로 범주를 나누어 다양한 고형식을 열거한다(VA 4, 832-838). 이들 중 몇 개는 약에 포함된다(R. B. Barua, *Theravāda Saṇgha*, 141 참고).

22 BD 2, 228, n.2.

23 MV 6.3.2.

24 VA 5, 1090.

25 BD 4, 272, n.1 참조.

26 CaSū 1.74-79.

27 CaCi 1.41-45; SuSū 38.66-77 및 달하나의 주석.

28 팟가바(phaggava)=빳가바(paggava)(VA 4, 835의 주석)라는 다른 해석도 있다. 붓다고사는 빳까바(pakkava)를 라따자띠(latājāti)로 풀이하고(VA 5, 1090), 또 달하나는 라따(latā)를 쁘리양구(priyaṇgu, 방향성의 체리 또는 풀의 일종)와 동일시한다(SuUtt 60.48의 주석). 빳가바(paggava)는 Jā 2.105에 나오는데, 거기에서는 덩굴풀의 일종인 발리(vallī)로 부른다.

29 MV 6.4.1. 동일한 것이 VA 5, 835에도 있다.

30 CaSū 1.66; 4.6-7; 26.43; SuSū 42.3, 9, 10; CaSū 4.1,6에 대한 짜끄라빠니닷따(Cakrapāṇidatta)의 주석.

31 CaSū 4.7 Meulenbeld, *Mādhavanidāna and Its Chief Commentary*, 453 참조.

32 CaSū 4.11. CaSū 3.8-9 참조. 여기에서 뚤라시(tulasī), 뱀오이(paṭola), 님나무(nimba)가 피부병의 치료와 관련되어 언급된다.

33 SuSū 38.64-65.

34 MV 6.5.1. 이는 VA 4, 835에도 나타난다.

35 CaSū 1.73-74.

36 CaSū 4.5.

37 SuSū 46.249-80. CaSū 27.105-110 참고.

38 특히 SuCi 1.113; 4.30; SuKa 2.5-7과 SuUtt 14.10; Ca(Bh)의 여러 부분 참고.

39 BD 3, 245, n. 4. 참고.

40 벨레릭, 황색 미로발란, 암라가 같이 나타나는 Ja 6.529와 BD 4, 273, n.1. 참고.

41 PED의 편찬자들은 이것이 식물 고뜨라브릭샤(gotravṛkṣa, 255)를 가리킬 수 있다고 추측한다. 더 설득력 있는 것은 짜라까에 보이는 꼬타팔라(kothaphalā)이다. CaSi 11.12에서는 병적으로 창백한 증상(pāṇḍu)에 사용되며, CaKa 4.3에서는 다마르가바(dhāmārgava)-오이의 동의어로 인용된다. CaKa 4.3의 전체 장은 식물의 약효 특성에 대해 다루고 있으며 특히 과일에 중점을 두고 있다.

42 MV 6.6.1.

43 CaSū 27.6, 125-165; SuSū 46.139-280; CaSū 1.74, 80-85에는 유용한 과일이 열리는 19개의 식물이 열거되어 있으며, CaSi 11과 BhSi 7은 구토성 과일(phalamātrasiddhi)의 적정량을 성공적으로 찾아내는 것에 대한 장이다.

44 CaSū 4.5.

45 CaSū 2.9; Ci 1.41-47; SuSū 38.43-47.

46 VA 5, 1090.

47 현재 따까(taka, takka)-수지가 무엇인지에 대한 더 적절한 식별이 필요하다.

48 VA 5, 1090.

49 PED, 669 참고. 사르자라사(sarjarasa)라는 단어는 사르자(sarja) 나무, 라라(rālā̆) 나무 및 살(Sal) 나무(śāla)의 수지를 지칭하는 말로 사용되었다(DhNi 3.111, KaiNi 1421 및 Tod 33.25; 35.13 참조). 원래는 사르자(sarja) 나무의 수액을 가리킨 것 같은데, 때로는 라라(rālā̆)와 샤라(śāla)의 동의어로 쓰이기도 한다(P. V. Sharma, trans., *Caraka Samhita*[Varanasi: Chaukhambha Orientalia, 1983], 2: 731 참조).

50 MV 6.7.1. 이는 VA 4, 837에서 붓다고사가 니야사(niyyāsa, 고무)에 관해 논의하면서 인용한 것이다.

51 Vin 3, 238.

52 VA 3, 690; BD, 2, 102, n.10 참조.

53 Vin 4, 261; BD, 3, 249 참조.

54 SuSū 27.18; 46.12; Ci 13.4-6; DhNi 3.81과 SoNi 1.423 참조.

55 SuSū 38.64-65.

56 붓다고사의 주석은 VA 5, 1090에 나타난다.

57 MV 6.8.1.

58 CaSū 1.88b-92a; CaCi 13.127 참조.

59 CaSū 27.300-304.

60 BhCi 5.41; 사우바르짜라와 사인다바는 BhCi 28.28에 나타난다.

61 SuSū 46.313-325. 아유르베다 전통의 소금에 대해서는 N. S. Mooss, "Salt in Ayurveda I," *Ancient Science of Life* 6(1987): 217-237 참조.

62 CaSū 27.300-304; Vi 8.141; Ci 13.134.

63 CaSū 27.303b; SuUtt 42.92; 또한 ASSū 12.31 참조.

64 CaCi 13.134.

65 SuSū 37.14와 SuUtt 42.92.

제6장 질병 치료 사례

1 MV 6.9.1. MV 8.17에도 있다. 주석은 VA 4, 884.

2 Ibid.

3 율의 다른 곳에서, 승려의 승복(cīvara)이 똥(chakana)과 노란 진흙(paṇḍumattikā)으로 물들었다. 붓다고사는 이 똥이 소똥이고, 진흙은 구리(tamba)색이라고 설명한다(VA 5, 1126). 이렇게 물든 옷은 색깔이 보기 흉했으므로(dubbaṇṇa), 붓다는 6가지 염료를 허용했다. 뿌리(mūla), 줄기(khandha), 나무껍질(taca), 잎(patta), 꽃(puppha), 과일(phala)에서 유래한 염료들이다. 붓다고사는 염료로 사용해도 좋은 것을 개별적으로 특정하고 있다. 우선 뿌리는 강황(haliddā)만 아니면 된다. 다음으로 줄기는 진홍색(mañjeṭṭha)을 띠는 것과 뚠가하라(tuṅgahara?)는 안 되지만, 그 이외는 좋다. 뚠가하라는 가시 나무(kaṇṭakarukkha)의 이름이고, 그 줄기의 노란색 추출물(haritālavaṇṇa)이 염료로 쓰인다. 나무껍질은 로드흐 나무(lodha, Skt. lodhra)와 하얀 맹그로브(mangrove?, kaṇḍala)를 제외한 염료라면 좋다. 잎은 신선한 잎(allipatta)과 어두운 잎(nīlipatta)을 제외하면 좋다. 꽃은 닥(dhak) 나무(kiṃsuka, Skt. kiṃśuka)와 홍화(紅花, kusumbha)를 제외하면 좋다. 과일은 염료로 적절한 것이 없다(ibid). 승려들이 염색에 냉수(붓다고사에 의하면, '끓이지 않은 염료', ibid)를 사용해서 악취가 났다. 그래서 붓다는 염료를 끓이는(pācitum) 작은 염료 항아리(cullarajanakumbhī)를 허락했다. 추가적으로 승려들에게 염료를 끓이는 데 필요한 물건들이 허용되었다(MV 8.10.1-3; 또한 BD 4; 405-406 참고).

염료의 사용은 초기의 승원에서 잘 알려져 있었다. 경미한 피부병 치료에 똥, 진흙, 염료를 사용하는 것은 꽤 인기 있는 방법이었다. 이는 베다 시대부터 있었던 교감적 접근(sympathetic approach)을 시사하는데, 백반 제거를 위해 피부를 염색하는 것이 이런 접근에 포함된다(참조: Zysk, *Religious Healing in the Veda*, 81-82, 217-221). '뱀에 물린' 승려들의 치료에 똥 사용이 허용된 것에 대해서는 6장의 뱀에 물림을 참고하라.

4 VA 5, 1090.

5 MV 6.9.2-10.1. BD 4, 274, n.3 참고

6 MV 8.17; Vin 4, 171-172.

7 CaSū 20.14; Ci 12.91; SuNi 13.16. AHUtt 31.11 참고. 수슈루따의 두터운 염증(sthūlārus, sthūlāruṣika) 개념도 참고할 것. 이것은 크고, 치료가 어렵고(달하나), 딱딱한 상처가 관절 주위에 위치한다(SuNi 5.9a). 이것은 베라에 의하면, 무색이고 염증이 있고 주름지고(?) 고름이 난다(BhCi 6.32). 마찬가지로 수슈루따에서 말하는 딱지(kacchū)와도 비교하라. 이것은 빠만(pāman) 뾰루지와 유사한 작은 발진으로 화농성 종기, 가려움, 심한 발열이 특징이며 엉덩이나 손발에 생긴다(SuNi 5.14b-15a). 이것들은 고약을 붙여서 치료한다(SuCi 20.17-19).

8 CaCi 12.93; SuCi 20.7-8. 달콤한 약은 AHSū 25.8의 지바니야가나(jīvanīyagaṇa)에 열거되어 있다. CaŚā 8.4와 SuCi 20.7-8에 대한 달하나의 주석 참고.

9 CaSū 3.8-11.

10 Ibid.; CaCi 7.62-68과 그 외 부분들 참고. Bhln 2.2와 SuSū 4.11도 참고. 여기에서는 가려움증을 막기 위해 탕제가 쓰이고 있다. SuCi 10.10 참고.

11 CaSū 3.29.

12 SuSū 22.8; SuUtt 3.5-7.

13 Zysk, *Religious Healing in the Veda*, 75-77, 207-208 참고.

14 Ibid., 81-82.

15 특히 CaCi 7.57; SuCi 10.16-17, 20과 그 외 부분들 참고. BhCi 14.5 참고.

16 MV 6.10.2.

17 VA 5, 1090; BD 4, 274, n.6 참조.

18 SuUtt 60.6, 14.

19 SuUtt 60.28-30, 37-56. Zysk, "Mantra in Āyurveda," 123-143도 참고.

20 Zimmermann, *The Jungle and the Aroma of Meats*, 179(프랑스어판, 198).

21 인도 의학 전통에서는 매자나무(dāruharidrā)의 추출물로 알려져 있다(Dutt and King *Materia Medica of the Hindus*, 74, 108).

22 의학 전통에서는 이 안약(añjana)을 하얀색으로 기술하고 있다. "그것은 야무나(Jamuna) 강이나 다른 강의 바닥에서 생기는 것이라고 한다. … 안약으로 사용되지만, 검은 안약보다는 못하다."(ibid. 74). 처음 3개의 안약에 대해서는 Meulenbeld, *Mādhavanidāna and Its Chief Commentary*,

435-440 참고.

23 Nadk 1, 1189와 1260-1262 참고.

24 깔라누사리(Kālānusārī, kāḷānusāriya)는 따가라(tagara)나 검은 덩굴 식물(kṛṣṇasārivā)의 동의어이다(Sharma, *Ḍalhaṇa and His Comments on Drugs*, 139, 143). 후자는 눈의 치료에 사용된다고 알려진다. AN 5, 21-22는 이 식물이 방향성의 뿌리(mūlagandha) 중에서 가장 뛰어나다고 한다. 우드워드(Woodward)는 벤페이(Benfey)의 사전에 따라, 이것을 '검은 고무'라고 번역했다(GS 5, 17, n.1; SN 3.156, 5.44와 MN 3.6 참고. Ap 323에 의하면, 붓다는 이것을 발랐다고 함).

25 MV 6.11-12. 이에 대한 주석은 VA 5, 1090-1091에 있다. CV 5.28.2와 Vin 4, 1689 참고. 후자는 안자니(añjanī, 안약 튜브)와 안자니사라까(añjanīsalākā, 안약 바르는 막대)가 뼈(aṭṭhi), 상아(hatthidanta), 뿔(visāṇa)로 만들어진다고 설명한다. Horner, BD 4, 275의 주석들과 3, 89의 주석2에 의하면, 안자니에 대하여 『맛지마니까야』의 주석가는 안자나나리까(añjananālikā, 안약 튜브)로 해석한다(Ps 3.302-303 참고; Tha 772-773 참고; Thī 411과 ThīA 267). 불교 문헌의 다른 부분(DN 1.1.16[1,7], 66)에서는 나리까(nālikā)가 안자나(añjana)와 함께 보이고, 둘 다 승려들에게는 금지된다. 붓다고사는 안자나를 화장품(alaṃkārāñjana)으로 이해하고, 나리까는 '약 튜브(bhesajjanālikā)'라고 설명한다. 이러한 내용들과 다른 곳의 안자나 언급을 보면(MN 2.64-65와 Thī 411 참고), 안약과 그것을 바르고 보관하는 도구들은 화장 및 눈병 치료 용도로 사용되었다. 이 시기의 불교 승려는 치료에 한하여 이것들의 사용이 허용되었다. 몸을 치장하는 것은 어떠한 형태로든 엄격하게 금지되었다.

26 '짯꾸로가(cakkhuroga, 눈병)'라는 표현은 불교 문헌의 다른 부분에도 보이는데, 일반적인 신체 문제(pākaṭaparissaya) 중 하나이다(특히 AN 5.110과 Nidd I 13, 17, 46, 252, 269, 361 이하, 370, 407, 435, 465 참고).

27 BhSū 26.20과 CaCi 26.224-256a, akṣiroga(눈 질환) 항목 참고.

28 SuUtt 18.51-52. ASSū 32.6에서는 윤활시키는(sneha) 제4의 것이 추가된다.

29 SuUtt 18.57b-58a.

30 SuUtt 18.60b-63. SuSū 7.14와 CaCi 26.248도 참고. SuCi 35.12와 BhSi 6.3-4에서는 관장용 튜브에 대하여 논하는데, 빨리 문헌과 비슷한 언어로 설명되어 있다. 베라에서는 튜브나 막대를 만드는 재료에 주석(trapŭ)과 대나무(vaṃśa)가 추가된다.

31 CaCi 26.224-225a; SuUtt 1-19. BhSū 4.25 참조.

32 SuUtt 45.32.

33 CaSū 5.15; BhCi 16.44; SuUtt 17.13. AHSū 2.5 참고.

34 Meulenbeld, *Mādhavanidāna and Its Chief Commentary*, 438-440 참고.

35 Dutt and King, *Materia Medica of the Hindus*, 73-74와 각주 1.

36 수슈루따에서 눈병을 다루는 장들을 참고하라. Utt 1-19. 특히 13-16(17)장은 눈병 치료를 위한 외과 수술 절차를 자세히 설명한다. Jolly, *Medicin*, 114-115(영어판, 138-139). P. Kutumbiah, *Ancient Indian Medicine*(1969; reprint, Bombay: Orient Longmans, 1974), 175-176.

37 Jā 4, 401-412. 자따까 이야기의 삽화는 바르후뜨(Bhārhut)에서 볼 수 있다 (Sir Alexander Cunningham, *The Stūpa of Bhārhut*[London: Allen, 1879], pi. xlvii.2 참고).

38 MV 6.13.1-2. 주석은 VA 5, 1091에 있다. Vin 3.83에서 같은 머리 질병을 앓는 승려의 코에 약물을 투여했는데(natthuṃ) 그 승려는 죽었다. 이는 무거운 죄를 범한 것이다.

39 CaSū 17.6-29; CaSi 9.70-117. BhCi 21; BhSi 2; SuUtt 25 참고.

40 SuUtt 25.5.

41 CaSū 17.6-29, 19.3

42 CaSi 9.71-86; SuUtt 25.

43 SuUtt 25.8-10a.

44 SuUtt 26.42; SuCi 40; CaSi 9.89-110.

45 CaSi 9.102-105; SuCi 40.25.

46 앞의 각주 30을 보라.

47 BhSū 6.28 이하; BhSi 6.3-4; CaSū 5.59-61; SuCi 35.12; 40.3-9. SuCi 40.10-20에 있는 이 기술의 변형 참고할 것.

48 MV 6.14.1-2; Vin. 3.83 참고. 여기에서는 병든(gilāna) 비구를 기름으로 문

질렀는데(telana abhañjiṃsu) 죽었다. 이것은 무거운 죄를 범한 것이었다. 빨리 문헌의 다른 부분에서 붓다가 바람 도샤 질환을 앓았다(vātehādhik[t]a). 우빠바나(Upavana) 장로가 붓다를 치료했는데, 그는 붓다를 뜨거운 물(uṇhodaka)로 목욕시키고, 당밀(phāṇita)을 넣은 따뜻한 물을 마시게 했다. 이것으로 붓다의 바람 질환은 가라앉았다(SN 1, 174-175; Tha 185. Miln 134 참고. 특히 노만(Norman)의 *'The Elders' Verses* I [London Luzac, 1969], 161, 184 주석 참고). 이것과 정확히 일치하는 치료는 초기 의학서에 보이지 않는다. 따뜻한 물로 목욕하고 따뜻한 물에 특정 약을 섞는 것은 종종 언급된다. 그러나 따뜻한 물에 당밀을 넣는 처방은 보이지 않는다. 이것은 슈라마나가 모은 고대 인도의 민간의료 지식 일부였을 것이다. 의학서의 다양한 치료에 대한 항목을 참조하라. CaCi 28.75 이하; SuCi 4; BhCi 24.

49 CaSū 20.11-13; SuSū 33.3b-7; SuNi 1.

50 CaCi 28.134-182; SuCi 4 외. BhCi 24 외 참고.

51 CaCi 28.181-182.

52 SuCi 4.29.

53 빨리어 방가(bhaṅga)는 호너(Horner)가 제안하는 것처럼(BD 4, 278-279 및 각주) '대마(hemp)'는 아니다. 초기 의학서에서는 이 단어가 발한이나 찜질(sveda)의 맥락에서 나타나고, 바람 도샤를 파괴하는 특정 나무의 싹, 가지, 봉오리를 의미한다. SuUtt 17.61-62b에서는 눈의 발한(svedayet)은 '바람을 파괴하는 싹(bhaṅgair anilanāśanaiḥ)'으로 치료해야 한다고 한다. 달하나는 방가를 빨라바(pallava, 싹)라 한다(SuUtt 11.15에서 달하나는 방가를 빠뜨라방가(patrabhaṅga, 잎과 싹)의 의미로 해석하고, 다른 부분에서는 이것이 빨라바(pallava)라고 말하고 있다). 따라서 빨리어 방가는 바람(vāta)을 파괴하거나 제거하는 싹과 잎을 가리킨다.

54 MV 6.14.3. 주석은 VA 5, 1091에 있다. Vin 3, 82에서는 병든(gilāna) 비구가 발한을 하고(sedesuṃ) 죽었다. 이것은 무거운 죄였다.

55 R.A.L.H. Gunawardana, "Immersion as Therapy: Archaeological and Literary Evidence on an Aspect of Medical Practice in Precolonial Sri Lanka," *Sri Lanka Journal of the Humanities* 4[1978]: 35-49.

56 CaCi 28.25; 또 CaCi 28.55, 91, 227; CaSū 14.3-4. BhSū 여러 곳, 특히 21.6; CaSū 14.24; CaNi 1; CaCi 4.10.

57 CaSū 14.39-63; SuCi 32.3-32; BhSū 12.1 이하; BhCi 15.65 이하; BhSi 4.33.

58 달하나: "에란다(eraṇḍa, 피마자)를 비롯하여 바람 도샤를 파괴하는 꽃으로".

59 SuCi 32.7b-9a.

60 CaSū 14.50-51.

61 BhSū 12.1-30.

62 CaSū 14.44; BhSū 12.19; SuCi 32.13.

63 CaSū 14.45; BhSū 12.22b-24a; SuCi 32.13.

64 BhSū 22.25.

65 MV 6.14.4. 주석은 VA 5, 1091-1092.

66 CaCi 38.33, 37. CaCi 38.228 참고. SuNi 1.27; CaCi 29; SuNi 1.40-46; SuCi 4.1-17; SuSū 24.9 참고.

67 CaCi 29.12. SuCi 5.4 참고.

68 SuSū 14, 25-48; SuŚā 8.25-26. BhCi 6.41 및 CaCi 29.37-40 참고.

69 SuCi 4.8. CaCi 28.93; SuCi 4.7, 10, 11a; 5.7 참고.

70 CaCi 29.35-36. CaCi 38.92 참고.

71 MV 6.14.4.

72 VA 5, 1092.

73 SuNi 13.29; SuCi 20.19b-20.

74 CaSū 5.92. 빠다스푸따나(pādasphuṭana)라는 합성어는 ASSū 3.60에 보인다.

75 SuCi 24.70b-71b.

76 PED 452, 496.

77 CaSū 1.91에 대한 짜끄라빠니닷따(Cakrapanidatta)의 주석.

78 압반자나(abbhañjana)는 바람 질환과의 관련이 보인다. 6장 바람병 참조.

79 BD 4, 279; PED 387; PTC 3(1), 43.

80 Jā 5.376: gandhodakena pāde dhovitvā śatapakātelena abbhañjayiṃsu. DN 2.240; Jā 3.120; 4.396; 5.379 참고. 다른 주석서들도 발에 행해진 두 가지의 처치, 즉 보통 향수(gandhodaka)를 사용해서 발을 씻기는 것(pādadhovana)과 참기름(tela)을 사용하여 발을 마사지하는 것(pādabbhañjana)을 구분

한다. 붓다고사는 빳자(pajja)를 맛자(majja)로 교정하는데, 이는 자따까(Jātaka)에서 인용된 구절을 다르게 독해한 것에 의해 뒷받침된다.

81 MV 5.5.

82 CaSū 5.100.

83 MV 6.14.4-5. 주석은 VA 5, 1092.

84 MV 1.39, 1.76.1. Ap 270 참조.

85 Vin 4, 8, 13. AN 5, 110 참조.

86 Vin 4, 316. BD 3, 359-360과 각주 참조.

87 경전에서는 간다(gaṇḍa, 종기)가 종종 로가(roga, 질병) 및 살라(salla, 화살)와 함께 나타난다. 이 용어들은 영적 성장을 방해하는 어떤 종류의 정서·심리·감각·생리적인 상태를 기술할 때 등장한다. 예를 들어 '애욕(ejā)은 병(roga)이고 종기(gaṇḍa)이고 화살(salla)'이라고 한 경우이다(DN 2.283. SN 4.64 참조. 또한 SN 3.167, 189; 4.202-203; Nidd I 53, 56, 277; Nidd II 62-63; AN 2.128; 3,311; 4,289-290, 386-387, 422-424; Spk 2.334; Sn 51; Thī 491). 이 단어가 다음의 예처럼, 몸(kāya)을 기술하는 문장에서 은유적으로 사용되는 경우도 있다. "비구들이여, '종기'는 몸을 표현한 것이다. 몸은 4대 원소로 이루어진 것이고 부모로부터 생긴 것이며 죽과 신 우유가 쌓인 것으로서 영원하지 않고 사라질 것이며 마멸되어 부서져 가는 것이다. '종기의 뿌리(gaṇḍamūla)'는 갈애(taṇhā)에 대한 표현이다(SN 4,83).

88 CaSū 28.13-14. BhSū 11.9; CaSū 11.49; SuNi 9-11; SuCi 16-18 참조.

89 CaCi 25; SuCi 1. BhCi 27 참조.

90 CaCi 25.39-43, 55-60, 96, 101-107.

91 SuCi 1.8.

92 SuCi 1.40, 57-58a, 65-70a, 88-89.

93 CaCi 25.44; SuCi 1.27b-30a.

94 Vin 4, 90.

95 MV 6.14.6.

96 Vin 4, 166.

97 CV 5.6. BD 5, 148-149 각주. 경전 및 경전 이후 시대의 문헌들에 뱀에

물렸을 때 다양한 방식으로 치료하는 것이 나타난다. 『비사반따자따까』(*Visavantajātaka*, 69)는 뱀에 물린 상처를 능숙하게 치료하는 의사 가문에서 태어나, 생업으로 치료를 행한 보살 이야기가 나온다. 한번은 뱀에 물린 사람이 있어서 그 의사가 불려갔다. 의사는 그 사람을 물은 뱀을 잡고 불에 태워버리겠다고 위협하여 뱀이 도로 자신의 독을 빨아먹게 했다. 그 뱀은 협조를 거부했지만 불에 태워지지는 않았다. 의사는 그 후에 약초와 주문 암송을 통해 독을 추출하였고, 환자는 결국 회복되었다. 마찬가지로 『밀린다빵하』에서도 뱀에 물린 것을 치료하기 위해 뱀이 자신의 독을 빨아들이게 하는 주문을 암송하는 것(mantapada)이 나타난다(150,152: MQ I 210, 213과 각주 참고). 뱀이 피해자에게서 자신의 독을 빼내게 한다는 개념은 매우 오래된 것이다. 비슷한 개념이 『아타르바베다』의 뱀에 물린 상처에 대한 주문에서도 보인다(5.13.4, 10.4.26; 7.88 [93].1 참조).

98 CaCi 23; SuKa 4-5.

99 CaCi 23.35-37, 192-198; SuKa 5.3f.

100 바로 위의 각주 97 참고.

101 특히 MN 1.79 참고. DN 1.167; Jā 1.390, Miln 259; MLS 1, 106, n.3 참조; BD 1, 232, n.1; MQ 2, 71과 n.4. 또한 『바이카나사스마르따수뜨라(Vaikhānasas-mārtasūtra)』 8.9 참고. 여기에서는 함사(Haṃsa) 고행 비구가 소의 오줌과 똥을 먹고 살았던 사람이라고(gomūtragomayāhāriṇa) 한다.

102 3장 의승(醫僧)과 승원 참고. 불교 전통에서 진기약에 대한 의정(義淨)의 논의와 해석 참고(Takakusu, *A Record of the Buddhist Religion*, 138-140 및 각주).

103 CaCi 23.250-253.

104 SuKa 5.17.

105 SuKa 6.3-7. 알칼리의 조제와 사용에 대해서는 SuSū 11 참고. CaCi 23.93-104와 BhCi 5.40-47 참조. 여기에서 끄사라가다(kṣārāgada)라고 하는 다른 치료법이 나타난다.

106 CaSū 1.92-105; SuSū 45.217.

107 CaCi 23.46-50.

108 Zysk, "Mantra in Āyurveda" 128 참고.

109 MV 6.14.6.

110 MV 6.14.7. 주석은 VA 5, 1092에 있다.

111 CaCi 23.105-122; SuKa 1.28-51a, 77-85.

112 SuKa 1.3-17.

113 조띠르 미뜨라는 가라딘나까(gharadinnaka)를 CaCi 14에 나오는 마다뜨야야(madātyaya, 중독)와 같다고 잘못 기술한다(*Critical Appraisal of Āyurvedic Material in Buddhist Literature*, 247).

114 CaCi 23.9-14. 수슈루따에는 첫 번째와 두 번째 유형의 독이 SuKa 2.3-4에 나타난다.

115 CaCi 23.14와 주석; ASUtt 40.14-15; AHUtt 35.5-6.

116 CaCi 23.233-241; SuNi 8.12와 SuKa 8.24 참조.

117 MV 6.14.7. 주석은 VA 5, 1092에서 나타난다. 이 설명은 변비를 암시하지만, 오히려 그 반대인 설사를 의미한다.

118 CaCi 15; BhCi 11; SuUtt 40.167-187.

119 CaCi 15.56-57; 또한 SuUtt 40.170-172 참조.

120 Meulenbeld, *Mādhavanidāna and Its Chief Commentary* 619 참조. 또한 219-229 참고.

121 CaCi 15.58-59; SuUtt 40.176-177.

122 CaCi 15.194-195; SuUtt 40.178-182.

123 CaCi 15.141-145, 168-193; BhCi 11.12; 5.40-47.

124 SuUtt 40.178-182.

125 SuSū 11.7-8; 또한 SuUtt 42.40-46a 참고.

126 MV 6.14.6. 주석은 VA 5, 1092에 나온다.

127 CaCi 16; SuUtt 44. 이 항목은 베라에는 없다. K. G. Zysk "Studies in Traditional Indian Medicine in the Pāli Canon: Jīvaka and Āyurveda," *Journal of the International Association of Buddhist Studies* 5(1982): 75-76, 82 참고.

128 CaCi 16.44 이하; SuUtt 44.14 이하.

129 SuUtt 44.16a, 21a; CaCi 16.69 참조.

130 SuUtt 44.23b, 25b; CaCi 16.65a 참조.

131 CaCi 16.55-69, 75.

132 CaCi 15.58a, 68a.

133 MV 6.14.7

134 미뜨라(Mitra)는 차비도사(Chavidosa)를 쉬따삣따(śītapitta, 두드러기)와 동일하다고 본다(*Critical Appraisal of Āyurvedic Material in Buddhist Literature*, 247). 그러나 이러한 동일시는 근거가 없다.

135 CaNi 5; CaCi 7; BhNi 5; BhCi 6, 이는 완전하지 않다; SuNi 5; SuCi 9.

136 CaNi 5.3-4; CaCi 6, 7.9-26; BhNi 5; BhCi 6.11, 18f; SuNi 5.3-6.

137 CaCi 5.37-42; BhCi 6; SuCi 9.6.

138 CaCi 7.84-96; BhCi 6.62 이하.; SuCi 9.10-11a 참조.

139 특히 DhNi 3 참고. 여기에서는 향기가 나는 물질을 다룬다.

140 SuSū 24.9와 주석, 그리고 특히 SuCi 9.3-4 참고. 짜라까는 Su 3.29a에서, 베라는 Su 6.17에서 피부에 문질러서 뜨와그도샤를 제거하는 약을 설명한다.

141 SuCi 9.3.

142 베다에서 꾸슈타는 코스투스(costus) 식물의 이름이다. 아유르베다에서 이는 피부병과 식물 둘 다를 가리키는 일반적인 표현이다. 후자는 피부병 치료에 도포된 연고의 성분 중 하나로 언급된다. 이는 초기 아유르베다의학의 일부였던 연관 또는 교감 주술(sympathetic magic)이라는 종교적 개념을 보여준다.

143 의학서는 두 종류의 수프(yūṣa)에 대해 언급한다. 조리되지 않은(akṛta) 수프와 조리된(kṛta) 수프인데, 전자는 양념 없이 끓인 것이고 후자는 양념을 넣고 끓인 것이다. *Meulenbeld, Mādhavanidāna and Its Chief Commentary*, 492-493 참고.

144 MV 6.14.7. 주석은 VA 5, 1092에 있다.

145 CaKa 12.8.

146 SuCi 33.4, 19, 10, 16.

147 CaKa 1; BhKa 1; SuSū 43, 44; SuCi 33.

148 SuSū 44.14; CaKa 1.26 참조.

149 SuCi 33.11; CaSi 12.6-7 참조.

150 MV 6.16.3.

151 Vin 3, 86.

152 VA 2, 478-479; BD 1, 149, n.3 참조.

153 BD 4, 287 n.1 참고. 떼까뚜라(tekaṭula)에 해당하는 산스끄리뜨어는 뜨리까뚜까(trikaṭuka)인데, 이는 검은 후추, 긴 후추, 말린 생강이라는 3가지의 자극적이거나 매운 재료를 가리킨다. 불교 측에서 열거하는 것은 이와 완전히 다르다.

154 MV 6.17.1-5.

155 Vin 3, 66. 주석은 VA 2, 391에 나온다. 호너(Horner)는 파니따(phāṇita, 당밀)를 사까라(sakkarā, 과립 설탕)로 잘못 읽었다(BD 1, 111, n.1).

156 CaCi 13; BhCi 13; SuNi 7; SuCi 14.

157 CaCi 13.59-67; SuCi 14.5는 Ca와 더욱 같다.

158 CaCi 13.99a. SuSū 38.68에 따르면 5가지 약용 뿌리는 벵갈모과(bilva), 두통나무(agnimantha), 인도 칼로산테스(ṭiṇṭuka), 트럼펫 꽃나무(pāṭalā), 흰티크나무(kāśmarī)이다.

159 CaKa 7.72-73, ASKa 2.32.

160 CaKa 9.7-8a, ASKa 2.46.

161 주석가 달하나에 따르면, 이것은 비다리간다(vidārigandhā) 그룹의 약을 가리킨다. 첫 그룹은 SuSū 38.4-5의 약과 그 특성에 대한 장에서 열거된다. 구절 5에서 "비다리간다로 시작되는 이 그룹은 담즙과 바람을 제거하고 소모증(śosa), 내부나 복부의 종양(gulma), 사지의 으스러질 듯한 [통증](aṅgamarda), 천식?(ūrdhvaśvāsa; 문자 그대로는 '항진된 호흡', 즉 얕은 호흡), 기침(kāsa)을 없앤다."라고 한다.

162 이 그룹은 SuSū 38.68에서 열거된다. 구절 69에서 "5가지 뿌리의 대그룹은 쓴맛과 관련되며, 점액과 바람을 파괴하고 소화의 불을 촉진시키며, 소화하기 쉬운 것으로 여겨지는데, 2차적으로는 단맛이 난다."

163 주석은 이 식물에 대해 가능한 3가지의 용어를 제시한다. 비따빠까란자(viṭapakarañja), 찌라뽀띠까(cirapoṭika), 그리고 까까장가(kākajaṅghā)이다. Sharma, *Ḍalhaṇa and His Comments on Drugs*, 174 참고.

164 SuSū 44.35-40a; CaKa 11.17과 BhKa 8.20 참조.

165 특히 CaCi 13.117-118a; CaKa 1.12; 7.13, 72; 8.17; 9.7-8a, 17; 10.11; 11.17;

12.35; SuSū 20.23; 21.21; 42.11, 213; SuCi 8.17b; 11.5; SuKa 5.18b(뱀에 물린 독이 있는 사람에게는 금지됨) SuUtt 33.3b; 42.92 참고.

166 SuCi 8.38; SuUtt 42.34-35.

167 CaVi 1.18.

168 MV 6.20.1-4.

169 특히 다음을 참고하라. CaCi 3.31, 85, 89-108, 129-131; SuUtt 39.27, 32, 35, 47, 59, 76, 84, 180, 187, 282-293.

170 CaCi 3.222-223, 253, 258; SuUtt 39.166, 172, 222, 229, 236, 246, 297, 309-310.

171 CaCi 3.260-266.

172 SuUtt 39.388-393.

173 SuUtt 47.55-66.

174 이 치료법은 베라에는 없는 것으로 보인다. BhCi 1과 2 참조.

175 MV 6.22.1-4. 주석은 VA 5, 1093-1094 참고.

176 SuNi 4; SuCi 8.

177 SuNi 4.3.

178 CaCi 12.96-97; SuCi 8.4.

179 SuCi 8.38b-52a; BhCi 2.14와 4.79-87 참조.

180 SuCi 8.52a-53.

181 SuCi 1.8; CaCi 25.38-43.

제7장 결론

1 *역주: 이 단락은 불교 승원의학을 전체적으로 개관하는 논의의 흐름상 어색해 보이지만 원문에 충실하게 번역하기 위해 삭제하지 않고 그대로 번역하였다. 초판(1991년)의 결론에는 이 단락이 존재하지 않으며, 3도샤설 관련 문제는 결론의 뒷부분에서 더 상세히 서술하고 있다.

부록 1 지바까의 치료

1 Zysk, "Studies in Traditional Indian Medicine in the Pāli Canon," 70-86.

2 MV 8.1.7-11, 13.

3 MV 8.1.16-18.

4 6장 열로 인해 자극받은 머리(머리 질병) 참고.

5 4장 참고.

6 MV 8.1.15.

7 CaCi 12.96-97; 25.38-43; SuCi 1.8; 8.38b-53; 6장의 치루 참고.

8 Zysk, "Studies of Traditional Indian Medicine in the Pali Canon," 74 참고.

9 6장의 치루 참고.

10 MV 8.1.21-22

11 문자 그대로 번역하면, "…는 대장 외의 창자를 나눈다."이다.

12 11세기 주석가 가야다사(Gayadāsa)는 "오랫동안 묶여 있으면(?) 나타나고, 아래로 누르면 사라진다."라고 설명한다.

13 SuNi 12.6.

14 자세한 방법은 SuCi 19.48에 있다.

15 SuCi 19.20-24.

16 SuCi 2.56-66a. CaCi 13.184b-188 참고.

17 Mitra, *Critical Appraisal of Āyurvedic Material in Buddhist Literature*, 309-312. CaCi 13.39-41도 참고할 것.

18 CaCi 13.184-188.

19 MV 8.1.23-25.

20 CaCi 16.44 이하; SuUtt 44.14 이하. 2부 6장의 병적인 창백함 혹은 황달 참고.

21 CaCi 26.50. 여기에서 pathyā = harītakī이다.

22 달하나(Ḍalhaṇa)는 다음과 같은 해석도 가능하다고 제안한다. "…그는 정제버터, 뜨라이팔라(traiphala) [그릿따(ghṛta)] 또는 따일바까(tailvaka) [그릿따]를 마셔야 한다." 3가지는 특별한 약물로 주성분이 그릿따(ghṛta), 즉 정제버터이다. 이에 대해서는 SuUtt 17.29(10.14 참고) 및 SuCi 14.10 참고.

23 SuUtt 44.14-15.

24 MV 8.1.30-33.

25 CV 5.14.1-2.

26 CaKa 12.8.

27 SuCi 33.4, 19-20, 26; 2부 6장의 도샤로 채워진 몸 참고.

28 CaKa 1.19; SuSū 43.9.

29 SuSū 44.84b-86a. 달하나의 번역에 따른다.

30 CaKa 10.15-17.

31 붓다고사는 다음과 같이 설명한다. "어찌 세존의 몸이 거칠겠는가? 거칠지 않다. … 신들은 붓다가 드시는 음식물에 늘 신적인 힘을 부여한다. 그래서 기름진 액체가 몸 안 어디에나 있는 도샤를 촉촉하게 해주며, 혈관을 유연하게 만든다"(Sv 1, 1118; Zysk, "Studies of Traditional Indian Medicine in the Pāli Canon," 77-78, 83 n.56도 참고).

32 CaKa 1.4.

33 N. Dutt, ed., *Gilgit Manuscripts*, Vol. 3.2, 47. Bagchi, *Mūlasarvāstivāda-vinayavastu*, 1: 195 참고. Suzuki, *Tibetan Tripiṭaka*, 41: 266-267(66b-70a). Gregory Schopen in Slguero's, *Medicine and Buddhism*.

34 화지부 율에서는 붓다의 질환이 특정되지 않는다. 단지 경미한 질환을 앓았다고만 한다.

35 화지부 율에 의하면, 지바까는 "나는 여래(Tathāgata)의 몸에 일반적인 약을 사용할 수 없다. 그러니 전륜성왕에게 쓰는 약을 사용해야겠다."라고 생각했다. 적어도 화지부의 설명에서는 왕도 민감한 체질로 생각되었다.

36 화지부 율에 의하면, 그는 3송이의 연꽃(uppala)을 사용했다.

37 설일체유부 율은 T1435: 23.194b9-c11, 화지부 율은 T1421: 22.134a17-b20에 나온다. 한역본을 검토하는 과정에서 도움을 준 매마스터(MacMaster) 대학교의 로버트 스카프 박사(Dr. Robert Scharf)에게 감사드린다.

38 CaKa 12.8.

39 SuCi 24.44b-46a.

참고문헌

1차 자료(원전과 번역)

산스끄리뜨 자료

Āgāśe, Kāśīnātha-Śāstrī, et at., eds. *Aitareyabrāhmaṇam: With the Commentary of Sāyaṇācārya.* 2 vols. Ānandāśrama Sanskrit Series, no. 32. Puṇe: Ānandāśaram. 1931.

_____. *Kṛṣṇayajurvedīya-Taittirīya-Saṃhitā: With the Commentary of Sāyaṇācārya.* 8 vols. Ānandāśrama Sanskrit Series, no. 42. 1959-1966. Reprint. Puṇe: Ānandāśrama, 1978.

Āthavale, Ananta Dāmodara, ed. *Vṛddhavāgbhaṭa's Aṣṭāṅgasaṃgrahaḥ with the Commentary of Indu.* Puṇe: Śrīmad Ātreya Prakāśanam, 1980.

Aufrecht, Theodor, ed. *Die Hymen des Rigveda,* 2 vols. 1887. Reprint. Wiesbaden: Otto Harrassowitz, 1968.

Bagchi, S., ed. *Mūlasarvāstivādavinayavastu,* 2 vols. Buddhist Sanskrit Texts, no. 16. Darbhanga, India: the Mithila Institute, 1967, 1970.

Bandhu, Vishva, et al., eds. *Atharvaveda (Śaunaka) with the Padapāṭha and Sāyaṇācārya's Commentary.* 5 vols. Vishvesvaranand Indological Series, nos. 13-17. Hoshiarpur Vishvesvarnand Vedic Research Institute, 1960-1962.

Barret, LeRoy Carr, ed. "The Kashmirian Atharva Veda." *Journal of the American Oriental Society* 26 (1905): 197-295, 30 (1909-1910): 187-258, 32 (1912): 343-390, 35 (1915): 42-101, 37 (1917): 257-308, 40(1920): 145-169, 41 (1921): 264-289, 42 (1922): 105-146, 43 (1923): 96-115, 44 (1924): 258-269, 46 (1926): 34-48, 47 (1927): 238-249, 48 (1928): 34-65, 50 (1930): 43-73, 58 (1938): 571-664.

_____. *The Kashmirian Atharva Veda: Books 16 and 17.* American Oriental Series, no. 9. New Haven, Conn.: American Oriental Society, 1936.

______. *The Kashmirian Atharva Veda: Books 19 and 20.* American Oriental Series no. 18. New Haven, Conn.: American Oriental Society, 1940.

Bhattacharya, Dipak, ed. *The Paippalāda-Saṃhitā of the Atharvaveda: critically edited from palmleaf manuscripts in the Oriya script discovered by Durgamohan Bhattacharyya and one Śāradā manuscript.* Kāṇḍas 1-20. Kolkata: Asiatic Society, 1997-2016 [Bibliotheca Indica 319].

Bhattacharyya, Durgamohan, ed. *Atharvavedīyā Paippalāda Saṃhitā. Kāṇḍa 1.* Calcutta Sanskrit College Research Series, No. 26. Calcutta: Sanskrit College, 1964.

______. *Atharvavedīyā Paippalāda Saṃhitā: Kāṇdas 2-4.* Calcutta Sanskrit College Research Series. no. 62. Calcutta Sanskrit College, 1970.

Bhishagratna, Kaviraj Kunjalal, trans. *An English Translation of the Sushruta Samhita Based on Original Sanskrit Text.* 3 vols. The Chowkhanba Sanskrit Series, no. 30. 1907-16. Reprint. Varanasi: The Chowkhamba Series Office, 1963.

Bloomfield, Maurice. *Hymns of Atharvaveda.* Sacred Books of the East, no. 42, 1897. Reprint. Delhi: Motilal Banarsidass, 1964.

______. *The Kauśika Sūtra of the Atharvaveda, with Extracts from the Commentaries of Dārila and Keśava.* 1889. Reprint Delhi: Motilal Banarsidass, 1972.

Caland, Willem, trans. *Altindisches Zauberritual, Probe einer Uebersetsung der wichtigsten Theile des Kauśika Sūtra.* 1900 (1936). Reprint Wiesbaden: Martin Sändig, 1967.

______. ed. and trans. *Vaikhānasamārtasūtram: The Domestic Rules and Sacred Laws of the Vaikhānasa School Belonging to the Black Yajurveda.* Bibliotheca Indica, nos. 242, 251. Calcutta: Asiatic Society of Bengal, 1927, 1929.

The Caraka Saṃhitā Edited and Published in Six Volumes with Translations in Hindī, Gujarātī, and English Jamnagar: Shree Gulabkunverba Ayurvedic Society, 1949.

Dash, Bhagwan and Lalitesh Kashyap, eds. and trans. *Materia Medica of Āyurveda:*

Based on Āyurveda Saukhyaṃ of Toḍarānanda. New Delhi: Concept Publishing, 1980.

Dutt, Nalinaksha, ed. *Bhaiṣajyagurusūtra in Gilgit Manuscripts.* Vol. 1. Kashmīr Series of Texts and Studies, no. 71E. Calcutta: Calcutta Oriental Press, 1939.

______. *Gilgit Manuscripts.* Vol 3.1, 2. Calcutta: Calcutta Oriental Press, 1942, 1947.

Edgerton, Franklin, ed. "The Kashmirian Atharva Veda: Book 6." *Journal of the American Oriental Society* 34 (1915): 374-411.

Eggeling, Julius, trans. *The Śatapatha-Brāhmaṇa according to the Text of the Madhyandina School.* 5 vols. Sacred Books of the East, nos. 12, 26, 41, 43, 44. 1882-1889. Reprint Delhi: Motilal Banarsidass, 1963.

Emmerick, R. E., trans. *The Sūtra of Golden Light* London: Luzac, 1970.

______. ed. and trans. *The Siddhasara of Ravigupta* Vol. 1, The Sanskrit Text; Vol. 2, The Tibetan Version with facing English Translation. Verzeichnis der Orientalischen Handschriften in Deutschland, suppl. 23.1, 2. Wiezbaden: Franz Steiner Verlag, 1980, 1982.

Filliozat, Jean, ed. and trans. *Yogaśataka: Text médical attribué á Nāgārjuna.* Publication de l'Institute Français d'Indologie, no. 62. Pondichéry : Institute Français d'Indologie, 1979.

Geldner, Karl F., trans. *Der Rig-Veda.* 3 pts. Harvad Oriental Series, nos. 33-35, Cambridge, Mass.: Harvard University Press, 1951.

Gonda, Jan, trans. The Savayajñas (Kauśika Sūtra 60-68). Amsterdam: N.V. Noord-Hollandsche Uitgevers Maatschappi, 1965.

Griffith, Ralph T. H., trans. *The Hymns of the Ṛgveda.* 5th ed. 2 Vols. The Chowkhamba Sanskrit Series, no. 35. Varanasi: The Chowkhamba Sanskrit Series Office, 1971.

Griffiths, Arlo, ed. *The Paippalādasaṃhitā of the Atharvaveda. Kāṇḍas 6 and 7. A New Edition with Translation and Commentary,* Groningen: Egbert Forsten, 2009 [Groningen Oriental Studies XXII].

Henry, Victor, trans. *Les Livers VII-XII de l'Atharva-Veda.* Paris: J. Maisonneuve, 1891-1896.

Hilgenberg, Luise and Willibald Kirfel, trans. *Vāgbhaṭa's Aṣṭāṅgahṛdayasaṃhitā: Ein altindisches Lehrbuch der Heilkunde.* Leiden: Brill, 1941.

Hoernle, A. F. Rudolf., trans. *The Suśruta Saṃhitā or the Hindu System of Medicine According to Suśruta.* Fasciculus 1. Bibliotheca Indica, N. S., 911 (no. 139). Calcutta: Asiatic Society, 1897.

______. ed. and trans. *The Bower of Manuscript.* Facsimile Leaves, Nāgarī Transcript, Romanized Transliteration and English Translation with Notes. Calcutta: Superintendent of Government Printing, India, 1893-1912.

Jamison, Stephanie W. and Joel P. Brereton, trans. *The Rigveda. The Earliest Religious Poerty of India,* 3 vols. New York: Oxford University Press, 2014.

Jones, J.J., trans. *The Mahāvastu.* Vol. 2. Sacred Books of the Buddhists, no 18. London: Luzac, 1952.

Keith, Arthur B., Trans. *The Veda of the Black Yajus School Entitled Taittrīya Sanhitā.* 2 pts. Harvard Oriental Series, no. 18, 19. 1914. Reprint Delhi: Motilal Banarsidass, 1967.

______. *Rigveda Brāhmaṇas. The Aitareya and Kauṣītaki Brāhmaṇas of the Rigveda.* Harvard Oriental Series, no. 25. Reprint. Delhi: Motilal Banarsidass, 1971.

Kern, H., trans. *Saddharma-Puṇḍarīka or the Lotus of the True Law.* Sacred Books of the East, no. 21. 1884. Reprint. New York: Dover, 1963.

Kim, Jeong-Soo, *Die Paippalādasaṃhitā des Atharvaveda, Kāṇḍa 8 und 9: eine neue Edition mit Übersetzung und Kommentar.* Dettelbach: J. H. Röll, 2014 [Würzburger Studien zur Sprache & Kultur 12].

Krishnamacharya, Embar and M. R. Nambiyar, eds. *Madanamahārṇava of Śrī Viśveśvara Bhaṭṭa.* Gaekwad's Oriental Series, no. 117. Baroda: Oriental Institute, 1953.

Kunte, Anna Moresvaram, et al., eds. *Aṣṭāṅgahṛdayam Composed by Vāgbhaṭa with the Commentaries (Śarvāṅgasundarī) of Aruṇadatta and (Āyurvedarasāyana) of Hemādri.* 6th ed. Jaikrishnadas Āyurveda Series, no. 52 1939. Reprint. Varanasi: Chaukhamba Orientalia, 1982.

Lamotte, Etienne, trans. *Le Traité de la grande vertu de sagesse de Nāgārjuna* (Mahāprajñāpārmitāśāstra). Vol. 2, Bibliothèque de Muséon, no. 18. Louvain: Bureaux de Muséon. 1949.

Meulenbeld, G. Jan, trans. *The Mādhavanidāna and Its Chief Commentary. Chapters 1-10.* Leiden: Brill, 1974.

Müller, F. Max, ed. *The Hymns of the Rig-Veda with Sāyaṇa's Commentary.* 2d ed. 4 vols. The Chowkhamba Sanskrit Series, no. 99. 1890-1992. Reprint. Varanasi: The Chowkhamba Sanskrit Series Office, 1966.

Pingree, David, ed. and trans. *The Yavanajātaka of Sphujidhvaja.* 2 vols.. Harvard Oriental Series, vol 48. Cambridge, Mass.: Harvard University Press, 1978.

Roth, R. and W. D. Whitney, eds. *Atharva-veda Saṃhitā.* Berlin: Dümmlers Verlagsbu-chhandlung, 1924.

Sampatkumarācārya, T. A. and K. K. A. Veṅkatācārya, eds. *Divyasūricaritam by Garuḍavāhana Paṇḍita.* Ananthacharya Research Institute Series, no. 2. Bomb ay : Ananthacharya Research Institute [1978].

Śarmā, Hemarāja and Śrī Satyapāla Bhiṣagācārya, eds. *The Kāśyapa Saṃhitā or (Vṛddhajīvakīya Tantra) by Vṛddha jīvaka, revised by Vātsya.* Kashi Sanskrit Series, no. 154. Varanasi: The Chowkhamba Sanskrit Series Office, 1953, 1976.

Śāstrī Nene, Gopāla, ed. *The Manusmṛti, with the "Manvarthamuktāvalī" Commentary of Kullūka Bhaṭṭa and the "Maṇiprabhā" Hindī Commentary by Haragovinda Śāstrī,* Kashi Sanskrit Series, no. 114. Varanasi: The Chowkhamba Sanskrit Series Office, 1970.

Schmidt. Michael, et. and trans. "Das Yogaśata: Ein Zeugnis altindischer Medizir [sic] in Sanskrit und Tibetisch. Ph.D. diss., Friedrich-Wilhelms Universität, 1978.

Schroeder, Leopold von, ed. *Maitrāyaṇī Saṃhitā der Maitrāyaṇīya-Śākhā.* 4 vols. 1881-1886. Reprint Wiesbaden: Franz Steiner Verlag, 1970-1972.

______. *Kāṭhakam: Die Saṃhitā der Kaṭha-Śākhā.* 3 vols. 1900-1910. Reprint. Wiesbaden: Franz Steiner Verlag, 1970-1972.

Senart, Emile, ed. *Le Mahāvastu.* Vol. 2 Société Asiatique. Collection d'ouvrages orientaux. Second series 1890. Reprint. Tokyo: Meicho-Fukyu-Kai, 1977.

Sharma, E.R. Shreekrishna, ed. *Kauṣītaki-Brāhmaṇa* Vol. 1, Wiesbaden: Franz Steiner Verlag, 1968.

Sharma, P.V., ed. *Soḍhala-Nighaṇṭu(Nāmasaṅgraha and Guṇasaṅgraha) of Vaidyācārya Soḍhala.* Gaekwad's Oriental Series, no. 164. Baroda: Oriental Institute, 1978.

______. *Kaiyadevanighaṇṭuḥ,* Translated into Hindī by Guru Prasad Sharma. Jaikrishnadas Āyurveda Series, No. 30. Varanasi: Chaukhamba Orientalia, 1979.

______. *Dhanvantarinighaṇṭuḥ.* Translated into Hindi by Guru Prasad Sharma. Jaikrishnadas Āyurveda Series, no. 40. Varanasi: Chaukhamba Orientalia, 1982.

______. ed. and trans. *Caraka-Saṃitā: Agniveśa's Treatise Refined and Annotated by Caraka and Redacted by Dṛḍhabala.* 4 vols. Jaikrishnadas Āyurveda Series, 36.1-4. Varanasi: Chaukhamba Orientalia, 1981, 1983, 1985, 1994.

Singhal, G.D., et al., trans. *Ancient Indian Surgery.* [*Suśruta Saṃhitā*]. 12 vols. Varanasi: Singhal Publications, 1972-.

Trikamjī, Jādavjī, ed. *The Carakasaṃhitā by Agniveśa: Revised by Caraka and Dṛḍhabala, with the Āyurveda-Dipikā Commentary of Cakrapāṇidatta.* 1941. Reprint. New Delhi: Munshiram Manoharlal, 1981.

Trikamjī, Jādavjī and Nārāyaṇa Rāma-Ācārya "Kāvyatīrtha," eds. *The Suśru tasaṃhitā of Suśruta with the Nibandhasaṃgraha Commentary of Śrī Ḍalhaṇācārya and the Nyāyancandrikā Pañjikā of Śrī Gayadāsācārya.* Jaikrishnadas Āyurveda Series, no. 34. ed. ed. 1938. Reprint. Varanasi: Chaukhambha Orientalia, 1980.

Vaidya, P. L., ed. *Saddharmapuṇḍarīkasūtra.* Buddhist Sanskrit Texts, no. 6. Darbhanga, India: Mithila Institute, 1960.

Venkatasubramania Sastri, V. S. and C. Raja Rajeswara Sarma, eds. *The Bhela Saṃhitā.* New Delhi: Central Council for Research in Indian Medicine and Homoeopathy, 1977.

Vira, Raghu, ed. *Kapiṣṭhala-Kaṭha-Saṃhitā: A Text of the Black Yajurveda.* Delhi: Meharchand Lachmandas. 1968.

______. *Atharvaveda of the Paippalāda.* 1936-1943. Reprint. Delhi: Arsh Sahitya Prachar Trust, 1979.

Vogel, Claus, ed. and trans. *Vāgbhata's Aṣṭāṅgahṛdayasaṃhitā: The First Five Chapters of Its Tibetan Version.* Abhandlugen für die Kunde des Morgenlandes, 37.2. Wiesbaden: Kommissionsverlag Franz Steiner, 1965.

Weber, Albrecht, ed. *The Śatapatha-Brāhmaṇa in the Mādhyandina Sākhā with Extracts from the Commentaries of Sāyāṇa, Harisvāmin and Dvivedagaṅga.* The Chowkhamba Sanskrit Series, no. 96. 1855 Reprint. Varanasi: The Chowkhamba Sanskrit Series Office, 1964.

______. Trans. "Erstes Buch-Füftes Buch der Atharva Saṃhitā." *Indische Studien* 4 (1858): 393-430, 13 (1873): 129-216, 17 (1885): 177-314, 18 (1898): 1-288.

Whitney, W. D., trans. and Charles R. Lanman, ed., *Atharva-veda-saṃhitā.* 2 pts. Harvard Oriental Series, no. 7, 8. 1905. Reprint. Delhi: Motilal Banarsidass, 1971.

빨리 자료

Andersen, Dines and Helmer Smith, eds. *Sutta-nipāta.* Pāli Text Society, 1913. Reprint. Oxford: Geoffrey Cumberlege (Oxford University Press), 1948.

Chalmers, Lord Robert, ed. *The Majjhima-Nikāya.* Vols. 2, 3. Pāli Text Society, 1898-1899. Reprint. London: Oxford University Press, 1951.

______. ed. and trans. *Buddha's Teachings: Being Sutta-Nipāta or Discourse-Collection.* Harvard Oriental Series, no. 37. Cambridge, Mass.: Harvard University Press, 1932.

Cowell, E. B., ed. *The Jātaka or Stories of the Buddha's Former Births.* Translated from the Pāli by various hands. 6 vols. 1895. Reprint. London: Pāli Text Society, 1973.

Fausbøll, V., ed. *The Jātaka Together with Its Commentary, Being Tales of the Anterior Births of Gotama Buddha.* 7 vols. Indexes compiled by Dines Andersen. Pāli Text Society. 1877-1897. Reprint. London: Luzac, 1962-1964.

Feer, M. Léon, ed. *The Saṃyutta-nikāya of the Sutta-piṭaka.* 5 vols. Pāli Text Society, 1884-1898. Reprint London: Luzac, 1960.

Hardy, E., ed. *The Aṅguttara-nikāya.* Vols. 3-5. Pāli Text Society, 1897-1900. Reprint. London: Luzac, 1958.

Hare, E. M, trans. *The Book of Gradual Sayings.* Vols. 3, 4. Pāli Text Society, Translations, nos 24, 25. 1934-1935. Reprint. London: Luzac, 1952, 1955.

Horner, I. B., trans. *The Book of the Discipline.* 6 pts. Sacred Books of the Buddhist, nos. 10, 11, 13, 14, 20, 25. London: Luzac, 1938-1952.

______. *The Collection of Middle Length Sayings (Majjhima-nikāya).* 3 vols. Pāli Text Society. Translation, nos. 29, 30, 31; 1954, 1957, 1959. Reprint. London: Luzac, 1967.

______. *Milinda's Questions.* 2 vols. Sacred Books of the Buddhists, no. 22, 23. London: Luzac, 1963, 1964.

______. ed. *Papañcasūdanī: Majjhimanikāyaṭṭhakathā of Buddhaghosācārya.* Vols. 3-5. Pāli Text Society, 1933-1938. Reprint London: Luzac, 1976-1977.

Hunt, Mabel, ed., revised by C. A. F. Rhys Davids. *The Aṅguttara-nikāya.* Vol. 6, Indexes. Pāli Text Society, 1910. Reprint. London: Luzac, 1960.

Lilley, Mary E., ed. *The Apadāna of the Khuddakanikāya.* 2 vols. Pāli Text Society. London: Oxford University Press, 1925, 1927.

Morris, Richard, ed. *The Aṅguttara-nikāya.* 2 vols. Pāli Text Society, 1885, 1888.

Reprint. London: Luzac, 1964, 1955.

Norman, K. R., trans. *The Elder's Verses. I. Theragāthā; 2. Therīgāthā.* Pāli Text Society. Translation, nos. 38, 40. London: Luzac, 1969, 1971.

Oldenberg, Hermann, ed. *The Vinaya Piṭakam.* 5 vols. Pāli Text Society, 1879-1883. Reprint. London : Luzac, 1964.

Oldenberg, Hermann and R. Pischel, eds. *The Thera- and Therī-gāthā.* Pāli Text Society, 1883. Reprint. London: Luzac, 1966.

Poussin, L. de la Vallée and E. J. Thomas, eds. *Niddesa I: Mahāniddesa.* 2 vols. Pāli Text Society. London: Oxford University Press (Humphrey Milford), 1916-1917.

Rhys Davids. C. A. F., trans. *The Book of Kindred Sayings (Saṃyutta-nikāya).* 2 vols. Pāli Text Society, Translations, nos. 7, 10: 1922. Reprint. London: Luzac, 1950.

______. *The Majjhima-nikāya.* Vol. 4, Index of Words. Pāli Text Society, 1925. Reprint. London: Luzac, 1960.

______. *The Saṃyutta-nikāya of the Sutta-piṭaka.* Pt. 6, Indexes. Pāli Text Society, 1904. Reprint. London: Luzac, 1960.

Rhys Davids, T. W. trans. *The Questions of King Milinda.* 2 pts. Sacred Books of the East, nos 35, 36. 1890, 1894. Reprint. New York: Dover, 1963.

Rhys Davids, T. W. and J. Estlin Carpenter, eds. *The Dīgha-nikāya.* 3 vols. Pāli Text Society, 1890-1911. Reprint. London: Luzac, 1960-1967.

______. *The Sumaṅgala-vilāsinī: Buddhaghosa's Commentary on the Dīgha-nikāya.* Vol. 1. Pāli Text Society, 1886. Reprint. London: Luzac, 1968.

Rhys Davids, T. W. and Hermann Oldenberg, trans. *Vinaya Texts.* 3 pts. Sacred Books of the East, nos. 13, 17, 20. 1882, 1885. Reprint. Delhi: Motilal Banarasidass. 1974.

Rhys Davids, T. W. and C. A. F. Rhys Davids, trans. *Dialogues of the Buddha.* 3 pts. Sacred Books of the Buddhists, nos. 2-4. 1899-1921. Reprint. London: Luzac, 1956-1966.

Smith, Helmer, ed. *The Khuddaka-Pāṭha, Together with Its Commentary Paramatthajotikā,*

Pt. 1. Pāli Text Society, 1915. Reprint. London: Luzac, 1959.

Stede, W., ed. *Niddesa II: Cullaniddesa.* Pāli Text Society, London: Oxford University Press (Humphrey Milford), 1918.

______. *The Sumaṅgala-vilāsinī: Buddhaghosa's Commentary on the Dīgha-nikāya.* Vols. 2, 3. Pāli Text Society, 1931-1932. Reprint. London: Luzac, 1971.

Takakusu, J. and Makoto Nagai, eds. *Samantapāsādikā: Buddhaghosa's Commentary on the Vinaya Piṭaka.* 8 vols. Vol. 8, Indexes by H. Kopp. Pāli Text Society. London: Luzac, 1924-1977.

Trenckner, V., ed. *Milindapañha.* Pāli Text Society, 1880. Reprint. London; Luzac, 1962.

______. *The Majjhima-nikāya.* Vol. 1. Pāli Text Society, 1888. Reprint. London: Luzac, 1964.

Woods, J. H. and D. D. Kosambi, eds. *Papañcasūdanī: Majjhimanikāyaṭṭhakathā of Buddhaghosācārya.* 2 vols. Pāli Text Society, 1922-1928. Reprint. London: Luzac, 1977-1979.

Woodward, F. L., ewd. *Sāratthappakāsinī: Buddhaghosa's Commentary on the Saṃyutta-nikāya.* 3 Vols. Pāli Text Society. London: Oxford University Press, 1939, 1932, 1937.

______. trans. *The Book of Kindred Sayings (Saṃyutta-nikāya).* Vols. 3-5. Pāli Text Society, Translations, no. 13, 14, 16: 1924, 1927, 1930. Reprint. London: Luzac, 1954, 1956, 1965.

______. *The Book of Gradual Sayings [Aṅguttaranikāya],* Vols. 1, 2, 5. Pāli Text Society, Translations, nos. 22, 26, 27: 1932, 1933, 1936. Reprint. London: Luzac, 1960, 1962, 1961.

그 외 자료

Beal, Samuel, trans. *Si-Yu-Ki: Buddhist Records of the Western World.* 2 vols. in 1. 1884. Reprint. Delhi: Motilal Banarsidass, 1981.

______. *The Life of Hiuen Tsang by Shaman Hwui Li.* London: Kegan Paul, Trench, Trübner, 1914.

Beckwith, Christopher I. *Greek Buddha: Pyrrho's Encounter with Early Buddhism in Central Asia.* Princeton and Oxford: Princeton University Press, 2015.

Bloch, Jules, ed. and trans. *Les Inscriptions d'Aśoka.* Paris: Société d'Édition "Les Belles Lettres," 1950.

Brough, John, ed. *The Gāndhārī Dharmapada.* London Oriental Series, Vol. 7. London: Oxford University Press, 1962.

Chavannes, Édouard, trans. *Cing cenis contes et apologues du Tripiṭaka chinois.* Vols. 1-4. Paris: Ernest Leroux, 1910-1934.

Filliozat, Jean, *Fragments de textes koutchéens de médecine et de magie.* Texts, parallèles sanskrits et tibétains, traduction et glossaire. Paris: Librarie d'Amérique et d'Orient, Adrien-Maisonneuve, 1948.

Hamilton, H.C., trans. *The Geography of Strabo.* Vol. 3 London: Henry G. Bohn, 1857.

Jones H.L., ed. and trans. *The Geography of Strabo.* Vol. 7. Loeb edition. London: Heinemann. 1930.

Konow, Sten, ed. and trans. "A Medical Text in Khotanese. Ch. II 003 of the India Office Library." *Avhandlinger Utgitt av det Norske Videnskaps-Akademi I Oslo. II. Hist.-Filos Klasse,* 1940, no. 4: 49-104.

Legge, James, trans. *The Travels of Fa-hien.* 1886. Reprint. New Delhi: Master Publisher, 1981.

McCrindle, J.W., trans. *Ancient India as Described in Classical Literature.* 1901. Reprint. New Delhi: Oriental Books Reprint, 1979.

Meineke, Augustus, ed. *Strabonis Geographica.* Vol. 3, 1877. Reprint. Graz:

Akademische Druck-u. Verlagsanstalt, 1969.

Obermiller, E., trans. *History of Buddhism (chos-hbyung) by Buston.* 2 pts. Materialien zur Kunde des Buddhismus, nos. 18, 19. Heidelberg: Otto Harrassowitz, 1931-1932.

Ralston, W.R.S., trans. *Tibetan Tales Derived from Indian Sources. Translated from the Tibetan of the Kah-gyur by F. Anton von Schiefner.* London: Kegan Paul, Trench, Trübner, 1906.

Sachau, Edward C., trans. *Alberuni's India.* 2 Vols. in 1. 1910. Reprint. New Delhi: Oriental Books Reprint, 1983.

Schiefner. F. Anton von, trans. "Mahākātjājana und König Tshaṇḍa-Pradjota: Ein Cyklus Buddhistischer Erzählungen." *Mémoires de l'Académie Impériale des Sciences de St. -Pétersbourg,* 7th series, Vol. 22 (1875): 1-67.

______. "Der Prinz Dsīvaka als König der Ärtze." *Mélanges Asiatiques Tirés du Bulletin de l'Académie Impériale des Sciences de St.-Pétersboug* 8 (1879): 472-514.

Suzuki, D.T., ed. *The Tibetan Tripiṭaka: Peking Edition.* Vols. 41, 167, Tokyo-Kyoto: Tibetan Tripiṭaka Research Institute, 1957, 1961.

Takakusu, J., trans. *A Record of the Buddhist Religion as Practised in India and the Malay Archipelago (A.D. 671-695) by I-tsing.* 1986. Reprint. New Delhi: Munshiram Manoharlal, 1982.

Takakusu, J. and K. Watanabe, eds. *Taisho Tripiṭaka: The Tripiṭaka in Chinese.* Tokyo: Taisho Isaikyo Kankawai, 1924-1934.

Watter, Thomas, trans. *On Yuan Chwang's Travels in India (A.D. 629-645).* 1904-1905. Reprint. New Delhi: Munshiram Manoharlal Publishers, 1973.

2차 자료

Allchin, Bridget and Raymond Allchin. *The Rise of Civilization in India and Pakistan.* Cambridge. World Archaeology. Cambridge. Cambridge University Press, 1985.

Altekar, A. S. and Vijayakenta Misra. *Report on Kumrahār Excavations, 1951-1955.* Patna: K. P. Jayaswal Research Institute, 1959.

Avaramuthan, T. G. *Some Survivals of the Harappan Culture.* Bombay: Karnatak, 1942.

Ayyar, A. S. Ramanath. "Śrīraṅgam Inscriptions of Garuḍavāhana-Bhaṭṭa: Śaka 1415." *Epigraphia Indica* 24 (1937-1938); 90-101.

Ayyar, K. V. Subrahmanya. "The Tirnmukkūḍal Inscriptions of Vīrarājendra." *Epigraphia Indica* 24 (1931-1932): 220-250.

Bagchi, P. C. "New Materials for the Study of the Kumāratantra of Rāvarṇa." *Indian Culture* 7 (1941): 269-286.

______. "A Fragment of the Kāśyapa Saṃhitā in Chinese." *Indian Culture* 9 (1942-1943): 53-64.

Barna, Dipak Kumar. *Vihāras in Ancient India: A Survey of Buddhist Monasteries.* Indian Publications Monograph Series, no. 10. Calcutta: Indian Publications, 1969.

Barna, Rabindra Bijayu. *The Theravāda Saṅgha.* The Asiatic Society of Bangladesh Publications. No. 32. Dacca: Asiatic Society of Bangladesh, 1978.

Basham, A. L. *History and Doctrines of the Ājīvikas; a Vanishad Indian Religion.* London: Luzac, 1951.

______. *The Wonder That Was India: A Survey of the Culture of the Indian Sub-continent Before the Coming of the Muslims.* New York: Grove, 1959.

______. "The Background to the Rise of Buddhism." *In Studies in History of Buddhism,* edited by A. K. Narain, 13-17. Delhi: B. R. Publishing, 1980.

Bechert, Heinz. "The Date of the Buddha Reconsidered." *Indologica Taurinensia* 10 (1982): 29-36.

______. "A Remark on the Problem of the Date of Mahāvīra." *Indologica Taurinesia*

11 (1983): 287-290.

______. ed. *The Dating of the Historical Buddha.* Göttingen: Vanderhoeck and Ruprecht, 1989.

Bechert, Heinz and Richard Gombrich, eds. *The World of Buddhism: Buddhist Monks and Nuns in Society and Culture.* London: Thames and Husdon, 1984.

Birnbaum, Raoul. *The Healing Buddha.* Boulder, Colo: Shambhala, 1979.

Bose, D. M., chief ed. *A Concise History of Science in India.* New Delhi: Indian National Science Academy, 1971.

Chakraborti, Haripada. *Asceticism in Ancient India, in Brāhmaṇical, Buddhist, Jaina and Ājīvaka Societies (from the Earliest Times to the Period of Śaṅkarācārya).* Calcutta: Punthi Pustak, 1973.

Chattopadhyaya, Debiprasad. *Science and Society in Ancient India.* Calcutta: Research India Publications. 1977.

______. *History of Science and Technology in Ancient India: The Beginnings.* Calcutta: Firma KLM 1986.

Contenau, George. *La Médecine en Assyrie et en Babylonie.* Paris: Libraire Maloine, 1938.

Cunningham, Sir Arthur. *The Stūpa of Bhārhut: A Buddhist Monument Ornamented with Numerous Sculptures Illustrative of Buddhist Legend and History in the Third Century B.C.* London: Allen, 1879.

Dales, George F. "The Decline of the Harappans." In *Old World Archaeology: Foundations of Civilizations; Readings from Scientific American,* edited by C. C. Lamberg-Karlovsky, 157-164. San Francisco: Freeman, 1972.

Demiéville, Paul. "Byô". In *Hôbôrigin,* edited by Paul Demiéville, 224-265. Troisième Fascicule et Supplément. Paris: Adrien Maisonneuve, 1937. (Translated into English by Mark Tatz: *Buddhism and Healing.* Boston: University Press of America, 1985).

Deo, Shantaram Bhalchandra. *History of Jaina Monachism: From Inscriptions and Literature.* Pune: Deccan College Postgraduate Research Institute, 1956.

Diskalkar, D. B. *Selections from Sanskrit Inscriptions (2nd cent. to 8th Cent. A.D.).* New Delhi: Classical Publishers, 1977.

Dutt, Sukumar, *Buddhist Monks and Monasteries of India.* London: George Allen and Unwin, 1962.

______. *Early Buddhist Monachism.* Rev. ed. New Delhi: Munshiram Manoharlal, 1964.

Dutt U. C. and George King et al. *Materia Medica of the Hindus.* Rev. ed. Calcutta: Madan Gopal Dass, 1922.

Eliade, Mircea. *Le Sacré et la profane.* Paris: Gallimard, 1965.

______. *The Myth of Eternal Return.* Translated from the French by Willard R. Trask. Princeton N. J.: Princeton University Press, 1971.

______. *Shamanism: Archaic Techniques of Ecstasy.* Translated from the French by Willard R. Trask. Princeton, N.J.: Princeton University Press. 1972.

Emmerick, Ronald E. "A Chapter from the Rgyud-bźi." *Asia Major* 19 (1975): 141-162.

______. "Sources of the *Rgyud-bźi*" *Zeitschrift der Deutschen Morganländischen Gasellschaft,* Suppl. III.2 (1977): 1135-1141.

______. "Some Lexical Items from the *Rgyud-bzi.*" In *Proceedings of the Csoma de Körös Memorial Symposium. Held at Mátrafiured, Hungary, 24-30 September, 1976,* edited by Louis Legeti, 101-108. Budapest: Akadémiai Kiadó, 1978.

______. *A Guide to the Literature of Khotan.* Studia Philologica Buddhica. Occasional Papers Series, Vol. 3. Tokyo: The Reiyukai Library, 1979.

______. "Epilepsy According to the *Rgyud-bźi.*" In *Studies on Indian Medical History,* edited by G. Jan Meulenbeld and Dominik Wujastyk, 63-90. Groningen: Egbert Forsten, 1987.

______. "Tibetan *nor-ra-re.*" *Bulletin of The School of Oriental and African Studies* 51 (1988): 537-539.

Fairservis, Walter A., Jr. *The Roots of Ancient India.* 2nd ed. Chicago: University of Chicago Press, 1975.

Fillozat, Jean. "La Médecine indiene et l'expansion bouddhique en Extrême-Orient." *Journal Asiatique* 224 (1934): 301-307.

______. "Le Kumāratantra de Rāvaṇa." *journal Asiatique* 226 (1935): 1-66.

______. *La Doctrine classique de la médecine indiénne; Ses origines et ses parallèles grecs.* Paris: Imprimerie nationale, 1949; Paris: Ecole Française d'Extrême Orient, 1975. (Translated into English by Dev Raj Chanana: *The Classical Doctrine of Indian Medicine.* New Delhi: Munshiram Manoharlal, 1964).

______. "Un Chapitre du *Rgyud-bẑi* sur les bases de la santé et des maladies." In *Laghu-prabandhāḥ,: Choix d'articles d'indologie,* 233-242. Leiden: Brill, 1974.

Frauwallner, Erich, *The Earliest Vinaya and the Beginnings of Buddhist Literature.* Series Orientale Roma, no. 8. Translated by L. Petech. Roma: Is. M. E. O., 1956.

______. *History of Indian Philosophy.* 2 vols. Translated by V. M. Bedekar. Delhi: Motilal Banarsidass, 1974.

Gombrich, Richard F. "How the Mahāyāna Began." *Journal of Pāli and Buddhist Studies* 1 (1988): 29-46.

______. *Theravāda Buddhism: A Social History from Ancient Benares to Modern Colombo.* London and New York: Routledge & Kegan Paul, 1988.

Griffiths, Arlo and Annette Schmiedchen, eds., *The Atharvaveda and its Paippalādaśākhā. Historical and Philological Papers on a Vedic Tradition,* Aix-la-Chapelle: Shaker-Verlag, 2007 [Indologica Halensis/ Geisteskultur Indiens: Texte und Studien, Band 11].

Gunawardana, R.A.L.H. "Immersion as Therapy: Archaeological and Literary Evidence on an Aspect of Medical Practice in Precolonial Sri Lanka." *Sri Lanka journal of the Humanities* 4 (1978): 35-59.

Gurumurthy, S. "Medical Science and Dispensaries in Ancient South India as Gleaned from Epigraphy." *Indian Journal of Histrory of Science* 5 (1970): 76-79.

Hardy, R. Spence. *Early Monachism: An Account of the Origins, Laws, Discipline, Sacred Writtings, Mysterious Rites, Religious Ceremonies, and Present Circumstances of the Order of Mendicants Founded by Gotama Budha.* London: Partridge and Oakey, 1850.

______. *A Manual of Buddhism in Its Modern Development.* 1853. Reprint. Varanasi: The Chowkhamba Sanskrit Series Office, 1967.

Heitzman, James. *The Origin and Spread of Buddhist Monastic Institutions in South Asia,* 500 B.C.-300 A.D. South Asia Regional Studies Seminar, Student Papers, No. 1. Philadelphia: Department of South Asia Regional Studies, 1980.

Horne, I. B. *Women Under Primitive Buddhism.* 1930. Reprint. Delhi Motilal Banarsidass, 1975.

Jaworski, Jan. "La Section des remèdes dans le Vinaya des Mahūśāsaka [sic] et le Vinaya pāli." *Rocznik Orjentalistyczny* 5 (1927): 92-101.

______. "La Section de la nourriture dans le Vinaya des Mahīśāsaka." *Rocznik Orjentalistyczny* 7 (1929-1930): 53-124.

Jolly, Julius, *Medicine.* Grundriss der Indo-Arischen Philologie und Altertumskunde, no. 3.10. Strassburg: Verlag van Karl J. Trübner, 1901. (Translated into English by C. G. Kashikar: *Indian Medicine.* New Delhi: Munshiram Manoharlal, 1977).

Kern, Hendrik, *Manual of Indian Buddhism.* Grundriss der Indo-Arischen Philologie und Altertumskunde, no. 3.8. 1896. Reprint. Delhi: Indological Book House, 1968.

Kirby, E. T. *Ur-Drama: The Origin of Theatre.* New York: New York University Press, 1975.

Kuhn, Thomas S. *The Structure of Scientific Revolutions.* Chicago: University of Chicago Press, 1962.

Law, B. C. *The Life and Works of Buddhaghosa.* Calcutta: Thacker and Spink, 1923.

Macdonell, Arthur A. *Vedic Mythology.* Grundriss der Indo-Arischen Philologie und

Altertumskunde, no. 3.1 1898. Reprint. Delhi: Motilal Banarsidass, 1974.

Mackay, Ernest J. H. *Further Excavations at Mohenjo-Dāro, Being an Official Account of Archaeological Excavations at Mohenjo-Dāro Carried Out by the Government of India between the Years 1927 and 1931.* 2 vols. Delhi: Manager of Publications, Government of India Press, 1938.

______. *Chanhu-Dāro Excavations, 1935-1936.* American Oriental Series, no. 20. New Haven, Conn.: American Oriental Society, 1943.

Malalasekara, G. P. *Dictionary of Pāli Proper Names.* 2 vols. 1937. Reprint. New Delhi: Munshiram Manoharlal, 1983.

Marshal, Sir John, ed. *Mohenjo-Dāro and the Indus Civilizations, Being on Official Account of Archaeological Excavations at Mohenjo-Dāro Carried Out l,y the Government of India between the Years 1922 and 1927.* 3 vols. London: Arthur Probsthain, 1931.

McIntosh, Jane R., *The Ancient Indus Valley.* New Perspectives. Santa Barbara, California: ABC-CLIO, 2008.

Meyer, Fernand. *Gos-ba rig pa, le systeme médical tibétain.* Paris: Editions du Centre Nationale de la Reherche Scientifique, 1981.

Mitra, Jyotir, *A Critrical Appraisal of Āyurvedic Material in Buddhist Literature.* Varanasi: The Jyotirlok Prakashan, 1985.

Mookerji, Radha Kumud. *Ancient Indian Education.* 1947. Reprint. Delhi: Motilal Banarsidass, 1960.

Mooss, N. S. "Salt in Āyurveda I." *Ancient Science of Life* 6 (1987): 217-237.

Nadkarni, A. K. *Dr. K. M. Nadkarni's Indian Materia Medica.* 3d rev. ed. 2 vols. 1908. Reprint Bombay: Popular Prakashan, 1976.

Nakamura, Hajime. *Indian Buddhism: A Survey with Bibliographical Notes.* Intercultural Research Institue Monograph, no. 9. Osaka: KUFS Publications, 1980.

Nobel, Johannes. "Ein alter medizinischer Sanskrit-text und seine Deutung." *Supplement* to the *Journal of the American Oriental Society* 11 (July-September 1951): 1-35.

Norman, Kenneth R. *Pāli Literature, Including the Canonical Literature in Prakrit and Sanskrit of All Hīnayāna Schools of Buddhism*: A History of Indian Literature, no. 7.2. Wiesbaden: Otto Harrassowitz, 1983.

Obeyesekere, Gananath. "Myth, History and Numerology in the Buddhist Chronicles." In Heinz Bechert, ed. *The Dating of the Historical Buddha*. Göttingen: Vanderhoeck and Ruprecht, 1989: 152-182.

Olivelle, Patrick. *The Origin and the Early Dvelopment of Buddhist Monachism*. Colombo: M. D. Gunasena, 1974.

Panglung, Jampa Losang. *Die Erzählstoffe des Mūlasarvāstivāda-Vinaya: Analysiert auf Grund der Tibetischen Übersetzung*. Studia Philologica Buddhica, Monograph Series, no. 3. Tokyo: The Reiyukai Library, 1981.

Pingree, David. "Astronomy ad Astrology in India and Iran." *Isis* 54 (1963): 229-246.

______. "The Mesopotamian Origin of Early Indian Mathematical Astronomy." *Journal for the History of Astronomy* 4 (1973): 1-12.

______. "The Recovery of Early Greek Astronomy from India." *Journal for the History of Astronomy* 7 (1976): 109-123.

______. "History of Mathematical Astronomy in India." In *Dictionary of Scientific Biography*. Vol. 15, edited by Charles Coulston Gillispie, 533-633. New York: Scribner, 1978.

Pollock, Sheldon. "The Theory of Practice and the Practice of Theory in Indian Intellectual History." *Journal of the American Oriental Society* 105 (1985): 499-519.

Possehl, Gregory L., ed. *Ancient Cities of the Indus Civilization*. Durham, N.C.: Carolina Academic Press, 1979.

Poussin, L. de la Vallée. *Histoire du monde. Vol. 3, Indo-européens et Indo-iraniens; l'Inde jusque vers 300 av. J.-C.* Paris: Editions de Boccard, 1924.

Rao, S. R. *Lothal and the Indus Civilization*. New York: Asia Publishing House, 1973.

Regmi, D. R. *Inscriptions of Ancient Nepāl* 3 vols. New Delhi: Abhiv, 1983.

Renfrew, Colin. *Archaeology and Language: The Puzzle of Indo-European Origins*, Harmondsworth: Penguin Books, 1989.

Rhys Davids, T.W. and William Stede. *The Pāli Text Society's Pāli-English Dictionary*. 1921-1925. Reprint. London: Pāli Text Society, 1972.

Rinpoche, Rechung, *Tibetan Medicine*. Berkeley: University of California Press, 1976.

Robinson, R. H. and W. L. Johnson. *The Buddhist Religion: A Historical Introduction*, 3d ed. Belmont, Calif.: Wadsworth, 1982.

Salguero, C. Pierce, ed., *Buddhism and Medicine*. New York: Columbia University Press, 2017.

Scharfe, Hartmut. "The Doctrine of the Three Humors in Traditional Indian Medicine and the Alleged Antiquity of Tamil Siddha Medicine," *Journal of the American Oriental Society* 119.4 (1999): 609-629.

Schopen, Gregory. "*Bhaisajyagurusūtra* and the Buddhism of Gilgit." Ph.D. diss., Australian National University, 1979.

______. "On the Buddha and His Bones: The Concept of Relic in the Inscriptions of Nāgārjunikoṇḍa." *Journal of the American Oriental Society* 108 (1988): 527-537.

______. "The Training and Treatment of an Indian Doctor in a Buddhist Text: A Sanskrit Biography of Jīvaka," in C. Pierce Salguero, ed. *Buddha and Medicine*. New York: Columbia University Press, 2017: 184-204.

Sharma, P. V. *Ḍalhaṇa and His Comments on Drugs*. New Delhi: Munshiram Manoharlal, 1982.

Sigerist, Henry E. *A History of Medicine*. Vol. 1, Primitive and Archaic Medicine. New York: Oxford University Press, 1955.

Sircar, D. C. "More Inscriptions from Nāgārjunikoṇḍa." *Epigraphia Indica* 35 (1963-1964): 17-18.

______. *Epigraphic Discoveries in East Pakistan*. Calcutta: Sanskrit College, 1974.

Sivin, Nathan. "Science and Medicine in Imperial China - The State of the Field." *Journal of Asian Studies* 47 (1988): 41-90.

Snellgrove, David, *Inda-Tibetan Buddhism: Indian Buddhists and Their Tibetan Successors.* 2 vols., Boston: Shambhala, 1987.

Srinivasan, Doris M. "The So-called Proto-Śiva Seal from Mohenjo-Dāro: An Iconographic Assessment." *Archives of Asian Art* 29 (1975-1976): 47-58.

______. "Vedic Rudra-Śiva." *Journal of the American Oriental Society* 103 (1983): 543-556.

Staal, J. Frits. *The Science of Ritual.* Professor P. D. Gune Memorial Lectures, ser. l; Post-graduate and Research Department, Series, no. 15. Puṇe: Bhandarkar Oriental Research Institute, 1982.

______. *The Fidelity of Oral Tradition and the Origins of Science.* Mededelingen der Koninklinjke Nederlandse Akademie von Watenschappen, Adf. Letterkunde, NS 49.2. Amsterdam: North Holland, 1986.

______. *Universals: Studies in Indian Logic and Linguistics.* Chicago: University of Chicago Press, 1988.

Stuart, Mari Jyväsjärvi, "Mendicants and Medicine: Āyurveda in Jain Monastic Texts," *History of Science in South Asia,* 2 (2014): 63-100.

Taube, Manfred. *Beiträge zur Geschichte der medizinischen Literatur Tibets.* Monumenta Tibetica Historica, no. 1.1. Sankt Augustin: VGH Wissenschaftsverlag, 1981.

Thomas, E. J. *The History of Buddhist Thought.* London: Routledge & Kegan Paul, 1959.

Trenckner, V., et al., eds. *A Critical Pāli Dictionary.* Vols. 1-3. Copenhagen: Ejnar Munksgaard, G. E. C. GAD; and Bristol: The Pāli Text Society, 1924-2011.

Ui, Hakuju, et al., eds. *A Complete Catalogue of the Tibetan Buddhist Canons.* Sandai, Japan: Tôhoku Imperial University, 1934.

Unschuld, Paul U. *Medicine in China: A History of Ideas.* Berkeley: University of

California Press, 1985.

Vats, Madho Sarup. *Excavations at Harappā: Being an Account of Archaeological Excavations at Harappā Carried Out between the Years 1920-1921 and 1933-1934.* 2 vols. Delhi: Manager of Publications, Government of India Press, 1940.

Vogel, Claus, "On Bu-ston's View of the Eight Parts of Indian Medicine." *Indo-Iranian Journal* 6 (1962): 290-294.

Warder, A. K. "On the Relationship Between Early Buddhism and Other Contemporary Systems." *Bulletin of the School of Oriental and African Studies* 17 (1956): 43-63.

______. *Indian Buddhism.* Delhi: Motilal Banarsidass, 1970

Weiss, Mitchell G. "*Caraka Saṃhitā* on the Doctrine of Karma." In *Karma and Rebirth in Classical Indian Traditions,* edited by Wendy D. O'Flaherty, 90-115. Berkeley: University of California Press, 1980.

Wezler, Albrecht. "On the Quadruple Divison of the Yogaśāstra, the Caturvyūhatva of the Cikitsāśāstra and the 'For Nobel Truths' of the Buddha." *Indologica Taurinensia* 12 (1984): 289-337.

Wheeler, Sir R. E. Motimer *Early India and Pakistan to Aśoka.* Rev. ed. New York: Praeger, 1968.

Wijayaratna, Mohan. *Le Moine bouddhiste selon les textes du Theravāda.* Paris: Les Editions du Cerf, 1983.

Winternitz, Moriz. *History of Indian Literature.* Vol 2. Translated by S. Ketkar and H. Kohn. 1927. Reprint. New Delhi: Oriental Books Reprint, 1977.

Witzel, Michael. "On the Origin of the Literary Device of the 'Frame Story' in Otd Indian Literature." In *Hinduismus und Buddhismus* (Festschrift für Ulrich Schneider), edited by Henry Falk, 380-413. Freiburg: Hedwig Falk 1987.

Woodward, F. L. and E. M. Hare, et al. *Pāli Tipiṭakam Concordance: Being a Concordance in Pāli to the Three Baskets of Buddhist Scriptures Indian Order of Letters.* Vols. 1-3, pt. 6. London: Luzac, 1955-1984.

Yuyama, Akira, Vinaya-Texte. In *Systematische Übersicht über die Buddhistische Sanskrit-Literature (A Systematic Survey of Buddhist Sanskrit Literature)*, edited by Heinz Bechert. Pt. 1. Wiesbaden: Franz Steiner Verlag, 1979.

Zimmermann, Francis. *The Jungle and the Aroma of Meats.* Berkeley: University of California Press, 1987 (*La Jungle et le fumet des viandes.* Paris: Gallimard, Le Seuil, 1982).

Zysk, Kenneth G. "Review of Jean Filliozat, *Yogaśataka.*" *Indo-Iranian Journal* 23 (1981): 309-313.

______. "Studies in Traditional Indian Medicine in the Pāli Canon: Jīvaka and Āyurveda." *Journal of the International Association of Buddhist Studies* 5 (1982): 70-86. Medicine in the Veda. 1985; rpt. Delhi: Motilal Banarsidass, 1996, 2009. [Vol 1 of Indian Medical Tradition].

______. "Towards the Notion of Health in the Vedic Phase of Indian Medicine." *Zeitschrift der Deutschen Morgenländiscen Gesellschaft* 135 (1985): 312-318.

______. "The Evolution of Anatomical Knowledge in Ancient India, with special Reference to Cross-Cross-Cultural Influences." *Journal of the American Oriental Society* 106 (1986): 687-705.

______. "Mantra in *Āyurveda*: A Study of Magico-Religious Speech in Ancient Indian Medicine." In *Understanding Mantra*, edited by Harvey Alper, 123-143. Albany: State University of New York Press, 1989.

______. "Review of G. J. Meulenbeld and Dominik Wujastyk, eds., *Studies on Indian Medical History.*" *Inda-Iranian Journal* 32 (1989): 322-327. "Review of Francis Zimmermann, *The Jungle and the Aroma of Meats.*" *Inda-Iranian Journal.* 33 (1990): 205-209.

______. *The Indian System of Human Marks*, 2 Vols. Leiden: E. J. Brill, 2016 [Sir Henry Wellcome Asian Series, 15].

______. "Greek and Indian Physiognomies," *Journal of the American Oriental Society,*

138.2 (2018): 313-325.

______. “Doṣas by the numbers. The Buddhist contributions to the origins of the tridoṣa-theory in early Indian medical literature with comparisons to early Greek theories of the humours,” *History of Science in South Asia* 9, 2021.

찾아보기

ㅅ

ㅇ

ㅈ

ㅊ

ㅋ

ㅌ

ㅍ

ㅎ

지은이

케네스 G. 지스크(Kenneth G. Zysk)

호주 국립대학교에서 박사학위를, 오슬로 대학교에서 철학 박사학위를 취득한 인도학 및 의학사 분야의 세계적인 권위자이다. 현재 코펜하겐 대학교의 인도학 및 인도 과학 명예교수이며, 코펜하겐 대학교 '인도 과학 연구 센터(Centre for the Study of Indian Science)'의 설립자이기도 하다. 지스크는 고대 인도의 과학과 의학의 역사에 관해 *Religious Medicine: History and Evolution of Indian Medicine, Medicine in the Veda: Religious Healing in the Veda,* "The evolution of anatomical knowledge in ancient India, with special reference to cross-cultural influences" 등 다수의 저서와 논문을 발표했다.

옮긴이

이은영

경희대학교 철학과를 졸업하고, 동 대학원에서 불교철학 전공으로 석사, 박사학위를 받았다. 현재 경희대학교 철학과 강사, 이산불교철학연구소 선임연구원이다 설일체유부와 유식학파의 시간과 영원을 비교하는 연구로 박사학위를 받은 후 불교의학과 의료윤리, 의료인문학, 철학상담으로 연구 분야를 확장해왔다.

양영순

동국대학교 인도철학과와 철학과를 졸업하고, 동 대학원에서 인도철학 전공으로 석사, 박사학위를 받았다. 현재는 서울대학교 아시아연구소 남아시아센터에서 선임연구원 및 학술연구교수로 있다. 자이나교와 인도종교의 요가명상론으로 박사학위를 받은 후, 자기인식, 일체지, 인도의 죽음 수행(인도 삼매사)과 존엄사의 문제, 아유르베다 등에 관심을 두고 연구하고 있다.

고대 인도의 수행과 치유

불교 승원의학과 아유르베다의학

초판 인쇄 2025년 4월 21일
초판 발행 2025년 4월 28일

지은이 케네스 G. 지스크
옮긴이 이은영, 양영순
펴낸이 김성배

책임편집 최장미
디자인 백정수
제작 김문갑

발행처 도서출판 씨아이알
출판등록 제2-3285호(2001년 3월 19일)
주소 (04626) 서울특별시 중구 필동로8길 43(예장동 1-151)
전화 (02) 2275-8603(대표) | 팩스 (02) 2265-9394
홈페이지 www.circom.co.kr

ISBN 979-11-6856-300-1 (93220)